経済産業省後援事業「JACEイベント資格・検定」

新版 イベント業務管理士公式テキスト

1級・2級共通

JN220122

JACE 一般社団法人
日本イベント産業振興協会

Contents

第4章　イベントマネジメント

第1章

イベント概論

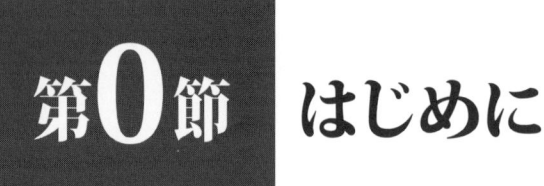

第0節 はじめに

0-1 誰もが取り残されないイベントを目指して

「イベント」はどのように人と関わってきたのであろうか。

広義の意味の「イベント」は、人と社会の発展とともに存在してきたと言っても過言ではない。

古代から近世においては、人々は収穫祭や疫病封じなどの「祭り」や正月や七夕などの「行・催事」など、様々な「イベント」を宗教的、政治的に活用し、地域コミュニティと社会制度を維持してきたといえる。

また近代日本においては、明治維新後、遷都によって人口が減った京都を、観光都市として活性化するために実施された「京都博覧会」をはじめ、明治の殖産興業を啓発するために5回の「内国勧業博覧会」が開催され、その後の産業の発展に大きな影響を与えた。

現代日本においては、1964年の「東京オリンピック」、1970年の「大阪万博」などの国際的大型イベントを次々成功させ、日本の戦後復興を世界に認識させるとともに、その後に続く、日本の経済発展、国際社会での地位の向上の一翼を担った。

これらの国際的大型イベントをきっかけとして、多くのイベントが各地で開催され、イベントをコントロールするためのノウハウや、より効果的に演出する技術も急速に発展した。

その結果、多種多様な業種の関連会社がイベントの制作に参加することになり、イベントを生業とする広告代理店や専門会社が生まれ、関連会社全体が「イベント産業」という新たな産業として成立することになった。

昭和から平成にかけては、「国民体育大会」「全国植樹祭」などの地域持ち回りイベントや、「花と緑の博覧会」「愛・地球博」などの国際博覧会、「FIFA ワールドカップ」「世界水泳」などの大型スポーツイベント、地域開催のマラソン大会や音楽フェス等々、多様性、地域性のあるイベントが多く開催され、大規模でありながらも参加性の高いイベントも多く開催されてきた。

　平成から令和にかけては、Web 技術が急速に発達し、どこからでも世界中の情報や映像にアクセスでき、買い物もできるというパラダイムシフトが起こった。

　この時代において、「リアル」な「イベント」が「バーチャル」な「ネット」に取って代わられることが危惧されたが、新型コロナウイルスによるパンデミックを経験し、「バーチャル」の発展とともに「リアル」の価値も再認識され、リアルイベントでしかできないもの、リアルとバーチャルの特徴を生かしたハイブリッド形式のものなど、リアルとバーチャルの使い分けを駆使した新しい形のイベントが進化している。

　従来イベントは、期間限定で「非日常空間」を創り上げるという特徴をもつため、消耗型が多く、経済的、資源的にいわゆる「ムダ」が多くあるものであった。

　仮設のブースやパネルなどの製作物、ユニフォームなどのワンチャンスのデザインもの、予備の食料品など、リユースしにくいため、イベントが終われば廃棄物となるものが多くあり、地球環境の観点から多くの課題があったといえる。

　また、主催者やスポンサーなどの開催側の意向が強くなる傾向から、子どもや高齢者、障がい者が参加できないなど実質的な来場者制限がある場合もあり、参加者・来場者側がイベントに「合わせる」というケースもあった。

　現在、国際的にも社会全体がサステナビリティに取り組んでいる。企業でも個人でも、あらゆる社会活動において SDGs に対する配慮が求められている。

　特にイベント産業は、地球環境への配慮はもちろんのこと、多くの人が集まる場として今までのような形ではなく、持続可能な新しいイベントの形が求められている。今、来場者をはじめ、イベントのステークホルダー全ての人々に配慮した「ユニバーサルイベント」、つまり「**誰もが取り残されないイベント**」を企画・制作・運営することは「当たり前」になっているといえる。

　このような「誰もが取り残されないイベント」を創り上げていくスキルをもった専門的職能を保持しているのが「イベント業務管理士」資格者である。

　社会およびイベント産業において、プロデューサー、ディレクターなどの役職に関係なく、「イベント業務管理士」資格者は、未来においても、重要な責務を担っていることを認識しなければならない。

　本書の目的は、従来の「イベント産業」の全体とスキルを統合し、整理するとともに、未来に向かう「誰もが取り残されないイベント」の実現と「持続可能なイベント」の成立を目指すものである。

第1節 イベントと社会

1−1 **誰もが取り残されないイベントの実現**

（1） これからのイベントの当たり前

　国際社会の交流は、いまやビジネスの世界ばかりでなく、観光旅行など個人的にも当たり前になってきている。また、地球環境の持続可能性（サステナビリティ）への配慮は、企業ばかりでなく個人の日常生活の中でも守らなければならない常識として習慣化されてきており、地球全体として生活の在り方を再考し行動していく動きが顕著になってきている。

　こうした社会の中では、イベントにおいても多様な人たちが当たり前に参加できること、地球環境の持続可能性への配慮がスタンダードとなり、大前提になってきている。

　これからのイベントは、その大小にかかわらず、全てのイベントが、**「誰もが取り残されない、誰もが参加できるイベント」**であり**「社会の持続可能性に配慮したサステナブルなイベント」**であることを認識して企画・制作・運営することが大切である。そして、その理解がイベントに携わる人の第一歩である。そのため、全てのイベントにその配慮が必須であることを前提に、イベントの企画・制作・運営の方法を身につける必要がある。

> これからの全てのイベントに欠かせない要素
> 　1．誰もが取り残されないこと
> 　2．持続可能性（サステナビリティ）への配慮

　この節ではまず、誰もが取り残されないイベントがなぜ当たり前なのか、その理由を見ていこう。

（2）誰もが取り残されないイベントの企画の前提とは

　では、全ての来場したい人が来場できるイベントを実施するためには、どのような企画構想が必要なのだろうか。

　イベントを誰もが取り残されないイベントにしていくためには、まず「**来場する人は全ての人**」という前提に立たなければならない。「全ての人」には、様々な国の人、様々な文化や宗教・習慣をもつ人、障がいのある人、高齢者、子どもなどが挙げられる。これらの人たちが当たり前に参加・来場できるイベントを考える必要があり、こういったイベントを「**ユニバーサルイベント**」と呼ぶ。初めにユニバーサルイベントの基本を確認し、その基本に沿って企画を立て、計画をし、実施することが重要である。企画の段階でユニバーサルイベントへの配慮を怠ると、結果的に余分な手間や予算のかかるイベントになってしまうことに留意が必要がある。

（3）誰もが取り残されないイベントの実現

　いま街を歩けば多くの外国人に出会う。車いすを使用している人や、白杖を使って歩いている人、高年齢の人、小さな子どもをベビーカーに乗せている人など、多様な人たちと出会うのが日常のこととなっている。そして日本の少子高齢化は確実に進んでいて、実は配慮の必要な人は人口の半分程度に達しているとも考えられる。

▶ 図表 1-1　配慮が必要な人は人口の半分？

高齢者 (65歳以上)	3,623万人	(2023年10月1日現在　総務省より) **総人口の29.1%**
在留外国人	341万人	(2023年末現在　法務省より)
身体障がい者	436万人	(令和5年版障害者白書より)
知的障がい者	109万人	(令和5年版障害者白書より)　1,160万人
精神障がい者	615万人	(令和5年版障害者白書より)
色覚に特性がある人	318万人	(平成8年国立遺伝学研究所より)
LGBTQ+	1,206万人	(2023年電通発表の9.7%より算出)
妊婦	79万人	(「令和4年度地域保健・健康増進事業報告の概況」の妊娠届出者数より推計)
指定難病患者	105万人	(「令和4年度衛生行政報告例」の特定医療費 (指定難病) 受給者証所持者数より推計)
推計概算合計 (重複あり)	**6,832万人**	
＜総人口＞	**1億2,435万人**	(2023年10月1日現在　総務省より)
訪日外国人	2,507万人	(2023年の人数　日本政府観光局より)

作成：内山早苗　2024年5月

　一方、社会の仕組みや価値観に目を向ければ、誰もがその特性にかかわらず仕事をし、旅行や遊びに出かけられる環境が法的にも整備された社会になってきている。企業では、障がいがあっても必要な配慮を受けながら他の社員と同様の教育を受け、成長し能力を発揮することができ、またそれが育成基準になっている。交通機関や商業施設も、誰もが利用できる設計やサービスが当たり前の時代になってきている[*1]。

　こうした社会の変化は、当然イベントにも変化をもたらしている。多様な人たちが当たり前に参加・来場できるイベントが、イベントの条件になっている。世界的にも、そのための条約や制度、法律も整ってきている。イベントに携わる人は、こうした社会の変化とそれに伴う法律にも敏感に反応して対応していくことが大切である。

（4）ユニバーサルイベントの概念

1）ユニバーサルイベントの基本的な考え方

　ユニバーサルイベントとは、次のようなイベントである。

> 　イベントに来場・参加を希望する全ての人々が、年齢、国籍、性別、LGBTQ+、使用言語等の違いにかかわらず、高齢者も障がいのある人も、みんなと一緒に、快適に来場・参加でき、豊かで充実したイベント体験が享受できる、会場構造と施設機能と運営体制をもったイベント。

　ユニバーサルイベントの概念で重要なのは、「**イベントに来場・参加を希望する全ての人々**」が、「**みんなと一緒に、快適に来場・参加**」できることであり、そのための「会場構造と施設機能と運営体制」を企画・計画段階から整備することである。

　ユニバーサルイベントは「高齢者も若い人も、障がいのある人もない人も、文化の違う外国人や多様な特性のある誰もが一緒に、来場・参加し、十分な情報を享受し体験できる」を実現したイベントのことである。

2）ユニバーサルイベントの4条件

　ユニバーサルイベントは次の構成要件を備える必要がある。

[*1]　例えば、「バリアフリー法」（2006年）によって、様々な施設や交通機関等においてハード・ソフト両面のバリアフリー化が義務づけられており、同法の2018年改正法では、「心のバリアフリー」として、高齢者、障がい者等に対する支援（鉄道利用者による声かけ等）を推進することが明記されている。

> ① ユニバーサル・アクセシビリティ
> ② ユニバーサル・コミュニケーション
> ③ ユニバーサル・オペレーション
> ④ ユニバーサル・サステナビリティ

▶ 図表 1-2　ユニバーサルイベントの 4 条件

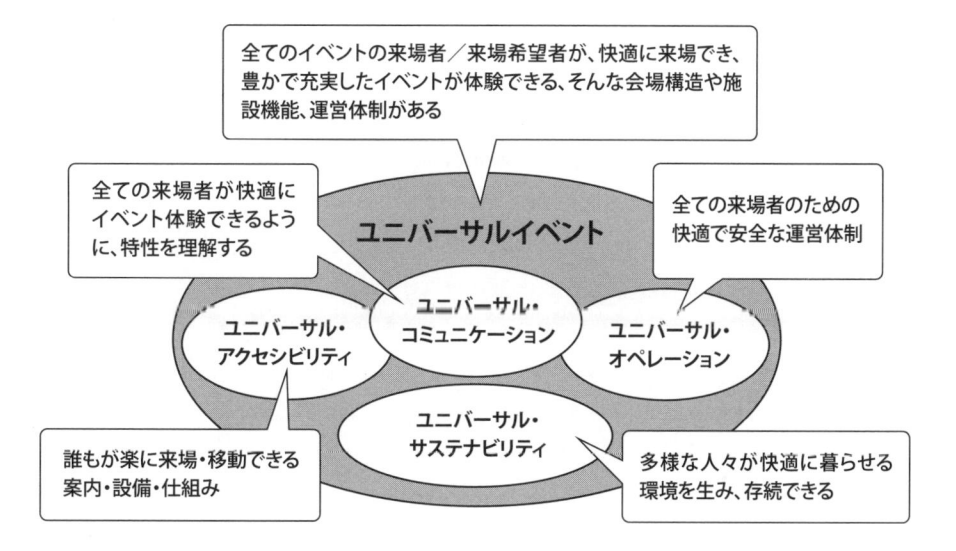

① ユニバーサル・アクセシビリティ

　アクセシビリティとは「対象への近づきやすさ」である。**ユニバーサル・アクセシビリティ**では、全ての人が「近づきやすい」イベントであることが求められる。大切なのは、全ての側面での配慮である。

　最も重要なのは、イベント会場への物理的な「経路・通路の通行・移動のしやすさ」と「プログラム施設への接近・参加のしやすさ」の実現である。従来の「障がい者のためのバリアフリー」という考え方を拡充し、障がい者はもちろん誰もが容易に来場し、体験できる展示施設や会場でなければならない。

　他では、イベントの存在を周知する広報が重要である。現在広く周知できるのがWeb であるが、Web は高齢者や障がい者を含めた全ての人が使えるものとする必要がある。特に視覚障がいのある人にもテキストデータ[*2]で読み上げられるよう、JIS 規格（「JIS X 8341-3 [*3]」）に則った方法で作成する必要がある。

＊2　テキストデータ：パソコン上の文字だけのデータ。Windows では「.txt」の形式で保存される。

＊3　JIS X 8341-3：ホームページなどを高齢者や障がい者を含む全ての人が、端末や技術に関係なく利用できるものとするための基準が定められており、現在は「JIS X 8341-3:2016」として公示されている。なお、規格番号 "8341" は「やさしい」から来ている。

② ユニバーサル・コミュニケーション

　ユニバーサル・コミュニケーションとは、誰もが情報やイベントプログラムの内容を理解できるように配慮することである。視覚障がいや聴覚障がい、日本語のわからない人など、多様な人たちとのコミュニケーションに配慮した会場制作、プログラム制作を行うことが必要である。

　そのためには、多様な人たちの特性を理解して、「視覚障がい者は点字があれば大丈夫」などと思い込みで考えずに、それぞれの特性ごとに当事者たちの意見を聞き、試してもらうなどの協力を得ることが大切である。

③ ユニバーサル・オペレーション

　ユニバーサル・オペレーションとは、様々な不便さを抱えた人々が快適にイベントに来場・参加できるように配慮した運営体制のことである。イベントで様々な特性のある来場者が十分に情報を享受できるかどうかは、ユニバーサル・オペレーションによるところが大きい。最寄り駅から会場まで、そして会場内でも、適切な配慮がされているかが重要である。

　十分なサインや設計ができない部分があった場合は、人的支援や工夫をしていくことを考える。ユニバーサル・アクセシビリティやユニバーサル・コミュニケーションの欠陥を補うという点でも、ユニバーサル・オペレーションは極めて有効であり重要といえる。

④ ユニバーサル・サステナビリティ

　現在は全てのイベントに、経済活動や地球環境はもとより、社会の未来における様々な可能性を脅かさないサステナビリティ（持続可能性）が求められている。

　ユニバーサルイベントに求められる**ユニバーサル・サステナビリティ**とは、多様な人々に快適な環境を提供することにより、イベントおよび社会全体を存続させることといえる。ユニバーサルイベントは、多様な特性のある人たちが当たり前に社会参加できるという現実をイベント内に実現させる。そこで多様性を受け入れる体験をした来場者・参加者およびイベント関係者は、イベント終了後も社会にダイバーシティの価値観を浸透させ、結果的にユニバーサル・サステナビリティを推進するのである。

　4条件を完璧に実現することは、現実的な制約から難しいこともあるかもしれない。しかし、それぞれを連携させ、人の手や心といったサービスなどで相乗効果を発揮し、全体として少しでも理想のユニバーサルイベントに近づけようと努力することが重要である。

1−2　イベントにおけるサステナビリティ

（1）サステナビリティの概念（定義）

　サステナビリティ（sustainability）は「**持続可能性**」という意味であり、一般的には次のように定義されている。

> **サステナビリティの定義**
> 　1．現在のニーズのために、将来のニーズを損なわないこと
> 　2．社会進歩、経済活動、環境責任への永続的かつバランスのとれたアプローチ

　サステナビリティとは、現在だけでなく将来を見据え、広く社会・経済・環境の観点からバランスのとれた進歩（開発）を実現しようとするものである。

（2）サステナビリティへの配慮

　2010 年代に入る頃にはサステナビリティに取り組む企業・団体が目立ち始め、2015 年 9 月に国連で SDGs（持続可能な開発目標）[*4] が採択されたことを契機として、世界中で取り組みが浸透してきた。現在は、組織の規模の大小を問わず、サステナビリティに取り組むことが当たり前になっており、取り組まないことでビジネスリスクを抱える時代になっている。経済活動であり、社会的コミュニケーションの場であるイベントにおいてもサステナビリティへの配慮が求められる。

　イベントは、来場者に直接的な体験価値を提供できるリアルなコミュニケーションの手段であり、その効果を大きくするためには、大量の資源を使用したり、移動に伴う CO_2 排出量が増えたりすることもある。そのため、環境負荷を低減させながら、経済効果や社会効果を最大化させる取り組みを行うことで、イベントの価値を高めていくことができる。

＊4　SDGs（Sustainable Development Goals：持続可能な開発目標）：2030 年までに持続可能でよりよい世界を目指す国際目標。17 のゴール・169 のターゲットから構成され、地球上の「誰一人取り残さない」ことを誓っている。発展途上国のみならず、先進国も取り組むことが特徴。

▶ **図表 1-3　イベント視点で捉えたトリプルボトムラインと持続可能性（サステナビリティ）の関係**

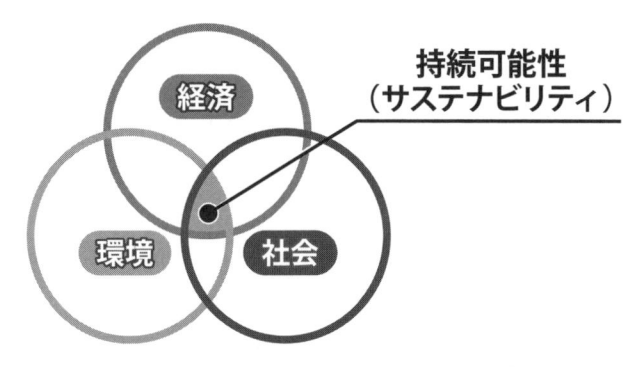

組織や企業の安定を目的として経済的収益を高めるだけではなく、地域社会に対して収益を還元したり、経済波及効果をもたらせるなど、経済的影響を与えることで好循環を創出することが期待されています。

持続可能性（サステナビリティ）

経済

環境　社会

脱炭素社会の実現に向けて、廃棄物を減らしたり、エネルギー利用を抑えたり、再生可能エネルギーを使用するなど、環境負荷低減に努めることが重要です。

国籍・年齢・性別・障がいの有無などを問わず受容し、一人ひとりの人権を尊重しながら、労働者や地域に対してプラスの影響をもたらすことが重要です。

（3）イベントが取り組む主なテーマ・領域

　社会課題が相互に連関し、複雑化している現代社会において、サステナビリティに取り組むことは、幅広い知見と多くのリソースが必要になると考え、尻込みしてしまうかもしれない。しかし、どうすればサステナビリティに配慮したイベントをつくれるのか、そのために自分たちに取り組めることは何かを考え、最初の一歩を踏み出すことが重要である。

　イベントの規模・形式や各事業者の業務内容・リソースにより取り組める内容・範囲は異なる。イベントの開催趣旨・目的や企業・団体の活動内容に応じて課題の優先順位を設定して取り組みを決めていく。その際、組織内だけで決めるのではなく、**ステークホルダー**（企業や組織の活動によって影響を受ける全ての利害関係者）の意見を取り入れていくことも有効である。

　現在、イベントで取り組むことが期待される領域として考えられるものを紹介するが、今後も社会の変化やイベントに期待される役割や効果の変化に合わせて適宜アップデートしていく必要がある。

図表 1-3　引用：電通ライブ「Sustainable Event Guideline ver.2.0」2023 年　※図は再作成

▶ 図表 1-4　イベントで取り組むことが期待されるテーマ・領域

テーマ		領域
環境	CO$_2$排出量削減	エネルギー使用量削減
		再生エネルギー活用
		森林保全　など
	資源循環・廃棄物削減	3R（5R）[*5]＋α
		水の適切な利用
		食品ロス削減　など
人権	労働安全衛生	労働環境整備／長時間労働防止
		健康管理／メンタルヘルス
		ディーセントワーク[*6]　など
	DE＆I[*7]	ユニバーサルデザイン
		アクセシビリティ
		ジェンダー平等　など
社会効果（レガシー）		文化・教育振興
		産業振興・技術革新
		システム・パートナーシップ　など

（4）現代の社会においてサステナビリティに取り組む上での留意点

　社会全体におけるサステナビリティへの理解や取り組みが進むにつれ、企業・団体は、表面的な取り組みや宣伝だけでなく具体的な行動と実績が伴っていることが求められるようになった。

1）SDGs ウォッシュの防止

　SDGs ウォッシュとは、企業・団体が環境や社会への取り組みを誇張したり、実態と異なる印象を与えたりすること、あるいは、都合のよい情報のみを伝えていることを指す用語である。これに該当すると指摘されることで、ブランドイメージを損なうことになる。

＊5　3R：ゴミ削減のための取り組み。Reduce（リデュース）＝ごみの発生を減らすこと、Reuse（リユース）＝繰り返し使うこと、Recycle（リサイクル）＝資源として再生利用すること、の頭文字。5R は、3R に Refuse（リフューズ）＝ごみになるものを断つこと、Repair（リペア）＝ものを修理して使うこと、の 2 つを加えたもの。
＊6　ディーセントワーク：働きがいのある人間らしい仕事のこと。
＊7　DE&I：Diversity, Equity & Inclusion（ダイバーシティ・エクイティ＆インクルージョン）の略。意味については第 12 節参照。

SDGsウォッシュの由来は、「嘘をごまかす」「欠点を隠してよく見せる」という意味の「ホワイトウォッシュ」であり、実態の伴わない環境対策に対して「グリーンウォッシュ」と使われ始めたことから、実態の伴わない活動を「○○ウォッシュ」と呼ぶようになっている。

「ウォッシュ」を回避するためのポイントとして次のようなものがある[8]。

> 1．根拠がない、情報源が不確かな表現を避ける
> 2．事実よりも誇張した表現を避ける
> 3．言葉の意味が理解しにくいあいまいな表現を避ける
> 4．事実と関係性の低いビジュアルを用いない
> 5．製品、サービスの全体像との整合性がある
> 6．条件付きの場合は、明確に示す
> 7．耐久性や廃棄についての情報、ラベルを正しくつける
> 8．正しい選択をしてもらうために必要な情報を隠さない
> 9．載せきれない情報にも簡単にアクセスできるように配慮（QRコード、Webサイトなど）する

２）ステークホルダーエンゲージメント

ステークホルダーエンゲージメントとは、企業・団体が意思決定をする上で、ステークホルダーの期待や関心を理解するための取り組みである。サステナビリティに取り組むには多方面への配慮が必要であり、自組織だけで取り組むことには限界があるため、ステークホルダーとコミュニケーションをとり、相互に理解を深めながら協力していくことが必要になる。

ステークホルダーエンゲージメントの効果として、次のようなことが期待できる。

> **1．リスク管理**
> 　自分たちでは気づかなかった視点を取り入れたり、フィードバックを受け取ったりすることで、懸念事項や優先事項を把握でき、潜在的な問題や評判の悪化を未然に防ぐことができる。先述した「ウォッシュ」の回避にもつながる。

---

[8]　引用：電通グループ「サステナビリティ・コミュニケーションガイド 2023」

2．リーダーシップの発揮

　ステークホルダーとの関係を築き、ステークホルダーからの評価を得られるようになることで、競争優位性を築くことができ、サステナビリティへの取り組みに関する影響力を高めることができる。

3．レガシーの創出

　ステークホルダーとの協力や対話を通じて、新たなアイデアや施策が生まれることがある。また、ステークホルダーが共感し、自主的な取り組みを行うことで、レガシーが波及していくこともある。

Column

イベント産業におけるサステナビリティのガイド等

　イベント分野においてサステナビリティへの取り組みを後押ししてくれるものとして、国内外で様々なガイドライン等が作成されている。これらを参考にして、部分的にでも取り組み始めることが重要である。

主なガイドライン等

名称	作成者	テーマ・対象
ISO 20121	ISO	イベント全般
Sustainable Sport and Event Toolkit（SSET）	aiSTS	スポーツイベント
Zero waste events : a 2020 vision	WRAP	廃棄物処理
Sustainable Event Guideline	株式会社 電通ライブ	イベント全般
TOKYO MICE サステナビリティガイドライン	公益財団法人 東京観光財団	MICE
GRI G4 Event Organizers Sector Disclosures	GRI	レポーティング
サステナブルイベント・MICE ガイドブック	イベント・MICE サステナブル運営 コンソーシアム	イベント全般

1-3 イベントの多様性と社会的意味

（1）イベントの多様性と分類

　昨今、イベントといえば一般的に「フェス」等に代表される音楽イベントを思い浮かべることが多い。しかし、イベント（event）という言葉は、多くの人が集まり時間と空間を共有する「公的な場」「ハレの場」「楽しい場」といった非日常的な場を創出する意味で使われている。小規模なものは個人の誕生会から、大規模なものは国際博覧会やオリンピック・パラリンピックなど広範囲にわたり、様々な人が各々の目的で多種多様な規模と形態で開催している。イベントの定義や概念については第3節で詳述するが、ここでは社会におけるイベントの分類を見ていこう。

　多種多様なイベントを業務として管理（マネジメント）するためには、その属性によって系統立てて整理する必要がある。本書では図表 1-5 のように、イベントを主催者別、形態別に分類する。

▶ 図表 1-5　イベントの分類

1．主催者別分類	
① 行政イベント	国や地方自治体等が主導し、政策目的で開催
② 産業イベント	企業や各種産業（業界）団体、商工会等が市場・消費者を対象として開催
③ 市民イベント	市民グループ・団体・NPO 等が地域社会や社会一般を対象として開催
④ 私的イベント	家族・親族・友人グループ・職場同僚等が自己の楽しみや伝統継承のために開催
2．形態別分類	
① 見本市・展示会系イベント（国際博覧会）	商取引・ビジネス目的展示・デモ・商談・販売・PR イベントおよび博覧会
② 文化・芸能系イベント	文化・芸術・芸能作品を展示・上演・発表し、観客を集めるイベント
③ スポーツ系イベント（オリンピック・パラリンピック）	スポーツの実践・観戦・習得等を目的としたイベント
④ 祭り・フェスティバル系イベント	一定の集団が自分たちのために行う祭祀・祈願や祝祭等の行・催事
⑤ 会議・集会系イベント	一定のテーマのもとで討議・講演・シンポジウム等を行うイベント

　ただ、基本分類はするが、必ずしも各々が独立して開催されるとは限らない。特に昨今ではイベントの主催者も形態も複合的に開催されることが多く、産官学連携などといわれるように行政、産業、市民の協働による開催などが一般的に行われている。形態別でも、学術会議等では会議が行われるのと同時に、別会場では展示会を併設するなど、複合型のイベントも数多く開催されている。規模の大小にかかわらず複合型のイベントのほうがむしろスタンダードであると言っても過言ではない。

（2）情報社会とイベント

1）マスメディアと ICT・SNS とイベント

　かつてマスメディアがなかった時代、イベントは人々にとって現在を認識し、近未来を予見するための重要なメディアであった。やがて新聞や雑誌など出版物が刊行されてメディアの主流となり、さらに近代においてはラジオ・テレビが普及して情報化社会といわれるマスメディア全盛期が訪れたが、その最中においてもイベントはメディアとしての機能を失わず開催され続けた。その後、コンピュータの発達は個人所有が当然になるほどに普及し、インターネットの開発でさらに普及が加速して ICT*9、SNS*10 の隆盛が訪れ、いよいよイベントはメディアとしての価値を下げ、イベントの開催数を減らすものと考えられた。しかし、イベントだけがもつ「直接的、双方向的であるがゆえに豊かでリアルな情報受発信機能」の必要性は廃れることなく存在し続け、なおかつマスメディア、ICT、SNS 各々の情報発信力を取り入れて相乗効果を築くことによってさらなる発展を遂げてきた。

2）SNS 社会とイベント

　今や SNS の社会に及ぼす影響は、早く深いといえる。イベント来場者の SNS への発信はそのイベントの成否に大きな影響を与える。その効用は諸刃の剣であり、開催概要など情報発信の積極的な活用や、高品質なプログラム内容で来場者に非日常体験を提供できれば好感触なイメージがリアルタイムで拡散され、参加者や来場者のさらなる増大につながる。逆に、プログラム内容や運営への不満などの負のイメージや、誤情報の発信や流出はそのイベントに多大な損害を与える。したがって現在の SNS 社会においてイベントの情報管理はますます重要な課題となっている。

　＊9　ICT：Information and Communication Technology の略。情報通信技術。IT（Information Technology）とほぼ同じ意味だが、コンピュータ技術そのものを IT、コンピュータ技術の活用方法に関することを ICT として区別することもある。国際的には ICT が広く使われている。
　＊10　SNS：Social Networking Service の略。利用者同士が交流できる Web 上の会員制サービス。Facebook、LINE 等が有名。

3）COVID-19 パンデミックがイベントに与えた影響

2019 年末からの新型コロナウイルス感染症（COVID-19）パンデミックは、クラスターの初期発生源の一つがライブハウスだったこともあり、特にイベント主催者の開催自粛によって、予定されていたイベントが軒並み中止もしくは延期となり、イベント関係者はその活躍の場を急速に失っていった。しかし、コロナ禍での社会の閉塞感が高まり、これを払拭すべくイベント関係者は感染を回避するための様々な条件付きでイベントを再開し始めた。また、対面しなければ感染しないことから、今まで普及が進まなかったインターネット回線によるイベント体験の共有が急速に発展し、リアルとオンラインのハイブリッド型も新たなイベント形式として加わった。

この事実は「イベントは意味のある時間と空間の共有である」という大前提を根底から覆す大転換であり、さらにはオンラインであるからこそ可能となる、チャット機能によるイベント開催中の質問や意見交換が日常化しており、将来的には AIによる多国籍言語の同時通訳の実現など、イベントはますます時間と空間を飛び越えた利便性を付加価値として享受できるようになってきたのである。

（3）イベント産業の構造と特性

1）イベント産業の構造

イベント産業の構造は、社会全体と業界の 2 つの視点で区別して考えることができる。

① 全体構造視点＝広義のイベント産業（社会的な構造）

広義のイベント産業は、イベント関係者（主催者・参加者・来場者・制作者・支援者・マスメディア）が多種多様な産業・業界（交通運輸・建設・印刷・宿泊・飲食・機材レンタル・警備・人材派遣等）と相互に取引関係をもち、経済波及効果をもたらすという構造である。

② 業界構造視点＝狭義のイベント産業（業界的な構造）

狭義のイベント産業は、イベントの企画・制作・運営を担当し、イベントプロフェッショナルとしてイベントづくりを行う、制作者・制作会社の業界という視点である。職能別として企画職、制作職、運営職があり、職位構造としてプロデューサー、ディレクター、アシスタント・ディレクター、スタッフの組織構造を形成している。

2）イベント産業の特性

イベント産業には次の3つの構造特性がある。

> ### 1．複合産業構造
>
> 　多種多様な業種・業界の協働を必要とするイベントは、目的や形態、規模、プログラム内容等の多様性により、イベント専門業務と既成の様々な産業・業界との連携が必要な複合産業である。
>
> ### 2．外注依存型構造
>
> 　イベントは、その多様性や非日常性によって、外注の多い業務構造を形成している。イベント業界では、大手の制作会社であっても、その1社単独で全てを完遂させることは稀である。
>
> ### 3．小規模・労働集約型構造
>
> 　イベントは、数多くの非定形型で専門性が高い業務を必要とし、これに対応する小規模企業が多い業界構造となっている。さらにイベントは、一つひとつが基本的にカスタムメイドされた試作品であり、人材への依存度が高い労働集約的業務によってつくられることが多い。

3）イベント産業の市場規模（消費規模）

　一般社団法人日本イベント産業振興協会（JACE）は、国内イベント消費規模推計を毎年発表している。イベント来場者の消費活動の実態をベースに「イベント消費規模推計」を行い、来場者の消費額に基づく消費規模推計としている。

　2023年のイベント産業消費規模の推計は、全体で16.9兆円（前年比114％）となり、コロナ禍前（2019年）の水準に近づいている。会場内だけの消費規模は2.7兆円（前年比108％）となっている。また、カテゴリー別では興行イベントが急速に伸長し、コロナ禍前の水準を超える状況となっている。興行イベントの数値が高いのは、数万人の観客を集めるコンサートや音楽フェスが数多く開催され、入場料や会場内でのグッズ販売の売上額が多いこと、および、公営競技（競馬、競輪、競艇、オートレース等）の売上が含まれていることによる。

▶ **図表 1-6　イベント産業の消費規模（2023 年 1〜12 月　JACE 推計）**

全カテゴリー合計消費規模：16 兆 8,983 億円

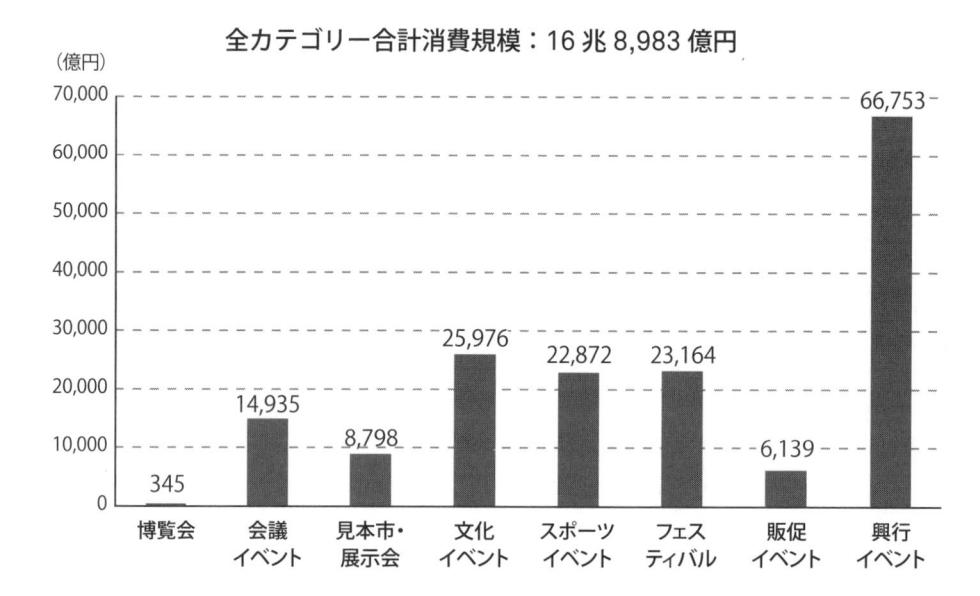

※ 来場者消費額は、「出発前」「交通費」「宿泊費」「会場内」「会場外」「イベント後」の 6 フェーズを合計したもの。
※ 合計の算出には小数点 1 位以下の数値を用いているため、表中の数値のみでの計算が合わないことがある。

▶ **図表 1-7　イベント会場内だけの消費規模（2023 年 1〜12 月　JACE 推計）**

全カテゴリー合計消費規模：2 兆 6,821 億円

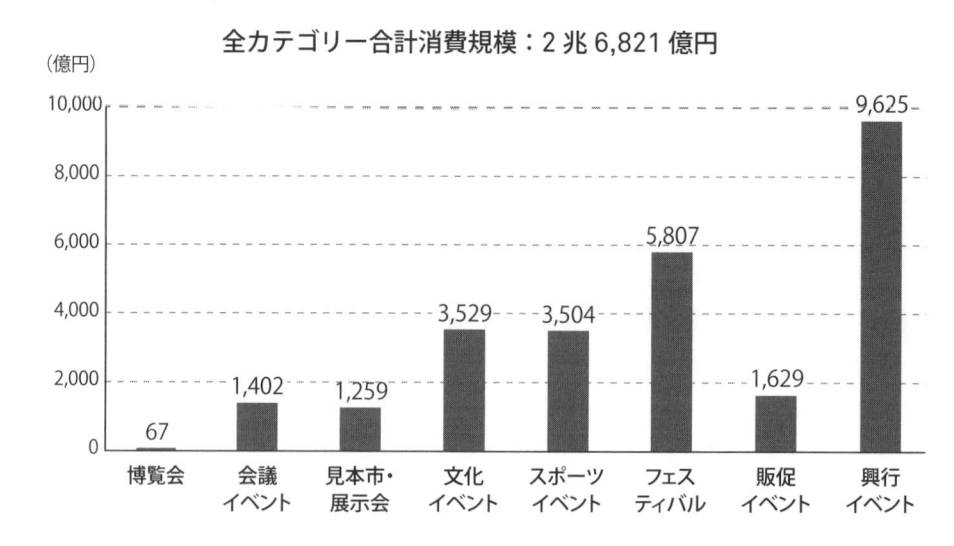

※ 来場者消費額は、「会場内」のみ。
※ 合計の算出には小数点 1 位以下の数値を用いているため、表中の数値のみでの計算が合わないことがある。

図表 1-6、1-7　引用：日本イベント産業振興協会『2023 年イベント消費規模推計報告書』2024 年
※グラフは作成

(4) イベントのレガシー

レガシー（legacy）は、「遺産」「先人が残したもの」といった意味だが、今はイベントにもレガシー、すなわち「イベントの後に残される結果」（ISO 20121 の定義）が強く求められるようになった。

1964 年の「東京オリンピック」は、旧国立競技場や代々木競技場（国立屋内総合競技場）などのスポーツ施設をはじめ、新幹線や高速道路などの社会インフラの整備、スポーツ振興法の制定、スポーツ少年団の発足など、多くのオリンピックレガシーを残した。

IOC（国際オリンピック委員会）は、2012 年の開催都市選考時からレガシーを評価項目に追加しており、その考え方を次のように提示している。

- オリンピックレガシーには、大きく、「招致都市にもたらされるもの」と「オリンピックムーブメント全体にもたらされるもの」の 2 つがある。
- レガシーは一般的に「スポーツ」「社会」「環境」「都市」「経済」の 5 つのカテゴリーに分類することができる。さらに、これらのレガシーには有形のものと無形のものがある。

▶ **図表 1-8　IOC が掲げるオリンピックレガシーの例**

スポーツ	施設	施設の長期活用 [ストックホルム]、施設の用途多様化 [バンクーバー、ロンドン]
	振興	スポーツ習慣の向上 [バルセロナ]、貧困地域へのスポーツ機会提供 [ロサンゼルス]、小学生のスポーツ参加に向けた新カリキュラム [ロンドン]
社会	文化	先住民に関する文化イベント [シドニー]
	教育	教育省と五輪委員会の共同教育プログラム [北京]
	その他	新たなボランティア文化の創出 [ロンドン]、貧困地域の企業からの調達 [ロンドン]、就労プログラムによる社会的包摂 [ロンドン]
環境	都市再活性化	劣化した土地の緑地化 [シドニー]、植樹 [アトランタ]、サステナビリティマネジメント（環境配慮）[ロンドン]
	環境エネルギー	大気汚染改善 [北京]、選手村へのソーラーパネル設置 [シドニー]、低炭素型冷暖房システム [ロンドン]、下水処理施設の熱利用 [バンクーバー]
都市	都市開発	老朽エリアの景観改善（ファサード、歩道整備など）[ロンドン]、貧困地域の再開発 [ロンドン]
	交通インフラ	ライトレール整備 [バンクーバー]、空港、道路、地下整備 [北京]
経済	経済振興	GDP 成長 [シドニー等]、中小企業振興 [ロンドン]、地域雇用（僻地）創出 [リレハンメル]
	観光振興	観光客増加 [トリノ]、地域（国）ブランド向上 [バンクーバー]

イベントのレガシーを考える上でのポイントには、次のようなものがある。

① 有形のレガシーと無形のレガシー

　大規模イベントの場合、会場施設や交通インフラなど有形のレガシーはわかりやすいが、ボランティア活動や人々の生活習慣の変化などの無形なものも重要なレガシーである。

　1970年の「大阪万博」（日本万国博覧会）をきっかけとした休日のカジュアルウエアでの外出や、ファストフード店・ファミリーレストランの普及などは、日本人のライフスタイルを大きく変えた。また、日本で初めて組織的にスポーツイベントボランティアが募集されたのは1985年「ユニバーシアード神戸大会」といわれ、多くの市民ボランティアが参加し、大規模イベントにおけるボランティア参加の定着というレガシーを残している。

② ポジティブなレガシーとネガティブなレガシー

　レガシーには負の側面もあることを認識しておく必要がある。

　1976年の「モントリオールオリンピック」は、オイルショックのあおりを受け、巨額赤字になった。赤字は税金によって補填され、カナダ国民は数十年にわたって苦しめられた。

　大規模イベントの開催を機にスタジアムやコンベンション施設を建設し、負の遺産となってしまった例も少なくない。

　コロナ禍の2021年に実施された「2020年東京オリンピック・パラリンピック」も様々な議論が起こり、無観客開催等、そのレガシーに対するポジティブ、ネガティブの評価は分かれるところであろう。

③ 計画的レガシーと偶発的レガシー

　レガシーは計画的に創出する必要があるが、「大阪万博」の会場内でアマチュアグループが歌った『戦争を知らない子供たち』が大ヒットし、現在でも歌い継がれていることなど、偶発的レガシーも生むことがある。

1-4 社会の変遷とイベント

　社会の変遷はイベントの変遷であり、イベントは時代とともにその姿を変えてきた。しかし、その本質である「公的な場・ハレの場・楽しい場」といった非日常性の創出や、それを社会に影響を与えてきたことに変わりはない。

（1）イベントの起源と定着

1）イベントの起源……人知を超えた存在に対する感謝・祈願

　人類は、先史時代の狩猟・採集生活から牧畜・農耕生活に移り、集団で定住するようになった。収穫の後は「自然」や「神」に感謝し、次の年も同じであるよう祈願し、自らも収穫を喜び、ささやかな祝宴が一定の形式をもって毎年繰り返された。
　これらが「祭り」の起源であり、イベントの起源と考えられる。

2）イベントの定着……祭りと「ハレとケとケガレ」

　ハレの場としての祭りは、人々の暮らしに欠かせないものとして定着した。厳しい自然、辛い農作業の中で、ハレの日は辛い日常からの解放であり、自然や神に感謝し、ハレの衣服で贅沢な酒宴を楽しめるときであった。日本民俗学の創始者である柳田国男は、「ハレ」は非日常、「ケ」は日常という概念を提示した。ハレは折り目・節目であり、日常であるケと区別していたと指摘した。

　「ケガレ」とは、日常である「ケ」のエネルギーが枯れることを意味し、ケガレはハレの非日常的な祭事を行うことによって、もとのケに回復するという考え方がある。この『ケ→ケガレ→ハレ→ケ』の循環論は、穀物が種から成長し、収穫され、そしてまた種から新たな命が復活するという循環論と同じであり、世界共通の概念でもある。
　現代の私たちもまた、この循環論を無意識のうちに根強くもっているといえ、ケガレから脱してハレの空間を生み出す年中行事としての祭り・祝祭は途絶えることがない。

（2）政・聖・俗とイベント

　歴史を振り返れば、社会は常に「政なる者＝統治・政治権力者」と「聖なる者＝宗教指導者」と「俗なる者＝庶民・市民・農商工業者とその集団」によって構成され動いてきた。そして、政・聖・俗のいずれもが祭りや非日常的な行・催事などの

イベントを利用して、それぞれの目的を遂げようとしてきた。イベントは社会にとって、社会を構成する集団・組織にとって、常に有効な手段であった。

1）イベントの政治性

政なる者とは、統治や政治に関わるものである。古代では絶対的な権威と権力を誇る支配者としての王、現代では国策の方針などが挙げられるだろう。

① 権威・権力の誇示

古代から、王は宗教的権威と武力に支えられた権力を誇示するためにイベントを利用してきた。即位の式典、宗教的祭日には盛大なイベントを開催した。また、支配領土の広大さを誇示するために、各地から珍しい品物や動物を集めて大規模な展示会を催した。

日本でも、織田信長は軍事的パレードである「馬揃え」を開催し、また豊臣秀吉は豪華な花見の宴である「醍醐の花見」を行った。

② 庶民の祭りの政治的利用

古代ローマでは、民心をつかむためにイベントを利用した。人気取りのために巨大な競技場で残虐なショー的競技会を開催したり、来場者にパンを配ったりした。このことは「パンとサーカス」と揶揄された。古代からイベントは、重要な政策として利用されていた。

③ 国際イベントの政治的利用

古代オリンピックは、紀元前776年に古代ギリシャの都市国家エリスが始めたとされるが、その開催期間は周辺諸国で休戦とするため、自国の安全保障手段としてオリンピックを開催し続けていたといわれている。

近代オリンピックでは、ヒトラーのナチス・ドイツが、豪華なスタジアム建設や初の聖火リレーの実施などにより、1936年「ベルリンオリンピック」をプロパガンダに利用したことが知られる。

2）宗教催事としてのイベント

人知を超えた存在に対する畏怖・祈願の念は、宗教を生み、宗教は祭祀儀礼とともに聖なる者による「祭り」を生み出していった。

① 布教のための宗教イベント

キリスト教は、ヨーロッパに古くからあった冬至祭をキリストの誕生日（クリスマス）とするなど、旧来の祭祀儀礼を教会暦と結びつけることで、各地をキリスト

教化していった。他にも、春分の日は復活祭（イースター）と、夏至は聖ヨハネ祭と結びつけられて現在に伝わっている。

　また、布教活動の一つとしてキリスト教劇が生まれた。教会堂はキリスト教劇の演劇空間に変えることができ、特別な祭日や記念日に上演された。キリスト教劇は信者を増やし、寄進の額を増やした。それは、紛れもなく布教イベントであった[11]。

② 信者たちの宗教イベント……フェスティバルとカーニバル

　キリスト教の信者たちにとってもハレの日が必要であり、宗教祭日は絶好の機会であった。町は祝祭の場と化し、御神体を先頭に賑やかにパレードし、様々な身体競技によるゲームに打ち興じた。こうして現代まで続く「フェスティバル（祝祭）」が誕生し、定着していった。

　フェスティバルに対して「カーニバル（謝肉祭）」は、ローマ時代の農耕儀礼を受け継いだ通俗的な仮装パレードの開放的な祭りである。それは禁欲的なキリスト教の教義から解放される祭りであり、キリスト教会もカーニバルという享楽的な「イベント」を認め、制度化していった。

　日本の祭りも、核となる厳かな祭祀儀礼（イベントではない）と信者たちが催す「付祭」（イベント部分）に分けることができる。神輿の渡御や山車の巡行はますます華やかになり、踊りの行列なども加わって付祭化しイベント化していった。現在では、祭祀儀礼部分は神社などが行うものとなり、祭りは肥大化した付祭部分をいうようになった。

3）俗としてのコミュニティのイベント

　人々は、コミュニティの一員としてフェスティバルや祭りに生きる知恵やエネルギーを込め、日々の暮らしを充実させていった。

① 地域コミュニティのイベント

　同じ地域の地縁的なつながりによるコミュニティを「**地域コミュニティ**」という。祭りやフェスティバルは地域コミュニティによるイベントの典型である。

　地域コミュニティのイベントは、人々のアイデンティティや住民同士の一体感を喚起し、地域にハレの日をもたらす。地域行政は、他地域からの交流人口の増大や、地域のリーダー的人材の発掘・育成などの効果をねらって積極的に地域イベントを支援し、地域の活性化を図ろうとしている。

---

*11　参考：山内登美雄『演劇の文明史：呪術・芸術・娯楽』日本放送出版協会　1974年

② テーマコミュニティのイベント

　同じ職業や文化的活動・趣味をもつ人々の集団を「**テーマコミュニティ**」という。現代は、地域コミュニティに比べテーマコミュニティは質量ともに拡充傾向で、イベントの数も増大している。

　職業をテーマとしたコミュニティの歴史は古く、中世ヨーロッパでは同じ職業の人々がギルド（同業者組合）を結成し、盛大な集会イベントを開催した。

　現在では、ICT や SNS によってボランティアなどの社会的活動やスポーツチーム応援、アニメ、音楽などのコミュニティが形成され、タレントやキャラクターの「推し活」も含めた多様なイベントが生み出されている。

（3）経済・産業の振興とイベント

　「メッセ」は教会のミサに由来するドイツ語で、転じて教会前の広場で開かれる「市(いち)」の意味になった。やがて大道芸人や見世物小屋も加わって、市はまさに非日常的なイベント空間となっていった。

　近代になると産業革命によって経済・産業が飛躍的に拡大し、見本市・展示会や博覧会など、以前にはなかった新しいタイプの大型イベントが続々と開催されるようになった[12]。

1）フランスの国策としての産業展示会

　フランスは、かつて敵国だったイギリスの首都ロンドンで、1475 年に「**フランス物産展示会**」を開催した。これは近代的な展示会様式の原型だったと考えられる。その後 1798 年には、パリで「**フランス産業展示会**」を開催した。カーペット、陶器などを「展示」するとともに「販売」も行った。これは現在のトレードショーや展示即売会の原型である。

2）産業博覧会によって発展した近代のイギリス

　18 世紀後半になるとイギリスは産業革命を成し遂げ、工業製品、機械、技術の啓発・普及のための展示イベント（産業博覧会）が必要となった。1754 年に「**王室芸術協会**」を設立し美術展を開催したが、展示は商工業分野の製品や機械にも及び優秀な出展者にメダルを授与した。このメダルは、オリンピックの金銀銅メダル授与につながっていく。

　1851 年、世界初の国際博覧会「**第 1 回ロンドン万国博覧会**」を開催した。「第 1 回ロンドン万国博覧会」は 144 日間の会期中に 600 万人を超える来場者があり、

---

*12　参考：平野繁臣『JACE イベント講座 1 基礎編 イベントと社会』日本イベント産業振興協会　2004 年

会場として建設された鉄骨とガラスの大建築「クリスタルパレス」（水晶宮）は大変な人気を呼んだ。

　「ロンドン万国博覧会」の成功は各国を刺激し、19 世紀後半から 20 世紀を通じて欧米各国は競うようにして博覧会を開催した。国際博覧会の時代といってよいであろう。

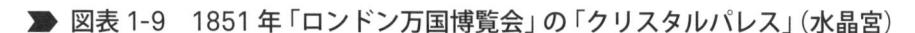

▶ 図表 1-9　1851 年「ロンドン万国博覧会」の「クリスタルパレス」（水晶宮）

3）近代日本の振興とイベント

　日本は江戸から明治の新しい時代に向けて、西洋の知識や技術を積極的に取り入れようとした。徳川幕府は、1862 年の「第 2 回ロンドン万国博覧会」に使節団を派遣。1867 年（大政奉還の年）の「第 2 回パリ万国博覧会」には、徳川幕府、薩摩藩、佐賀藩が出展参加し、若き日の渋沢栄一や五代友厚らも深く関わっていた。彼らが経験し、日本に持ち帰った知見は、新しい国の産業政策に大きく影響を与えた。

　生まれたばかりの明治政府は、欧米各国が国際博覧会などの産業政策イベントを開催していることを目の当たりにして、殖産興業、富国強兵政策の一環として多くのイベントを開催することになった。その代表的なものが「**内国勧業博覧会**」である。

　1877 年、戊辰戦争から 10 年足らずの東京上野で「第 1 回内国勧業博覧会」を開催し、近代日本としての「明治」を国民に知らせることに成功した。その後、内国勧業博覧会は全 5 回開催され多くの入場者を集めた。

図表 1-9　引用：国立国会図書館 HP「博覧会　近代技術の展示場」
http://www.ndl.go.jp/exposition/data/R/005r.html（2024 年 8 月現在）

▶ 図表 1-10　5 回の内国勧業博覧会

西暦（元号）	博覧会名	開催地・開催日数・入場者数
1877（明治 10）	第 1 回内国勧業博覧会	東京上野。102 日間開催。入場者数約 45 万 4 千人
1881（明治 14）	第 2 回内国勧業博覧会	東京上野。122 日間開催。入場者数約 82 万 3 千人
1890（明治 23）	第 3 回内国勧業博覧会	東京上野。122 日間開催。入場者数約 102 万 4 千人
1895（明治 28）	第 4 回内国勧業博覧会	京都岡崎。122 日間開催。入場者数約 113 万 7 千人
1903（明治 36）	第 5 回内国勧業博覧会	大阪天王寺。153 日間開催。入場者数約 435 万人

　また、京都では 1871 年、有力商人が中心となり「京都博覧会」が開催された。首都が東京に移り街が衰退していく中、商業、観光都市として都市活性化を図ったものである。「都をどり」など娯楽性の高いイベントを多く開催し、現在の「観光都市京都」の基礎をつくった。

4）近代におけるイベントの役割

　近代ヨーロッパにおける産業革命によって工業製品、機械、技術などが次々生まれた。当時の最も有力なメディアは印刷物であったが、当時は識字率も低く、その情報伝達力には限界があった。そこで、実物の展示と実演を中心とする博覧会や展示会は、最もわかりやすいメディアであった。

　また、当時のヨーロッパでは「ウィンドウ・ショッピング」の概念はなく、入店すなわち購入であった。しかし、博覧会や展示会では商品を買う必要はなく、いろいろな商品をゆっくりと見ることができた。そこには日常を便利に、生活を豊かにする商品が展示されており、人々は「商品を見る楽しさ」を発見した。

　見本市・展示会や博覧会の情報伝達力は強く、瞬く間に機械と技術の情報が世界中に広まった。

▶ 図表 1-11　主な国際博覧会

西暦 （元号）	博覧会名 ＝テーマ＝	特色・備考・入場者数
1851 （嘉永 4）	ロンドン万国博覧会	最初の万国博覧会。会場のクリスタルパレスが人気を集める。イギリス産業革命の成果を世界に誇示。入場者数約 604 万人。
1853 ～ 54 （嘉永 6 ～ 安政元年）	ニューヨーク博覧会	新興国アメリカの登場。米欧間の交流の深まり。入場者数約 115 万人。
1855 （安政 2）	パリ万国博覧会	産業・技術展示に加え、美術品等の文化展示の充実。パリの魅力が高まる。入場者数約 516 万人。
1862 （文久 2）	第 2 回ロンドン万国博覧会	「万国工芸博覧会」とも。幕府使節団が万博見学。入場者数約 621 万人。
1867 （慶応 3）	第 2 回パリ万国博覧会	産業技術博から人類文化の総合博覧会への転換。世紀の祭典イメージ。徳川幕府と薩摩藩、佐賀藩の参加出展。入場者数約 906 万人。
1873 （明治 6）	ウィーン万国博覧会	戦後の経済復興と市街地改造計画の手段として開催。日本政府が本格的に参加した最初の国際博。入場者数約 725 万人。
1878 （明治 11）	第 3 回パリ万国博覧会	戦後復興の宣言目的。トロカデロ宮殿。エジソンの蓄音機。国際法制定に影響を与えた国際会議の併催。入場者数約 1,603 万人。
1889 （明治 22）	第 4 回パリ万国博覧会	フランス革命 100 周年記念で立憲君主国が出展を拒否したが成功した。社会教育と娯楽の組み合わせ。エッフェル塔。入場者数約 3,235 万人。
1893 （明治 26）	シカゴ万国博覧会 （コロンブス新大陸発見 400 年記念博）	会場のホワイト・シティは都市計画に大きな影響を与える。初の高架鉄道。万博に初めて遊園地を併設。入場者数約 2,753 万人。
1900 （明治 33）	第 5 回パリ万国博覧会	19 世紀の総決算と 20 世紀の展望。博覧会の中の博覧会といわれ、「花の都パリ」のイメージ定着に寄与。入場者数約 5,086 万人。
1933 ～ 34 （昭和 8 ～ 9）	シカゴ万国博覧会 ＝進歩の一世紀＝	初めて公式テーマをもって開催された万博。シカゴ市制 100 周年。成功を受け、翌年に再び開催。企業パビリオン続出。入場者数約 4,877 万人。
1935 （昭和 10）	ブリュッセル万国博覧会 ＝民族を通じての平和＝	国際博覧会条約による初の第一種一般博。ベルギーでは 1930 年にも万博を開催しており、10 年以内に同じ国が開催しないという条約が破られた。入場者数約 2,600 万人。
1939 ～ 40 （昭和 14 ～ 15）	ニューヨーク世界博覧会 ＝明日の世界と建設＝	大規模なテーマ展示と魅力的な企業パビリオン。2 年連続開催予定が翌年は第二次世界大戦勃発のため、規模を縮小。入場者数約 4,493 万人。

西暦 （元号）	博覧会名 ＝テーマ＝	特色・備考・入場者数
1964 〜 65 （昭和 39 〜 40）	ニューヨーク世界博覧会 ＝理解を通じての世界＝	BIE（博覧会国際事務局）の規約に反し非公認で開催。ソ・英・仏が不参加で国内博的性格。翌年も同様に開催。入場者数約 5,161 万人。
1970 （昭和 45）	日本万国博覧会 （大阪万博） ＝人類の進歩と調和＝	日本初・アジア初の万博（第一種一般博）。日本はオリンピックに続いて万博を成功させ、戦後再び国際社会の表舞台に登場した。当時史上最高の参加国数と入場者数。入場者数約 6,422 万人。
1975 〜 76 （昭和 50 〜 51）	沖縄国際海洋博覧会 ＝海−その望ましい未来＝	沖縄本土復帰記念。沖縄の復興と経済振興が目的。BIE 認定の特別博（テーマ博）。入場者数約 349 万人。
1985 （昭和 60）	国際科学技術博覧会 （科学万博、つくば '85） ＝人間・居住・環境と科学技術＝	筑波研究学園都市の認知拡大。BIE 認定の特別博。映像パビリオンの競演。入場者数約 2,033 万人。
1990 （平成 2）	国際花と緑の博覧会 （大阪花博） ＝自然と人間の共生＝	これまでとは違い国際園芸家協会の承認を得てから BIE の認定を受けた特別博。西欧以外では初の園芸博。入場者数約 2,313 万人。
1993 （平成 5）	大田世界博覧会 ＝発展のための新しい道への挑戦＝	韓国の大田（テジョン）で行われた、大阪万博に続いてアジアで 2 番目の万博（特別博）。入場者数約 1,401 万人。
1999 （平成 11）	昆明世界園芸博覧会 ＝人と自然− 21 世紀に向けて＝	中国初の国際博。国際園芸家協会と BIE 認定の特別博。入場者数約 950 万人。
2000 （平成 12）	ハノーバー万国博覧会 ＝人間−自然−技術＝	ドイツ初の万博。エコロジー重視の構造。入場者数約 1,810 万人。
2005 （平成 17）	日本国際博覧会 （愛知万博） ＝自然の叡智＝	日本で 2 度目の大規模万博。自然の地形を活かすなど環境負荷を軽減。新しい万博の在り方を示し、高い評価を得る。入場者数約 2,205 万人。
2010 （平成 22）	上海国際博覧会 ＝より良い都市、より良い生活＝	「北京オリンピック」からわずか 2 年をおいて開催。246 の国と国際機関が参加。史上最高の約 7,308 万人の入場者数。
2015 （平成 27）	ミラノ国際博覧会 ＝地球に食料を、生命にエネルギーを＝	「食」をテーマとした史上初めての万博。入場者数約 2,150 万人。
2020 （令和 2）	ドバイ国際博覧会 ＝心をつなぎ、未来を創る＝	2020 年 10 月から開催される予定だったが、コロナ禍により延期され、翌 2021 年 10 月から開催された。入場者数約 2,410 万人。
2025 （令和 7）	日本国際博覧会 （大阪・関西万博） ＝いのち輝く未来社会のデザイン＝	大阪市の人工島・夢洲にて開催。想定入場者数約 2,800 万人。

図表 1-11　参考：平野繁臣『国際博覧会歴史事典』内山工房　1999 年

第2節 イベントとマーケティング

2-1 イベントとマーケティング

　マーケティングは、企業・団体がその発展を目指すとき欠かすことのできない概念であり、手法である。マーケティングの基本的な考え方は、**「社会やその中にいる相手のことを考えて行動すると自分にとってよい結果が生まれる」**というものである。

　「誰もが取り残されないイベント」という観点からも、イベントとマーケティングの関係性を確かめることは重要である。なぜなら急速な DX（デジタルトランスフォーメーション）化で社会が変容することにより、マーケティング領域ではこれまで捕捉できなかった層にアプローチできる新しい手法が次々と生み出されており、その動きはイベントにも大きな影響を与えているからである。かたやコロナ禍という時期を経験したことで、イベントは新しい存在意義が問われている。だからこそ、イベント関係者はマーケティングを積極的に活用することで「誰もが取り残されないイベント」の実現へと向かうべきである。

　イベントにおけるマーケティングには2つの意味がある。一つは**「イベントのマーケティング」**であり、マーケティングによって、より効果的・効率的なイベントづくりの実現を目指すものである。もう一つは**「イベントによるマーケティング」**で、マーケティング戦略のためにイベントをどう活用するかということである。

（1）イベントのマーケティング

　「イベントのマーケティング」とは、具体的にはイベントの企画・計画にマーケティング理念・手法を活用し、より効果的・効率的に参加者・来場者や支援者を獲得することである。

1）マーケティングの概念と定義

　基本的なマーケティングの概念は**「売り手と買い手の間で、相互に有益な交換関係を生み出し、継続すべく、売り手が展開する一連の諸活動」**と説明できる。イベントの場合、「売り手」は主催者・支援者、「買い手」は来場者や社会一般のことである。

　マーケティングの定義は種々あるが、次に米国と日本のマーケティング協会の定義を紹介する。

> **米国マーケティング協会によるマーケティングの定義（2017年）**
> 　マーケティングとは、顧客、依頼人、パートナー、社会全体にとって価値のある提供物を創造・伝達・配達・交換するための活動であり、一連の制度、そしてプロセスである。

　この定義で注目すべきは、マーケティングの対象を「顧客、依頼人、パートナー、社会全体にとって」としている点である。2004年の定義では「組織とその利害関係者にとって」としていたが、対象を大きく広げていることがわかる。

> **日本マーケティング協会によるマーケティングの定義（2024年）**
> 　マーケティングとは、顧客や社会と共に価値を創造し、その価値を広く浸透させることによって、ステークホルダーとの関係性を醸成し、より豊かで持続可能な社会を実現するための構想でありプロセスである。

　この定義は、34年ぶりに刷新されたもので、1990年のそれと比べて変化した点は、共感・共創・共助など、今日的なマーケティングに求められる役割が、「共に」と表現されていることである。共に創造した価値を社会に浸透させ、**ステークホルダー**との関係性を醸成するとしている。

2）イベントのマーケティングの考え方と展開

> **1．主催者と企画・制作者の意思決定**
> 　イベントの実施にあたっては、主催者と企画・制作者は6W2Hの全てにわたって意思決定を行わなければならない。従来、イベントの意思決定は経験や感性に頼ってきた側面があるが、近年、コストパフォーマンスや社会的責任が問われ、意思決定には科学的で論理的な判断が必要になっている。その手法がマーケティングといえる。
>
> **2．主催者と参加者・来場者の関係**
> 　マーケティングは「顧客との相互理解と関係性の構築」を目指す手法である。イベントでいえば「参加者・来場者の立場に立った相互理解と関係性の構築」の手法であり、主催者と企画・制作者の独断と自己満足だけでは実現できない。

3．社会の中のイベント

　イベントのマーケティングで重要なのは、社会との関係である。たとえ参加者・来場者・支援者が満足しても、社会にとって有意義でないイベントは成功とはいえない。

3）企画・計画段階においてマーケティング志向でイベント全体を見直す

　イベントの企画策定では、企画の背景要因として、経済・社会状況や市場・消費者動向を踏まえ企画を行う。これらをマーケティングの視点から行うことが大切である。

　イベントの企画時に6W2Hを確認し、新たにマーケティング志向で調査データや資料と照らし合わせてみることの効果は大きい。意外な**ニーズ**（必要性）や**ウォンツ**（具体的な欲求品目）の発見、新たな支援者の獲得などの効果がある。

　重要なのは、調査データや資料を分析して**エビデンス**（根拠・証拠）を明示することに加えて、イベントの差別化を目指して戦略的なイベント開催を行うことである。

▶ **図表 2-1　6W2Hのマーケティング視点での見直しのポイント**

Who	＊主催者・支援者の市場や経済・社会状況における動向やポジションの確認。 ＊関連団体や利害関係者の洗い出しとネットワーク化の可能性や方法。
Why	＊開催目的の時代性やトレンドとの合致性と修正。新しい目的の発見。
What	＊参加者・来場者のニーズや関心への対応はできているか。新しい対応の発見。
Whom	＊従来の参加者・来場者の属性の確認と新しいターゲット層の発見。 ＊参加者・来場者の新しいニーズやウォンツの発見とその内容の分析。
Where	＊会場変更の必要性の有無。変更した場合のメリット。ユニークベニューなどの新しい会場・立地の検討。
When	＊会期・期間の変更の必要性の有無。変更した場合のメリット。
How	＊新しい開催方法や会場演出方法はあるか。新しい方法の発見とそのメリット。
How much	＊従来の予算構成にムダはないか。開催目的に合致した予算構成となっているか。

４）企画・計画段階においてマーケティング志向で参加者・来場者を見直す

　マーケティングでイベントを見直すときの基本的な視点は、「**相互理解**」と「**関係性**」である。

① 参加者・来場者との相互理解の見直し

　従来から、**来場者属性**（性、年齢、職業、居住地域など）の理解は行われてきた。それを見直し、属性の変化はないか、どのように変化しているのかを確認する。変化を把握するためには、来場者の行動分析が役立つ。すなわち、イベントへの来場頻度（ベテランか初心者か）、プログラム内容への知識度や態度（情報志向か娯楽志向か）、イベントに求めるベネフィット（便益）などの分析で新たなターゲット層の発見にも役立つ。

② マーケティングで用いられる世代分類と主な特徴

　マーケティングでは、生活者を世代別に分類し、それを各々の志向に合った施策を打つ際の戦略手法に用いることがある。これは、世代によって育ってきた社会環境や時代背景が異なり、価値観や生活様式が異なることを捉えた論理的なアプローチである。

　イベントの来場者に対して属性を感覚的に捉えるのでなく、論理的・効率的にターゲット（Whom）にアプローチすべきである。

　世代分類の方法は専門家や国によって異なるが、次は典型的な分類である[1]。

１．バブル世代　【1965〜1971 年生まれ】

　　1980 年代後半から 90 年代にかけてのバブル経済期に社会人となった世代。消費を好み、ブランド志向が強い傾向がある。1986 年に男女雇用機会均等法が施行されており、女性の就業には自由な考えをもつ。

２．団塊ジュニア・ポスト団塊ジュニア世代　【1971〜1981 年生まれ】

　　「団塊の世代」（1947 〜 1949 年生まれ）の子どもにあたる世代と、その後の世代。社会人になる時期が、バブル崩壊後の「就職氷河期」と重なった。情報収集においては以前の世代よりデジタル志向が強い。

３．Y 世代（ミレニアル世代）【1981〜1995 年生まれ】

　　2000 年以降に成人になった世代。インターネットやソーシャルメディアと接する時間が長く、仕事よりもプライベートを重視する傾向が

---

[1]　参考：林裕之『データで読み解く世代論』中央経済社　2023 年

見られる。比較的高度な教育を受け安定志向が強いともいわれる。

4．Z世代　【1995～2010年生まれ】

　インターネットが既に情報ツールの主流になっているときに生まれ、高校生になる前にスマートフォンが発売されていた世代。SNSで情報発信する傾向が上の世代より強く、現在Z世代は世界全体でも最も多い世代。

5．α世代　【2010年以降生まれ】

　Z世代よりさらにデジタルネイティブな世代。オンラインビデオやオンラインゲームを使いこなし、今後マーケティングにおいて最もウォッチすべき世代。

（2）イベントのブランディング

　マーケティングは、「ステークホルダーとの関係性を醸成し、より豊かで持続可能な社会を実現する」ことをテーマとしているが、そのための戦略的な方法として、**ブランド**の構築・維持・発展、すなわち**ブランディング**が重視されている。

　現代は、イベントにもブランディングが必要な時代となった。

1）ブランドとは何か

　ブランドとは、消費者に製品を識別させ、競合製品と区別するための名称（商標）、マーク、デザイン、あるいはこれらの組み合わせのことである。ブランドは買い手に**特定の特徴**、**ベネフィット**、**サービス**を継続して提供するという**売り手の約束の印**であり、買い手はブランドを製品の重要な一部と見なしている。

① ブランディングの背景と役割

製品価値の三層構造

　ブランドの役割を理解するためには、「製品とは何か、買い手はなぜその製品を買うのか」を理解する必要がある。製品の価値は**三層構造**になっており、まず、買い手が必要とする**中核ベネフィット**があり、次に**基本製品**としての名称や形態をもち、そしてブランドイメージなどの**付加価値**をもっている。類似の製品が溢れている現在では、中核ベネフィットでの他社との差別化は難しく、形態やブランドイメージなどで付加価値を高め、差別化を図る必要がある。

　イベントの場合、来場者は「なぜそのイベントに来るのか」をブランドイメージとして考える必要がある。

2）ブランド・エクイティ（ブランド資産）

　ブランドは価値をもっているが、構築には時間がかかる。そこで出てきたのが、ブランドを資産と捉える「ブランド・エクイティ（ブランド資産）」という考え方である。ブランドの資産価値は、ロイヤリティ（固定客など）の質と量、認知度、知覚品質（実感できる品質）、ブランド連想、特許、登録商標、流通力などによって決まる。

　イベントも例外ではない。IOC（国際オリンピック委員会）は徹底した「オリンピックブランド」の管理を行っており、「オリンピック」という言葉と「五輪マーク」の商業的利用を厳しく制限し、オリンピックブランドの資産価値を高めている。

2-2　マーケティング戦略のためのイベント

　かつて、いかに製品の価格を下げて購買を促進するかを目的としていた売り手主導のマーケティングは、やがて顧客のニーズを重視した買い手主導に変化した。その後、企業が企業全体の活動や社会的責任を踏まえていかに商品をメッセージするかが重要視される方向に世の中が変化した。

　現在、急速なデジタルテクノロジーの進化とともに、次々と新しいマーケティング理論が生まれている。イベント領域では、マーケティングの進化とともに、その効果や存在意義をさらに進化させ得る時代が到来している。

（1）マーケティング戦略におけるイベントの特異性

　そもそもイベントは、マーケティングの観点から見ると、他の顧客接点と比べて次の点に特異性がある。

> ・体験価値の提供
> ・リアルな顧客反応の把握
> ・ブランド体験の提供

1）体験価値の提供

　マーケティングは、企業による顧客との**相互理解**や、顧客に対する**価値提供**で関係性を構築する**総合的活動**である。また社会は「モノ」主体から「コト」主体へと志向を強めていった。そのような価値観の変化の中で、顧客が商品を手に取ったりサービスを享受する「コト」の体験を前提としているイベントの価値がより注目されている。

2）リアルな顧客反応の把握

　イベントは、企業が顧客と、時間や場所を共有しながらリアルにコミュニケーションする機会である。ここでは企業から顧客への情報提供に加えて、顧客の反応を確認することができる。企業は顧客の反応をフィードバックする PDCA を回すことで、次の戦略の精度を高めることが可能となる。

3）ブランド体験の提供

　イベントは、ブランド、つまり商品やサービスの世界観を伝えることにも有効な手段である。購買履歴データを分析すると、同じブランドを買い続ける消費者が一定の割合で存在する。また、新規顧客を獲得するためのコストは既存顧客を維持するコストの数倍かかるともいわれる。このことから新規顧客だけ追いかけるよりも、既存顧客を育て、その状態を長く維持することがいかに重要であるかがわかる。

　だからこそ、例えば自動車や化粧品など高級商材を扱うメーカーは、そのブランドがもつ世界観をイベントの体験を通じて顧客に伝え、顧客との結びつきをより強固にすることに注力するのである。またいかなる商材であっても、商品との出会いや、商品を選ぶ喜び、スタッフとの会話、独自の空間の雰囲気を総合的に提供できる場づくりこそイベントの真骨頂である。ゆえにイベント関係者にとっては、イベントのブランド体験づくりを意識し、ファンを生み育てる視点をもつことも大切な役割である。

（2）マーケティングの進化とイベントの関係性

　マーケティングの専門家でなくとも CRM（Customer Relationship Management）という言葉を聞いたことのある人は多いだろう。日本語では「顧客関係管理」といわれ、顧客情報やその行動履歴などを管理することで、顧客との関係性を構築、育成することを指す。1990 年代に入り CRM は ICT 技術の普及とともに急速に発展を見せてきた。そして今ビッグデータの処理速度や精度の向上を背景に、イベントもデジタルやマス媒体など他のコミュニケーション手段とシームレスにつながり、相乗効果を生むことが可能になっている。

1）企業視点：統合型マーケティング・コミュニケーションとイベント

　例えば、企業がある商品を世に出す際に、広告、販売促進、DM、インターネット、あるいは店舗でのコミュニケーションでの言葉や表現に一貫性がないと顧客は混乱してしまうかもしれない。これは顧客満足度を下げ、企業と顧客との深い関わりの妨げになり、ブランド価値を下げることにつながる。これを防ぐため、1990年代以降、各コミュニケーション手段の特徴を生かした包括的なアプローチである**統合型マーケティング・コミュニケーション**（IMC：Integrated Marketing Communication）という概念が広まった。イベントにおいても他のコンテンツとの一貫性や関連性が求められるようになった。企業にとっては製品開発部門、販売促進や人的販売を行う営業部門、そしてイベントを主導する広報・宣伝部門など、一貫した戦略のもと各部門間での目的の共有が重要となる。

2）顧客視点：カスタマージャーニーとイベント

　カスタマージャーニーとは、顧客が商品を全く知らない状態から、それに出会い、認知し、関心をもち購入（契約）するといった道筋を設計するマーケティングの一手法である。カスタマージャーニーを通じて、イベントの企画においても戦略的な共通認識の上で顧客体験を向上させることができる。いわば上記の統合型マーケティング・コミュニケーションを、顧客視点で描くものである。イベントもマス媒体やWebなどの顧客接点との整合性を図りつつ、顧客の体験の質をいかに高めるかという視点が必要である。

3）現場視点：常時接続とイベント

　スマートフォン普及率が年々高まることで、イベント来場者、特に若い世代は、「情報」「他者」といつでもつながる「常時接続」状態にある。来場者がほしい情報にすぐアクセスし取得できるとともに、他の場所で「常時接続」する仲間に、SNSを通じテキスト、画像、映像で発信することも容易である。同時に来場者たちのネットアクセスはビッグデータをより豊富にしマーケティングで活用することにつながる。よってイベントの提供者は来場者の情報発信意欲をかきたてるフォトジェニックな空間づくり、誰かに話したくなる運営サービス、五感に訴える魅力的な演出などの環境を積極的に用意しておかなくてはならない。

（3）マーケティング視点から最適なイベント種類と手段の選択

1）企業、顧客に合わせた最適なイベント種類の選択

　ある商品に対する顧客側の認識は、「その商品を知らない」「関連する情報を集めたい」「購入を迷っている」「購入したい」「もう一度購入しようか迷っている」「ユーザーで情報交換してみたい」など様々である。かたや企業側では、「商品に興味がある顧客を探し出したい」「顧客が購入する理由を知りたい」「優良な顧客を探し出し長く付き合いたい」と、こちらも思いは一様でない。

　このように様々な顧客・企業の認識がある中で、両者のニーズを同時にかなえるイベントを選択することは重要である。一口にイベントと言っても、認知促進、ブランド醸成、体験機会向上、機能説明、顧客間交流など、選んだイベントの種類によって期待できる効果は異なる。

　ゆえにマーケティング観点でイベント企画上重視すべきは、目的の明確化である。たとえ商談件数をかせぐことを目的とするイベントでも、やみくもに既存の関心層を集めた「勉強会」や「相談会」を実施するのではなく、自社のトップが著名人とともに登壇する「カンファレンス」や「シンポジウム」で社名認知を広げることが大事な場合もある。過去の慣例に従ってイベントの種類を決定するのでなく、目的を議論した上で最適なイベントを選択する視点も重要である。

2）オンラインイベントとリアルイベント

　コロナ禍では人と人との直接的接触が難しくなり、イベント業界でも必然的にオンライン形式が次々導入されていった。記者発表やコンサート、企業セミナーに至るまで多様なイベントが画面の中で催された。やがてオンラインは、イベントを場所の制約から解放し、企業が用意できる会場のキャパシティの制約を受けずに顧客と接する手段として地位を築いた。オンラインの技術は現在も発達し、企業・顧客双方にとって効果的・効率的な方法を進化させ続けている。

　一方で同時に、いまリアルの価値が急速に見直されている。コロナ禍が落ち着いた後、オンラインイベントは参加者が増加しない、ターゲット客に効果的にアプローチしにくい、という企業からの評価もある。またリアルな顧客間交流会も最近ニーズが高まっているといわれる。わざわざリアルイベントに足を運ぶ情報欲求度が高い来場者にこそ、企業がアプローチしたい潜在顧客が多く存在するとも解釈できる。

　このように効率性が高く技術的発展を続けるオンラインと、企業・顧客の関係性を強める効果が見込めるリアル。この特徴的な2つの手段が出そろった今、イベント関係者にはその両方をどう選択し、組み合わせて、各々の長所を引き出すかが求められている。

3）スポンサーになる際の留意点

　イベントマーケティングにおいて企業などは、イベントのスポンサーになることによって大きな効果をあげてきた。イベントの選定が的確であれば、確実にブランディング効果をあげることができる。

　また、スポンサーになることによって得られる権利を自社のマーケティング活動に利用することを「アクティベーション」という。アクティベーションは積極的に行うことが重要だが、どのように行うかは得られる権利の種類や範囲に制約される。

① マーケティングから見た SDGs への配慮

　現在、企業の活動はあらゆる側面においてサステナブルな視点をもつことが必須となっている。この時代背景の中で、よりよい社会を目指すための国際目標として掲げられたのが SDGs である。企業にはこの SDGs に沿うサステナブル経営が求められている。

　イベントの企画においては、企業のパーパスやビジョン、ミッションを十分に踏まえた上での企画・計画作業が必要である。

② イベント選定の考え方

　自社のブランドイメージとの整合性や戦略性、中長期の継続性・一貫性などは、イベントを主催する場合と同じであるが、中でも重要なのは戦略性で、自社とイベントの SWOT 分析やポジショニング分析は必須の手法である。

　選定の主たる選択肢には、次のようなものがある。

> **1．ニッチ戦略による選定**
> 　他社が手を付けていない小さな市場を開拓して成長させようとする戦略。競合他社がいないので低予算で戦略展開ができる。
>
> **2．差別化戦略による選定**
> 　競合他社がスポンサーになっていない優良イベントのスポンサーになり、他社と差別化しようとする戦略。
>
> **3．多角化戦略による選定**
> 　同じカテゴリーやテーマの複数のイベントスポンサーになることによってブランドイメージを確立しようとする戦略。例えば、全国各地で開催される少年野球大会のスポンサーになることによってブランドイメージを形成しようとする戦略である。

4．広告・販促・PR 効果による選定

広告・販促・PR 効果の大きいイベントのスポンサーになることによって、より広範な層に自社をアピールする戦略。イベントがメディアで中継されるかどうかは大きな選定ポイントとなる。イベントによってはテレビ CM スポンサー枠や告知・集客プロモーションへの出展枠をパッケージとして設定している。

③ スポンサーシップによるメリットの確認と活用

企業がイベントのスポンサーになるのは、スポンサーメリットとそれを保障する権利ビジネスの仕組みがあるからである。

例えば、企業がイベントのスポンサーになることによって獲得できる権利として、次のようなものがある。

▶ **図表 2-2　スポンサーシップの権利の例**

① 広告露出権	イベント会場の広告看板や大型映像での CM 放映権など。特にスポーツイベントの広告看板はテレビ中継がある場合には露出効果が高まるので、テレビ中継の有無はスポンサー料に大きく影響する。
② 名義表示／イベント呼称権	いわゆる「冠スポンサー」。大会名称に社名や商品名を入れたり、タイトル看板やメディア向け資料、公式印刷物等への社名表示ができる権利など。
③ プロモーション権	会場内での販売促進・商品 PR 目的のプロモーションスペースの権利など。会場外での同等のプロモーション展開の権利を含む場合もある。
④ マーケティング権	公式商標やシンボルマーク、出演者や出場者の一定条件下による肖像や名称等の広告での利用権、チケットの優先購入、販売促進策への利用権など。
⑤ マーチャンダイジング権／ライセンシング権	商品化権。公式商標やシンボルマークを利用した商品パッケージの生産・販売やプレミアムグッズの製造・配布ができる権利など。
⑥ ホスピタリティ権	取引先などの招待プログラムや、会場内のホスピタリティスペース（特別席や来賓席）を利用できる権利とイベントの公式行事への参加権など。

④ スポンサー効果の的確な評価

スポンサーが負担する費用（コスト）に対して得られる効果（パフォーマンス）を的確に評価することが大切である。客観的な評価ができる評価方法として、RVA（Relative Value Assessment：相対的価値評価）がある。RVAは、「企業と製品のポジショニング効果」「企業と製品のイメージ効果」「販売と業績の目標達成効果」「全社的なマーケティング戦略効果」「プログラムによる達成効果を含む、スポンサー活動による戦略的効果」の5つの基準に分類して、スポンサー効果を評価するものである[2]。

⑤ デメリットを知っておく

スポンサーになったとしてもイベントの行・催事プログラムと基本構成（会期・会場・運営）の主導権をもてないケースもあり、十分なマーケティング活動やブランディング活動ができないこともある。したがって、中長期的視点でコストパフォーマンスを評価し、スポンサーメリットの獲得を目指すことが重要である。

2-3　マーケティングの基礎知識

現代のイベントマーケティングで重要なのは、マーケティングが「**マネジリアル・マーケティング**」から「**関係性マーケティング（リレーションシップ・マーケティング）**」に移り変わったことであり、両者の違いを理解することである。

（1）マネジリアル・マーケティング

1）マネジリアル・マーケティングの基本

マーケティングは、製品やサービスを単に「売る」だけではなく、「**売れる仕組みづくり**」を行うということである。「売れる」ためには消費者のニーズやウォンツを調べ、消費者がほしがる製品・サービスを生産し、適切な価格と買いやすい場所で販売しなければならない。このような売り手が展開する「売れる仕組みづくり」の一連の諸活動をマネジリアル・マーケティングといい、マーケティングの基本となっている。

---

[2]　参考：アルフレッド・L. シュレイバー、バリー・レンソン『顧客をつかむ新イベント・マーケティング』
　　時事通信社　1996年

2）4P理論……4Pマーケティング・ミックス

1960年代の米国で、マーケティング戦略の基本は**4種類のPの組み合わせ**であるという「**4Pマーケティング・ミックス**」が提唱された。これは、売れる製品を、売れる価格と売れる場所で、売れるように仕掛けるという考え方である。

> **4Pマーケティング・ミックス**
> 1．**Product（製品）**：品質、デザイン、ブランド名などの開発
> 2．**Price（価格）**：表示価格、値引き価格、支払便宜などの策定
> 3．**Place（流通チャネル）**：販路、配送、店舗などの開発
> 4．**Promotion（販売促進活動）**：人的販売、広告、販促、広報

イベントの場合では、Product（製品）は行・催事プログラムであり、Price（価格）は入場料、Place（流通チャネル）は会場と会期、Promotion（販売促進活動）は告知・集客活動である。

3）STPマーケティング……マーケティングの基本プロセス

マーケティングは「売り手による一連の諸活動」であり「プロセス」である。基本的なマーケティング戦略の策定プロセスは、**S（Segmentation：セグメンテーション）➡ T（Targeting：ターゲッティング）➡ P（Positioning：ポジショニング）**の順で行い、これを「**STPマーケティング**」という。

> **STPマーケティング**
> 1．**セグメンテーション（市場細分化）**
> 　消費者を一定の特性をもった集まりに分け、最も効果的・効率的な集まり（市場）を発見すること。「国」「年齢」「ライフスタイル」「利用頻度」など複数の分類基準を組み合わせて、より明確な特性を分析する。
> 2．**ターゲッティング（標的市場の選択と分析）**
> 　市場全体をセグメンテーションし、一つの市場をターゲット（標的）として選択すること。「消費者が求める価値」「需要度」「競合度」などを評価し、将来有望な市場を選択する。
> 3．**ポジショニング（市場における競争優位な位置づけ）**
> 　ターゲット市場にいる競合と差別化するため、製品・サービスの独自の位置づけを行うこと。位置づけは「高級品か普及品か」「販売方法」「ブランドイメージ」などの要因から、有利なものを選んで行う。

4）4C理論……企業視点から顧客視点へ

1970年代に入ると消費者運動が活発化した。企業には、企業視点での4Pマーケティング・ミックス戦略を見直し、顧客が求めているものを知る必要が生じた。そこで顧客視点で4Pを見直し、提唱されたのが4Cである。

4C理論

1. Customer Value（顧客の価値）：顧客にとっての価値
2. Customer Cost（顧客のコスト）：顧客の負担、価格と時間・距離
3. Convenience（利便性）：購入・入手の容易性
4. Communication（コミュニケーション）：積極的な情報受発信による相互理解

5）ソーシャル・マーケティング……買い手視点から社会貢献視点へ

企業は顧客やターゲット市場だけでなく、社会的関心を正しく理解し、要望に沿う満足を効果的・効率的に提供しなければならないといった考え方を「ソーシャル・マーケティング」という。現在は、「企業の社会的存在意義」や「企業市民」といったサステナブルなテーマのマーケティングが求められるようになっている。この時代背景の中で、よりよい社会を目指すための国際目標として掲げられたのがSDGsである。SDGsの17の目標に着目すると、貧困、ジェンダー、気候変動、公平などイベント制作においても検討配慮すべきキーワードが並んでいる。よってソーシャル・マーケティングの視点においては、イベントの企画・計画段階から、SDGsと連動する企業のパーパスやビジョン、ミッションを十分に踏まえることは必然といえる。

6）マーケティング調査

マーケティングの基本プロセスの各段階では数多くの意思決定をしなければならないが、拠り所となるのが調査データである。調査内容は、消費者のニーズやウォンツ、購買行動パターンなどを調べる**「消費者調査」**と、市場の規模や将来性、競合関係、流通経路などを調べる**「市場調査」**に分けられる。

マーケティング調査の一般的な手順は、次のとおりである。

---

1. 調査目的の明確化
2. 二次情報（既存データ）の収集・分析
3. 一次情報（オリジナルデータ）の収集・分析
4. 調査全体の結果分析

（2）関係性マーケティング

1）関係性マーケティングの概念

　1990年代に入ると、それまでの「売り手視点の4P理論」や「顧客視点の4C理論」をさらに発展・拡大し、顧客のみならず、企業の全ての関係者である**ステークホルダー**（利害関係者）との関係性を重視する**関係性マーケティング**（リレーションシップ・マーケティング）が登場した。

　関係性マーケティングの概念は、次のようなものである。

> **関係性マーケティングの概念**
> 　企業を取り巻く全てのステークホルダーとの双方向なコミュニケーションによって、長期的・継続的な関係性を形成・維持・発展させるための仕組みづくりと組織づくりを、多様なマーケティング・テクノロジーの活用によって実現しようとする一連の諸活動。

　関係性マーケティングでは、社員のモチベーション向上のための**インターナル・マーケティング**（企業内部を対象としたマーケティング）や、顧客との長期的な関係を目指した**ライフ・タイム・バリュー**（顧客の生涯価値）の追求、**地域社会との良好な関係の構築**といった考え方を重視している。

2）IoT時代の関係性マーケティング

　IoT（**Internet of Things：モノのインターネット**）とは、人とモノ、モノとモノとがインターネットでつながり、情報交換し、多彩な機能を発揮することである。例えばスマートフォンで家の鍵を開けたり、エアコンを操作したり、スマートシティで車と交通インフラが通信したり、農業での活用などのことであり日々進化を見せている。イベントにおいても来場者のスマートフォンやスマートウォッチを活用し、演出的な信号を来場者とインタラクティブにやりとりし来場者の体験の質を高めることができる。運営面でもより安全性を高める活用が期待できるだろう。これらは来場者の行動データをフィードバックしてマーケティングに活用することにもつなげることが可能である。

　またSNSをはじめとするソーシャルメディアのマーケティング活用もより盛んになっている。ソーシャルメディアには、YouTubeなどの動画共有メディア、Amebaなどのブログをサービスするもの、食べログなどの情報共有サービスなど様々な種類がある。中でもユーザー間でのコミュニケーションを目的としたSNSは、イベントと特に相性がよいソーシャルメディアである。

第3節 イベントの概念・構造・機能

イベントは多種多様に開催され、一見するとそれぞれが違うものに見えるが、本質的な概念、基本的な構造と機能は同じである。イベントの企画・制作・運営にあたって、全てのイベントに共通する基本的な概念・構造・機能を理解しておく必要がある。

イベントの本質的な概念と構造

3-1 イベントの定義

（1）イベントという言葉の意味

「イベント」という言葉の一般的な意味を辞書で確認すると、最初に「出来事」「事件」とあり、次に「行事」「催事」「催しもの」「スポーツ競技の種目」と説明されている。辞書では、「event ＝出来事・事件の意」と注釈をつけた上で、「行・催事」「スポーツ競技の種目」を主たる意味として挙げているものもある。

このように、現在のイベントという言葉は、主として**「行・催事」**という意味で使われているのだが、イベントの概念を理解する上で大切なのは、この言葉が包含している計画的・戦略的な政治性、経済性、文化性、精神性など、意味の深さや概念の広がりを含めて理解することである。

一方、一般的に来場者がイベントと捉えているものはプログラム内容そのものであり、プログラム内容は手段に過ぎない主催者とイベントに対する目的が異なる場合もある。

その違いを区別するために、本書ではプログラム内容を**「イベントコンテンツ」**と表記する。

（2）イベントの定義

　ここでは、次の2つの概念によってイベントを定義する。

1）概念的な定義

> 　イベントとは、何らかの「目的」を達成するための「手段」として行う行・催事である。

　これは、日本が 1964 年「東京オリンピック」や「大阪万博」（日本万国博覧会）の成功を受け、旧・通商産業省の「イベント研究会」で策定した定義である。「目的と手段」という概念的な視点によるシンプルな定義といえる。この定義では、行・催事はそれ自体が目的となるのに対し、イベントはそれ自体が目的ではなく、目的を達成するための手段としての行・催事であるとしている。

2）実務的な定義

> 　イベントとは、最適な行・催事を採択・構築することによって、相当数の人間を集め、時間と空間を共有することで、ある目的を達成しようとする組織管理的手段をいう。

　これは JACE が発行した『文化・スポーツイベント全般の構成と業務管理』に掲載されたもので、概念的な定義をもとに、イベントのつくり手側（プロデュースする側）から策定した実務的なものである。

　芸能、演劇、スポーツなどのイベントコンテンツは、その関係者だけで行われる限りは、それは芸能そのもの、演劇そのもの、スポーツそのもの、ということであって、そこに企業が PR 目的で関わったり、行政や地域団体が「文化振興」「観光振興」といった別個の目的をもって関わったりする場合、「イベント」になる。

　つまり、「**イベントコンテンツ**」のもっている特性や機能などの利用価値を媒介にして、**別の目的を達成しようとすることを「イベント」と定義している**。

3-2　イベントの構造と構成要素

「構造」とは、事柄の構成要素と各要素間の関係のことをいうが、イベントについては外形的な構成要素のみならず、本質的な必須要素も理解しておく必要がある。

（1）イベントの5つの必須要件

イベントの必須要件とは、どのイベントにも必ず存在し、それがなければイベントとはいえない最低限の要件、言い換えるならば「人は、何をもってそれをイベントとして認識し、他の一般的な出来事と区別するか」ということである。

イベントには、それをイベントとして認識させる、次の5つの必須要件がある。

1．非日常性

イベントは、日常とは違う何か特別な行為やモノやコトによって構成されている。非日常性は、主催者にとっても、参加者や来場者にとっても欠かせない要件である。

2．目的・理由の存在

イベントの開催者には目的や理由が必ずある。また、参加者や来場者にも、何らかの目的が存在する。

3．場の創出

「場」とは、単なる場所のことではなく、「そこに集まった人々が相互に意味のある空間と時間を共有する場所」のことであり、イベントには非日常的な「場」（イベント会場）が創出される。オンラインイベントであっても、空間と時間を共有しているという考え方である。

4．コミュニケーション表現・行為（イベントコンテンツ）

イベントでは「人や物によるコミュニケーションのための表現や行為」が展開される。「プログラム」あるいは「コンテンツ」などといい、具体的には、物の展示や、人の演技・競技等の身体表現、一定のテーマの会議・講演などがある。

5．計画性

どのようなイベントも、意図的に計画されてつくり出されている。計画性は、あくまでもイベントを企画し主催する側の計画性であって、来場者にとっては偶然にイベントに遭遇する場合もある。

すなわちイベントとは、「ある目的」のために、非日常的な場とコミュニケーション表現・行為を、計画的につくり出すことだといえる。

（2）イベントの構成要素

1）6W2H……イベントの8つの構成要素

　イベントの5つの必須要件をもとに、人的構成要素を加えて「イベントの構成要素」として説明したものに、「**イベントの6W2H**」がある。これはイベントが6W2Hの8つの構成要素において、整合性ある内容で構成されているという考え方である。

➤ **図表3-1　イベントの8つの構成要素**（6W2H©JEVA）

6W	① **Who**　だれが	主催者、主催者組織、参加者
	② **Why**　なぜ	目的、意図、趣旨、理由
	③ **What**　なにを	行・催事プログラム内容
	④ **Whom**　だれに	来場者、観客、告知対象者
	⑤ **Where**　どこで	場所、会場、空間
	⑥ **When**　いつ	開催日時、時間、期間
2H	⑦ **How**　どのように	6Wの構成方法・手段
	⑧ **How much**　いくらで	6Wの構成費・予算（収入と支出）

2）イベントの5つの人的構成要素

　通常イベントは、図表3-2のように5つの人的構成要素から成っている。

　なお本書では、出展・出演者を「**参加者**」、観客・観戦者を「**来場者**」として表現している。

≫ 図表3-2　イベントの5つの人的構成要素

要素	具体例	説明
主催者	主催者組織	イベント全体を創出し、開催に責任をもつ人
参加者	出展・出演者	イベントに出展・出演する企業、団体、個人　など
来場者	観客・観戦者	イベント会場で観覧、購買、情報入手などをする人
支援者	協賛・協力・後援者	イベントに協賛・協力・後援する行政、団体、企業、スポンサー　など
制作者	プロデューサー・ディレクター・専門スタッフ	イベントの意図を具体化し、企画・制作・運営を行う人

（3）イベントコンテンツ（行・催事プログラム）の構造

1）イベントコンテンツの5つの基本形式

　多種多様に見えるイベントの行・催事プログラム内容も、大別すると、**演技・競技形式**、**展示形式**、**会議・集会形式**、**式典形式**、**宴会形式**の5種類の**基本形式**に収束される。イベントづくりとは、この5種類をどのように組み合わせるかを考えるということである。

➤ 図表 3-3　イベントの行・催事プログラムの5つの基本形式

基本形式	展開バリエーション形式	
1. 演技・競技形式 人の身体表現や力や技を見せる・競う形式	①劇場型	劇場・ホール・体育館等の舞台・フロアでの演技・競技
	②広場型	広場や屋外競技場のグラウンドやフロアでの演技・競技
	③道路型	道路・街路でのパレード・行進やマラソン、踊りなど
	④自然自由型	野外劇、トライアスロン、登山・ハイキングなど
2. 展示形式 物や造形や映像・光などを一定の空間の中で見せる形式	①ギャラリー型	画廊など小規模回遊型の観覧
	②見本市・展示会型	多数・複合出展を特色とした大規模回遊型
	③パビリオン型	テーマ展示などの演出装置型展示館
	④ミュージアム型	博物館・美術館など教育志向展示
3. 会議・集会形式 一定のテーマのもとに集まり、意見交換したり、話を聞く形式	①劇場型	講演会、シンポジウム、フォーラムなど
	②教室型	○○教室、セミナー、ワークショップなど
	③会議型	円卓形式、講演会形式、討論会形式、パネル・ディスカッション形式など
	④集会型	演説会形式、パレード形式
4. 式典形式 一定の伝統的形式に則った儀礼・儀式	①神儀型	神事に則った儀式・修祓（しゅうふつ）・祈願などの式
	②式場型	開・閉会式、表彰式、祝賀会など
	③現場型	地鎮祭、開館式、開通式、除幕式など
	④自然型	植樹祭、山開き・海開き、キャンプ場開きなど
5. 宴会形式 交流・交歓を目的とした飲食を伴う集まり	①庭園・園遊会型	庭園を会場とした宴会・パーティー
	②宴会場型	料亭やホテル、会館・ホールでの宴会・パーティー
	③自宅型	ホームパーティー、冠婚葬祭の宴
	④自然型	ピクニック、バーベキューパーティーなど

図表 3-3　参考：田中洋『イベント業務管理者参考書　文化・スポーツイベント全般の構成と業務管理』日本イベント産業振興協会　1997年

2）イベントは行・催事の組み合わせである

イベント全体は 6W2H によって構成されているが、そのイベントコンテンツ（プログラム内容）、すなわち構成要素の What（なにを＝行・催事プログラム内容）の部分をよく見ると、多くの場合、複数の行・催事形式の組み合わせになっている。

例えば、オリンピックのプログラムは、スポーツ競技がメインプログラムであるが、開催都市に到着した選手・役員の歓迎レセプションに始まり、開会式、演技・競技、表彰式、閉会式、パーティーなど、様々な行・催事の組み合わせによって構成されている。これは大規模イベントに限らず、どのようなイベントにも大なり小なりいえることである。

▶ 図表 3-4　イベントの全体構造と行・催事プログラム内容（What）の構成（例）

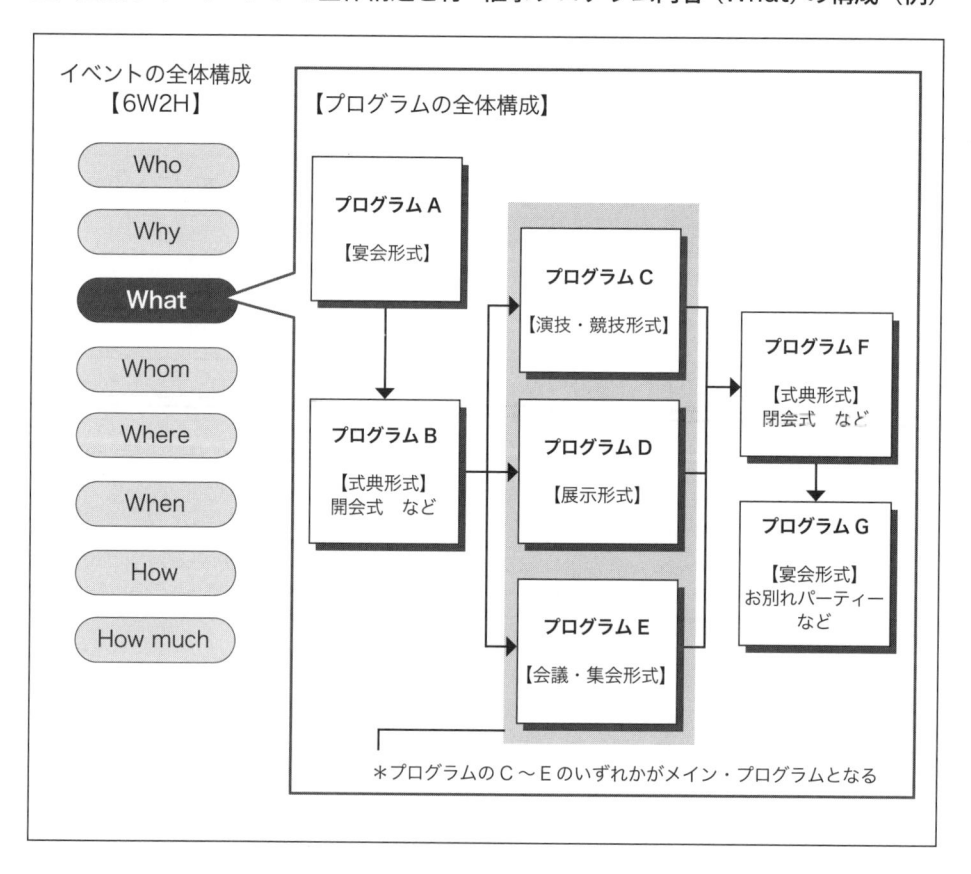

（4）イベントの構造的特性

　イベントの構造的特性として、「**一過性**」「**仮設性**」「**複雑性**」「**自己実現性**」「**多様性**」の5種類がある。これらは同時に、イベントがもっている特徴や機能を示すものである。イベントの構造的特性は次のとおりである。

> ### 1．イベントの一過性
>
> 　イベントは、「一定期間（時間）開催したら終了し、全てを撤去する」という一過性のものであるが、近年、SDGsに代表される環境保全と持続可能な社会の実現の観点から「3R活動」に取り組み、会場に使用する資機材はパネルシステムなど、撤去しても「ゴミを出さず」「何度でも使えて」「再利用可能」な部材の利用が主流となっている。また、最終廃棄する資材についても処理経路のマニフェストの提出を義務づけるなど、環境への配慮を徹底している。
>
> ### 2．イベントの仮設性
>
> 　イベント施設の多くは仮設であり、企画・設計段階から解体・撤去を考えて構造や部材を決定する必要がある。仮設性は「常設よりも早く、安いコストで制作できる」というメリットがある一方で、耐震性と耐火性、強風対策など安全面への十分な配慮に加えて、一過性と同様に環境保全と持続可能な社会の実現への配慮が必要となる。また、イベントづくりの組織も、イベントが終われば解散するという点で仮設性の高い組織といえる。
>
> ### 3．イベントの複雑性
>
> 　イベントは、状況や条件が異なる中、そのつど多くの組織の協働によってつくられる。したがってイベントは常にカスタマイズされた対応を求められる。
>
> ### 4．イベントの自己実現性
>
> 　「自己実現」とは、自己の能力や可能性を見つけ出し、周囲の人々に提示することによって自己を確認することである。様々な人々との協働によって、非日常的な場や表現機会を計画的に創出するイベントは、「自己実現の機会」に満ちたものである。

5．イベントの多様性

　現代社会では、労働人口の減少、グローバル化、価値観や消費ニーズの多様化などの背景によって多様性（ダイバーシティ）の尊重は「当たり前」の概念として認識されている。イベントにおいても、合理的配慮（※第12節参照）のされた接遇や会場施設の設営など、社会的な公正や平等の実現を促し、持続可能な社会を目指す重要な概念として今や多様性は欠かすことはできないものとなっている。

イベントの機能

3-3　コミュニケーション・メディア機能

　イベントの主催者は「多くの人々に何かを知らせたい、理解されたい」という目的達成のためにイベントを開催する。まず、このようなイベントのコミュニケーション・メディアとしての機能について整理しておくことは、主催者の目的達成のための指針になる。

（1）コミュニケーションの概念

　コミュニケーションとは、「人と人が、概念や意味、意思や思いを記号化し、相手に発信・伝達し、相手からの反応（フィードバック）を得ることによって、意味を共有すること」と定義される。簡潔にいうならば、**「情報を記号化し、その発信と受信による、意味の共有」**である。

　コミュニケーションの概念をイベントで考えると、次のように整理できる。

- **人と人**……イベントにおける人的構成要素のうち、主催者、参加者、来場者、支援者の4者は、それぞれに情報の受発信を求めて参画している。
- **概念や意味、意思や思いの記号化**……人的構成要素のうち、制作者は情報を表現する（記号化する）役割を担っている。イベントによる情報の記号化は、行・催事プログラムの構成演出によって行われるが、人間の五感（視覚・聴覚・嗅覚・味覚・触覚）全てに向けて記号化が可能であることに大きな特徴がある。
- **相手に発信・伝達**……制作者は情報を効果的・効率的に受発信するカギを握っている。伝達内容をどのように記号化し、どのようなメディアで、いつ、どこで、発信するかを間違うと、伝達内容は相手に届かないし、届いても理解されない。
- **相手からの反応（フィードバック）を得る**……情報の発信者は、受信者からの反応を得て初めて、コミュニケーションの目的が達成されたかどうかがわかる。イベントの場合、フィードバックが即時的、直接的に得られ、対応できるという特性がある。
- **意味の共有**……イベントにおける「意味の共有」とは、個人的ではなく「社会的な共有」である。イベントは、多くの人を集め、直接的なコミュニケーションを行うという点で、典型的な「社会的相互作用行為」であり、最も広く、社会に普及したコミュニケーション形態である。

（2）メディアの概念

1）メディアの進化と分類

　メディアとは「**媒体**」「**手段**」のことであり、一般には「人類はコミュニケーションの手段として自らの身体をメディアとすることから出発し、文字の発明によってメッセージを固定し客体化することを可能にした。さらにメッセージを迅速に増幅し伝達する手段として、印刷、電気通信、電子媒体などのメディアを次々に開発し、コミュニケーションのネットワークを拡げてきた」[*1] と説明されているが、電気通信、電子媒体の分野においてはさらに、パーソナルコンピュータと携帯電話の急速な普及とインターネット利用が相まって通信機器を簡単に持ち運びできる装置に変え、さらにスマートフォンの登場は、様々な SNS の開発とともに個人個人が情報発信できる社会を生み出した。

　そして 2019 年から全世界に巻き起こったコロナ禍は、人と人との接触を厳しく制限する事態を招いたが、一方でオンラインシステムの普及を促し、遠方にいる人とも「場の共有」を可能にした。

2）イベントはマルチメディア

　イベントをメディアとして考えたとき、イベント会場には複数のメディアが存在し活用されている。これらは、言葉や仕草などの「**直接的・身体的表現メディア**」、文字や写真などによる「**固定化・客体化・代行表現化メディア**」、印刷物や動画といった「**機械的・電気的・電子的増幅メディア**」の 3 つに分けることができるが、それに加えイベント会場のレイアウトやデザインでさえメディアとして機能しており、大きなコミュニケーション効果を発揮する。

　また近年では、SNS の普及やオンラインイベントの活用によって、イベントは会場内のみにとどまらず、広く社会全般へ会場の様子を伝えてイベントの成否をも左右する重要なメディアとなっている。このようにイベントは、多種多様なメディアの複合体といえる。

＊1　引用：竹内郁郎・児島和人・橋元良明編『メディア・コミュニケーション論』北樹出版　1998 年

（3）イベントのコミュニケーション・メディアとしての特性

　様々なメディアが発信者と受信者の間に多種多様に介在している情報社会において、そのコミュニケーション面から考えると、イベント独自のコミュニケーション・メディアとしての機能には、次の3つの特性が挙げられる。

> **1．直接コミュニケーション・メディア機能**
> 　イベントは、情報の発信者と受信者が「空間と時間」を共有することによって、直接の情報交換・交流が行われる。
>
> **2．双方向コミュニケーション・メディア機能**
> 　イベントは、必然的に双方向コミュニケーション・メディアという特性を生じさせる。本来コミュニケーションという言葉は「双方向」という意味を含むものであるが、現代の多様なコミュニケーションをより深く理解する上で、むしろ必要な考え方である。
>
> **3．複合コミュニケーション・メディア機能**
> 　イベントは複数のメディアと、**演技・競技**、**展示**、**会議・集会**、**式典**、**宴会**などの複数の表現形式を駆使した複合コミュニケーション・メディアである。

3－4　イベントの効果

（1）イベントの主催者別効果

　イベントは「目的を達成するための手段」であり、目的も効果も多種多様である。ここでは主催者別のイベントの効果を考えてみる。ただし、主催者別分類「行政イベント」「産業イベント」「市民イベント」「私的イベント」のうち、私的イベントの効果については言及しない。

1）行政イベントの効果

　国や地方自治体などの行政機関あるいはその関連団体が開催するイベントは、政治的・政策的であるといえる。例えば、1964年の「東京オリンピック」や1970年の「大阪万博」（日本万国博覧会）は、戦後の日本を世界にアピールし、かつ国民が誇りや自信を取り戻すという効果をねらった政治的・政策的なイベントだった。地方行政においても規模の違いはあるが、イベントを通じて獲得しようとする地域的効果に基本的な違いはない。行政イベントの効果には次のような点が挙げられる。

---

1. **産業や文化の振興・活性化**
　　行政は、産業や文化の振興・活性化を目的に、計画的にイベントを開催しており、その効果には大きなものがある。
2. **新しい政策の教育・啓発・普及**
　　イベントのコミュニケーション・メディア特性は、他のメディアにはないリアルな教育・啓発・普及効果をもっている。
3. **地域アイデンティティや地域生活文化の確認・継承・発展**
　　行政イベントの企画・計画業務は、必然的に地域資源の再認識や発見を伴い、その確認・継承・発展の効果を生む。これはまた、「ソーシャルキャピタル*2」形成にも寄与している。
4. **地域間交流や国際交流の促進と地域の国内外へのアピール**
　　行政イベントによる人的ネットワーク形成や情報の伝達・交流の機能は、地域の発展に大きな効果を発揮する。

＊2　ソーシャルキャピタル：社会関係資本。地域社会における人と人との良好な関係性。コミュニティ意識、相互扶助意識、地域への愛着、一体感、絆等が生み出す価値のことで、これが大きいと、地域の安全や防災、住民の健康維持などに大きな効果を発揮する。

2）産業イベントの効果

　産業イベントは、「ビジネス効果」や「マーケティング効果」をねらったものであり、主に企業や業界団体が主催者となって実施されるが、そもそもイベントは、双方向／直接コミュニケーション・メディアであることから、マーケティングの観点から見てみても、一般の市場と比べて「体験価値の提供」「リアルな顧客反応の把握」「ブランド体験の提供」の3点において特異性があり、産業イベントの効果はそのマーケティング効果によって市場の戦略性において高い効果を発揮する。

　企業はそれに加え、自社の組織・従業員の活性化や意欲向上のためにインセンティブイベントを数多く実施している。例えば、従業員の表彰式や協力企業との懇親会、これらを旅行先で行うインセンティブツアー*3 などが開催されている。また、社会貢献のためのイベントも開催しており、文化的テーマの講演会やシンポジウム、フォーラムなど、メセナ活動も活発に行われている。

　産業イベントの効果には、次のような点が挙げられる。

> **1．社会や市場とのコミュニケーションの促進とブランドのファン創出・育成**
> 　イベントは双方向／直接コミュニケーション・メディア機能を有しており、企業のマーケティングの観点からはブランド体験を提供できる特徴をもっている。そのために産業イベントには、企業と社会・市場とのコミュニケーションを促進し、ブランドのファンを生み育てる効果があり、特に近年、社会で「コト」志向が強まっていることから、体験価値を提供できるイベントの影響力はより大きいものとなっている。
>
> **2．商品の認知拡大と購買意欲の醸成**
> 　産業イベントでは、ICT 技術の普及により発展した顧客関係管理（CRM）や統合型マーケティング・コミュニケーション（IMC）、カスタマージャーニーといった手法、さらにビッグデータや「常時接続」の状態などを利活用することにより、来場者の体験の質をより高め、商品の認知拡大を図るだけでなく、社会に情報を拡散して購買意欲を醸成することができる。
>
> **3．組織の活性化と全てのステークホルダーの意欲向上**
> 　関係性マーケティングの登場によって、企業の全てのステークホルダーとの関係性を尊重する概念が重視されており、産業イベントは、顧客や社員、そして地域社会との良好な関係の構築にその効力を発揮し、昨今のSNS などの活用によってさらにその効果を高めている。

＊3　インセンティブツアー：企業が、成績優秀な社員や代理店などに対して報奨として企画する旅行。取引先など外部の人を招待し、販売促進のために行う旅行を意味する場合もある。報奨旅行。

4．メセナ、ソーシャル・マーケティングによる社会への貢献

　　企業が資金提供して、文化・芸術活動を支援するメセナなど、産業イベントは目に見える形で具体化し、主催者の考え方やメッセージを社会的・文化的文脈で効果的に表現して、企業イメージ形成効果を発揮する。また、マーケティングの進化は買い手目線から社会貢献視点へ変化を促し、「企業の社会的存在意義」や「企業市民」をテーマとしたソーシャル・マーケティングの考え方が求められ、今や企業にはSDGsなど社会貢献への積極的対応が欠かせないが、産業イベントはその実現に寄与する。

3）市民イベントの効果

　市民イベントとは、「市民グループ・団体・NPO等が地域社会や社会一般を対象とするイベント」であるが、その本質は、「市民が自ら企画・制作・運営する市民のためのイベント」である。伝統的な祭りから新しく創られたフェスティバルまで、定期的に行われる地域は多い。市民による小規模な展示会や発表会も数え切れない。充実した市民生活を考える上でしばしば指摘されるのが、コミュニティの重要性である。市民イベントのコミュニティにおける意義は大きく、むしろ、祭りや年中行事などのイベントがあるからコミュニティが維持されている場合も多い。

　市民イベントの効果には、次のような点が挙げられる。

1．地域における課題の明確化

　　市民イベントは必ず市民同士の話し合いや会議を必要とし、個々の認識や理解の違いを浮き彫りにする。それらを調整することによって、活動目的や目標が明確になる。

2．市民間の交流と連帯感の醸成

　　市民イベントは一つの目的やテーマのもとに多様な人々の協働でつくられる。そのプロセスがもたらす心理的な効果には大きなものがある。

3．賑わいの創出と暮らしの活性化

　　市民イベントの非日常的な賑やかさは、外見的にも心理的にも暮らしを活性化させる。

4．地域リーダーの育成と理解者の増大

　　市民イベントの制作プロセスは、地域に多くの理解者・協力者を生み、地域のリーダーを育てる効果がある。

5．娯楽・知識・教養などの享受

　　市民イベントは、その開催地域に日常では得ることのできない娯楽や知識の提供機会を創出する。

（2）行政、産業、市民の協働によるイベント効果の増幅

　イベントの主催者別効果を見てきたが、現在では行政、産業、市民が単独でイベントを開催するケースは少なく、3者が協働するケースが多くなっている。例えば、行政機関が地域活性化イベントを開催する場合、イベントを確実に成功させ、より高い効果をあげるため企業や市民団体に参加・協力を呼びかける。企業や市民団体も、イベントを通じてメリットが得られるため積極的に協力する。このように行政・産業・市民が協力し合うことで、イベントの効果を増幅することができる。

▌3-5　イベントの波及効果と複合効果

　イベントの効果には2つの大きな特性がある。第一に社会的な波及効果であり、第二は一つのイベントが複数の効果を発揮するという複合効果である。波及効果の多くは企業のマーケティング戦略に代表されるように意図的・計画的に創出され一定の成果をあげるが、さらに予期せぬ効果を複合効果として社会全般にもたらす場合がある。

（1）イベントの波及効果

　イベントの波及効果は、数値で推計できる経済波及効果と、数値では計測できないが人々の暮らしの変化や知識・技能の発展などに関する文化波及効果の2つに分類される。前者は企業がマーケティング戦略として行う産業イベントにおいて顕著に見られ、後者は文化・芸能系イベントにおいて顕著に見られる。

1）経済波及効果

　近年、サッカーなどスポーツイベントのスポンサーシップを得ることはマーケティング戦略上、イベントの選択が的確でさえあれば確実に大きなブランディング効果とアクティベーションをもたらす。加えて企業活動にサステナブルな視点をもってSDGsなどの活動に積極的に取り組むことは、企業とそのステークホルダーにとって大きな経済波及効果をもたらす。

　イベントの経済波及効果は、**直接効果**と**間接効果**に分けられ、間接効果は**一次波及効果**（生産誘発効果）と**二次波及効果**（雇用者個人消費拡大）に分けられる。

① 直接効果……イベント開催に必要な消費の発生

　直接効果は、イベントの開催に直接関係する投資や消費である。大きく次の4種類に分類できる。

- **主催者消費**

　会場建設・設営・施工費、プログラム制作費、会場運営費、広告費　など

- **参加者・来場者消費**

　入場料、交通費、宿泊費、飲食費、記念品費　など

- **支援者・関係者消費**

　スポンサー費、協賛・協力費　など

- **消費者消費**

　記念グッズ・書籍・DVD・CD、テレビの買替え等関連商品の消費　など

---

② 間接効果

　間接効果には、次のように一次波及効果と二次波及効果がある。

- **一次波及効果**

　　イベントの開催に伴う直接効果が誘発する生産（増産）のための消費

　例）製品の原材料費、工場の機械・照明・空調等の電力費、輸送費、燃
　　　料費　など

　例）参加者・来場者のためのホテルや飲食施設の新築・改築費　など

- **二次波及効果**

　　直接効果および一次波及効果が喚起した新たな生産の一部が波及先企業の雇用者の所得となり、消費として新たに各産業に投入されたもの

　例）雇用者の個人消費の拡大　など

　イベントの総合的な経済効果は、直接消費額だけでなく、一次波及額と二次波及額を含んだものとして表す。

イベントの総合的な経済効果＝ 直接消費額 ＋ 一次波及額 ＋ 二次波及額

2）文化波及効果

　イベントの文化波及効果には、次に挙げたとおり、<u>「経験価値」を生み出す</u> ➡ <u>「間接波及効果」を生み出す</u> ➡ <u>「直接的文化経験者」が増大</u>、という段階があり、時系列的に進行する。

> **1.「経験価値」を生み出す**
> 　　主催者も来場者もイベントを通じて「文化」を直接経験し、それは物質的・金銭的ではない「経験価値」を生み出し、大きく人を成長させる。
> **2.「間接波及効果」を生み出す**
> 　　直接的な文化経験者は、自らの経験を口コミ・SNS などで他者に伝え影響を及ぼす「間接波及効果」を生み出し、経済波及効果と同じように一次的、二次的に波及していく。
> **3.「直接的文化経験者」が増大**
> 　　人は得た情報を直接確認し、享受したいと思うものである。そのため、間接波及効果が「直接的文化経験者」の増大につながっていく。

　現在では ICT や SNS の発達によって、間接波及効果が直接的文化経験者をより短時間で生み出すといえるだろう。

（2）イベントの複合効果

　イベントは、企画・計画段階でねらった目的とは別の波及効果を生むことがある。例えば大規模、小規模イベントそれぞれで、次に挙げた例のように複数の効果が同時に得られる場合がある。

> **・大規模イベントの複合効果（例：国際博覧会）**
> 　　国力の PR 効果
> 　　産業技術の育成・普及効果
> 　　経済活性化効果
> 　　文化普及効果
> 　　国際交流効果　　など
> **・小規模イベントの複合効果（例：産業イベントや市民イベント）**
> 　　PR の促進・深化効果や販売促進効果
> 　　市民間の交流の深化と連帯感・一体感の醸成
> 　　娯楽・知識・教養の享受　　など

　このように、イベントはその規模にかかわらず、多くの複合効果をもたらすことがある。

> イベントの複合効果
> ＝「産業・経済」と「文化・教育」と「一体感醸成と自己実現」の融合

　ただし、イベントに複合効果があるからといって初めから多くの効果を目指して企画してはならない。複合効果は結果としてついてくるものだからである。企画・計画段階では、目的と効果を明確に絞り込んだイベントにする必要がある。

3-6 イベントの社会的機能

　マスメディアと同様にコミュニケーション・メディア機能をもつイベントは、独自の3つの社会的機能をもっており、社会に様々な効果を及ぼす。

（1）イベントの地域活性化機能

　イベントは経済・産業・文化の活性化を促すだけではなく、地域で生活している人々の「心」や「気持ち」を充実させ、活性化させる機能がある。
　都市への一極集中が進み、地方の衰退が課題となっている日本にとって、イベントの地域活性化機能は大きな意味や意義をもっている。

1）地域資源（自然や産業および歴史・習俗等の文化など）の再認識と発見

　イベントは地域資源を背景とし、その活用のもとに開催される。企画・計画にあたっては地域の資源を再認識したり発見したりし、その活用を目指して策定される。スポーツイベントのように、あらかじめプログラム内容が決まっているイベントであっても、開会式の演出や大会運営に地域資源は積極的に活用されている。

2）自己実現とアイデンティティ確認の機会

　地域資源の最も大きなものは「人」である。人々はイベントの企画・制作・運営を通じて、自己実現とアイデンティティの確認の機会を得られる。このような機会は、人々の心を活性化させ、人間関係を深め、地域コミュニティを活性化させる。

3) 交流人口（関係人口）の増大

　イベントは地域外の参加者・来場者を獲得でき、交流人口（関係人口）を増大させる。交流人口（関係人口）の最大のものは観光客である。彼らの多くはイベントの前後に地域を観光する。これによる経済・産業振興の効果は大きく、地域イベントはまた観光イベントであるといえる。

（2）イベントの社会実験機能

　社会実験とは、「新しい社会的制度や技術の導入に際し、実験的に一定期間試行し、その社会的影響や効果を見ること」である。イベントは場所と時間を限定し、来場者との双方向／直接コミュニケーション機能をもつため、社会的実験の場として機能する。例えば、電話やエレベーターは、博覧会でデモンストレーションされ普及していった。昨今では、イベントの社会実験機能を活用して、LGBTQ+ をテーマにした東京レインボープライドなど、SDGs、ダイバーシティ、サステナビリティなどの数々の社会問題解決をテーマに様々なイベントも開催されている。イベントは新しい概念の啓発・実験の場としても極めて有効である。

（3）イベントの教育・啓発装置としての機能

1) イベントの教育機能

　イベントの自己実現機能や双方向／直接コミュニケーション機能は、人の社会性を育成する機能や効果を発揮する。人は幼いときから様々なイベントを通じて多くの社会的な事柄を学ぶものである。家庭での節句の行事や学校での文化祭などは、多分に教育的な目的を含んでいる。
　イベントの教育機能には次の2つの重要な側面があるが、いずれの教育機能も教科書やマニュアルだけでは教えることのできない教育効果を発揮するものである。

> **イベントの教育機能の2つの重要な側面**
> 1. イベントのつくり手、すなわち企画・制作・運営に携わる者にとっての教育機能
> 2. イベントの来場者にとっての教育機能

2）イベントの社会的啓発装置としての機能

　イベントは、新しい知識や思想、技術や製品を人々に紹介し、理解を深める機能、すなわち社会的な啓発機能をもっている。19世紀に誕生した国際博覧会では、対内的には産業革命によって大量に誕生した労働者階級に対する新しい産業知識・技術・製品の啓発・普及を大きな目的の一つとしていた。1851年の「ロンドン万国博覧会」では、あらゆる階層の人々が入場できるように安価な1シリングで入場できる日が設けられた。そして対外的には、産業技術による国力の誇示や通商の拡大が主たる目的であった。博覧会に限らず、見本市・展示会や会議・集会イベントにも啓発・普及機能があることは特徴的である。

❚ 3-7 ❚ イベントの評価

　イベントは、その機能と効果を根拠やデータに基づいて総合的に評価し、結果につなげることが重要である。評価に際してはICTやSNSを十分に活用し、多面的に指数を設定する必要がある。
　具体的な評価項目として次の項目などが挙げられ、決して来場者数だけでイベント全体の評価を判断すべきではない。

> **イベントの評価項目（例）**
> 　来場者数
> 　来場者の理解度
> 　来場者のリピート意向度
> 　ホームページの閲覧数
> 　SNSのフォロワー数
> 　参加者数
> 　参加者の満足度
> 　内部の企画運営評価
> 　イベントの波及効果

イベントを評価する際のポイントとしては、次の3点が挙げられる。

> ### 1．目標値の設定
> 　企画・計画段階で明確な目標値を設定し、関係者全員で共有する。目標値は具体的な数値を設定しておく。
>
> ### 2．調査の実施
> 　多面的な調査のためには、あらゆるものを有効に活用する必要がある。来場者だけでなく、参加者の意見やマスメディアの反応、ホームページの閲覧数、SNSの反応、関連団体や有識者の意見等も加味した幅広いものが必要である。
>
> ### 3．記録の保管
> 　企画・制作・運営の全プロセスにわたる業務記録（図面や工程表、日報など）は重要な評価対象となるため、保管しておく必要がある。来場者やメディアなどの外部評価だけでなく、内部評価も重要である。

第4節 イベントの分類

　イベントとしての基本的な本質や構造は同じでも、主催者や目的によって、その在り方やつくり方は大きく違ってくる。そのためにもイベントの主要な分類項目について理解しておくことは重要である。第1節の図表1-5で示したとおり、本書ではイベントを「主催者」「形態」の2つの視点から分類している。

▶ 図表4-1　イベントの分類

1. 主催者別分類	2. 形態別分類
① 行政イベント	① 見本市・展示会系イベント（国際博覧会）
② 産業イベント	② 文化・芸能系イベント
③ 市民イベント	③ スポーツ系イベント（オリンピック・パラリンピック）
④ 私的イベント	④ 祭り・フェスティバル系イベント
	⑤ 会議・集会系イベント

4－1　主催者別分類

（1）行政イベント

　行政イベントとは、国・地方自治体やその関連団体等が主導し、政策目的で開催するイベントであるが、従来から行政は多くのイベントを開催してきた。
　行政イベントには、次のような特性がある。

---

1. 開催目的と開催テーマの公共性を保つ

　行政イベントは基本的に公金をもとに開催されるので、開催目的と開催テーマの公共性が重要となる。

2. コストパフォーマンス（費用対効果）が厳しく問われる

　開催経費はもとより、開催結果・効果も明確に評価し公開する必要がある。

3. 市民参加が重要である

　行政イベントは、かつては行政機関が用意し提供してきた。しかし現在は、受益者負担の考え方をもとに積極的に市民参加を促し、市民と協働でイベントを創り上げることが必要となっている。

4．レガシーを残す

　イベントによるレガシーは会場施設などの「ハコモノ」だけではない。市民の新しい意識や考え方、それによる新しい生活文化の定着も重要なレガシーである。

（2）産業イベント

　産業イベントとは、企業や各種産業（業界）団体、商工会等が市場・消費者を対象として開催するイベントである。産業イベントには、次のような特性や方向性がある。

1．**厳しい競争関係にさらされている**

　資本主義社会においては、各産業・企業は厳しい競争関係の中で活動している。産業イベントは競争の場であり、社会・経済動向を踏まえ、効果的・効率的なイベントが求められている。

2．**基本的性格はマーケティング活動である**

　「顧客や社会と共に価値を創造し、その価値を広く浸透させることによって、ステークホルダーとの関係性を醸成し、より豊かで持続可能な社会を実現する」ための手法がマーケティングである。このマーケティングを理解した上で企画・制作・運営する必要がある。

3．**景気や社会動向に左右される**

　産業イベントは、その時々の景気や社会動向に左右され、開催件数や開催規模が変動する。効果的・効率的にイベントを展開するためには、景気や社会動向に留意が必要である。

（3）市民イベント

　市民イベントとは、市民グループ・団体・NPO等が地域社会や社会一般を対象として開催するイベントである。基本的には「発表会タイプ」「参加・体験タイプ」「市民運動タイプ」に分けられる。

　市民イベントには、次のような特性・方向性がある。

1．**地域アイデンティティを確認する**

　イベント開催を通して、地域コミュニティの絆を強めたり、地域への愛着・誇りを確認したりすることに意義を見出すことがある。

２．プロセス重視である

　基本はビジネス目的ではないので、結果よりも実施に至る企画・制作・運営の活動プロセスに意味があり、充実していることが重要である。

３．手作り志向である

　イベントは自己実現の場であり、自らがイベントづくりに参加して、自分と仲間のための無償の行為に意味を見出す傾向にある。

（4）私的イベント

　私的イベントとは、家族・親族・友人グループ・学生仲間・職場同僚等が自己の楽しみや伝統継承のために実施するイベントである。近年、SNS で発信することが前提となっており、演出イベント化する傾向にある。

１．社会の動向やトレンドを反映している

　ひな祭りやお月見などの伝統的な行・催事が廃れる一方、様々な行・催事が生まれている。それらは SNS などを介し、急速に広がり新たなトレンドとなり、定着していく。

２．産業によって仕掛けられた私的イベントがある

　バレンタインデーやホワイトデー、ハロウィンイベントは、企業・業界・メディアなどによって仕掛けられ定着した私的イベントである。しかし、その経済・産業的効果や文化的影響力には大きなものがある。

　私的イベントは、個人の日常生活に潤いや楽しさをもたらすものであり、一見、イベントプロフェッショナルには関係のないものと思われるが、上記のような点で常に注目しておく必要がある。かつてイベントは「非日常」の代名詞のような存在であった。しかし今ではイベントは毎日のように身の回りで開催されており、「非日常が日常化」しているのが現代であるともいえる。

　JACE が実施するイベント表彰制度「JACE イベントアワード」では、エントリーの主催者を、企業・業界団体や政府・自治体・公的団体としていたが、2023 年より、イベントの規模の大小にかかわらず選考することとし、幅広いジャンルのイベントを対象とするために、新たに「政府・自治体・公的団体部門」「学生・NPO・各種団体・個人部門」を設定した。

　イベントはプロフェッショナルだけのものではなくなってきている。イベントの裾野は大きく広がり、私的イベントまで含めて社会や文化、経済などに大きな影響を与えている。

4-2　形態別分類

イベントの形態とは、目に見える外形的な姿のことで、参加者や来場者にそのイベントがどのような目的や内容で開催されたのかを示すものである。

（1）見本市・展示会系イベント

見本市・展示会系イベントは、「**企業・団体が参加して行われるマーケティング目的やビジネス目的のイベント**」という特性がある。

1）見本市・展示会の概念と分類

① 見本市・展示会の概念

産業革命によって大量生産が始まったころ、「**見本市**」は製品サンプル（見本）による商取引の場であった。見本市の基本的な来場者はバイヤー（仕入れ担当者）であり、その目的は商談であった。その後、商品情報の発信・PR といった「**展示会**」としての性格が強くなり、展示装飾やデモンストレーション、アトラクションの拡充が図られるようになった。

② 見本市・展示会の分類

見本市・展示会は図表 4-2 のように分類できる。

▶ **図表 4-2　見本市・展示会の分類**

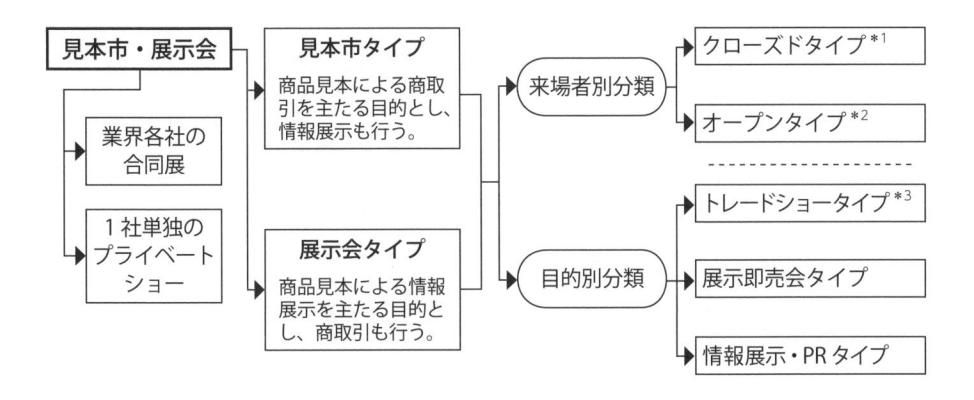

情報展示・PR タイプは現在の展示会の主流であるが、1 社単独で特定の招待客を対象にプライベートショーを開催することも多い。また、会期の前半をクローズ

＊1　クローズドタイプ：特定の招待客を対象とするもの。
＊2　オープンタイプ：来場者を限定しないもの。
＊3　トレードショータイプ：商談を目的とするもの。

ドタイプ、後半をオープンタイプにするなど、見本市・展示会にも複合タイプがいくつかある。

2）見本市・展示会の構造とその特性

① 見本市・展示会の人的構造と会場構造

　見本市・展示会イベントの主たる人的構造は、**主催者**と**参加者**（出展企業・団体）と**来場者**（情報収集・商談目的の個人・組織）の3者から成り立っている。

　主催者は、行政、業界団体、企業、メディアなど多様である。会場にステージやシアターを設け、講演やトークショーなどのプログラムを実施し、見本市・展示会全体の価値を高める。一方、参加者も製品・サービスの展示・解説以外にステージなどを設け、プレゼンテーションを行う。会場は単なる「展示の場」ではなく、体験イベントなども含め積極的なプレゼンテーションの場になることがある。

② 見本市・展示会の特性

　見本市・展示会は次のような特性をもっている。

> **1．来場者の限定**
> 　効率的なマーケティング活動のためには、来場者の職種や事業内容といった属性が明確に設定され、限定される。
>
> **2．具体的・実質的訴求**
> 　解説パネルや映像によるデザインやデータの明示、製品のデモンストレーションなど、具体的・実質的訴求を重視する。
>
> **3．製品・サービス・技術の情報集積の場**
> 　集積された新しい情報が、参加者（出展企業・団体）と来場者の双方にビジネスチャンスを生み出す。

3）見本市・展示会の主催者組織の構成と業務内容

① 主催者組織の構成と業務内容

　見本市・展示会の主催者組織の構成と業務内容は図表4-3のとおりである。各部門は少人数で構成され、複数の業務を兼任する場合が多い。事務局スタッフ間の情報の共有が極めて重要である。

▶ **図表 4-3　見本市・展示会の主催者組織の構成と業務内容**

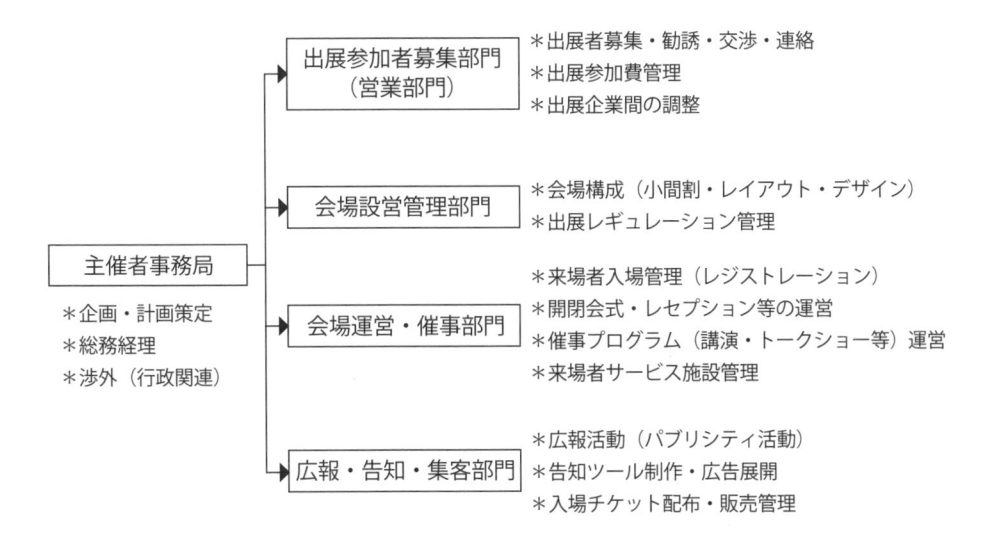

② 主催者の収入源と業務ポイント

　見本市・展示会における主催者の収入源は、オンライン開催の場合も含め、**出展参加料**、弁当・飲料・関連商品販売等の**販売参加料**、来場者の**入場料**、会場案内パンフレット等への**広告・協賛料**などである。

　主催者と出展参加者の業務ポイントは、次のとおりである。

主催者の業務ポイント

１．**社会動向・市場動向を見極めた企画・計画の立案**

　　社会動向や市場の景気などを把握して、会場規模・出展小間数を決める。

２．**早めの企画・計画の策定**

　　企業は年度予算で活動しており、予算が確定した後からの出展参加は難しくなるため、早めの企画・計画が有効である。

３．**中核出展企業の確保と出展社募集業務の開始**

　　中核出展企業を確保できれば見本市・展示会のブランドイメージが向上し、多数の中堅・中小企業の出展や来場者の確保につながる。

４．**出展各社の公平性の担保**

　　主催者は出展各社の公平で効果的な小間位置の決定や、出展**レギュレーション**（規制・規則）の徹底など、きめ細かな業務が必要となる。

> **出展参加者の業務ポイント**
> **1．出展企画・計画の策定**
>   出展の目的や成果を明確にし、そのための**アクションプラン**を策定する。ブースデザインやアトラクションだけでなく、**リスクマネジメント**に基づいた制作・運営を目指す必要がある。
> **2．展示ブースの設営**
>   設営は様々な専門業務の複合であるが、主催者のレギュレーションを遵守しつつ、資材搬入時間、設営・施工手順などの工程をきめ細かに調整・管理する必要がある。
> **3．展示ブースの運営**
>   製品の解説だけでなく、ノベルティの配布、来場者アンケート、ステージ進行などの運営体制が必要である。**運営マニュアル**のもとスタッフの教育研修を実施し、会期中は運営上の問題点を抽出し素早く対応する。
> **4．フォロー業務**
>   出展結果を検証・評価し報告書にまとめ、関係各所に御礼とともに報告をする。特に、来場した得意先などへの来場御礼は重要である。

4）国際博覧会

　見本市・展示会系イベントの特別な形態として、国際的な規模や期間の長さ、経済や文化的な影響力の大きさから地上最大のイベントともいわれる「**国際博覧会**」がある。

① 博覧会の条件と定義

　本書では、概ね次のような条件を満たしているものを博覧会としている。

　まず、**テーマの普遍性**で、広く国民・市民に対する啓発的内容を有していること。次に、**出展内容の総合性**で、複数部門と過去・現在・未来にわたる幅広い構成であること。そして、**出展者の多様性**で、官民を問わず、全国・世界から複数の出展者があること。また、会場規模が概ね10ヘクタール以上の広さであり、**来場者数**が100万人または開催都道府県の総人口以上であることなどである。

　博覧会の定義は、時代によって様々な考え方があるが、1928年にパリでBIE（**博覧会国際事務局**）が開設され、**国際博覧会条約**が成立したときの定義は、次のようなものである。

> 　博覧会とは、名称のいかんを問わず、公衆の教育を主たる目的とする催しであって、文明の必要とするものに応ずるために、人類が利用することのできる手段、又は、人類の活動の一つ若しくは二つ以上の部門において達成された進歩、若しくは、それらの部門における将来の展望を示すものをいう。

　国際博覧会条約では、かつては博覧会を「一般博」と「特別博」とに分けていたが、現在は「登録博」と「認定博」とに分けている。登録博は開催期間を6週間以上6カ月以内、また開催間隔を5年以上とし、主催国の責任と参加国の義務を規定している。

② 博覧会へのニーズ

　博覧会は、それに対するニーズが社会の各層に存在している。

> **1．行政的ニーズ**
> 　文化的・文明的な知識・技術の啓発、産業振興・経済活性化、国力や地域の存在感の誇示とアイデンティティ確立、都市改造・都市機能拡充などのニーズを満たすために博覧会を開催する。
>
> **2．産業的ニーズ**
> 　博覧会は注目度が高く、来場者も多いので、製品・技術に関する情報受発信・PRの絶好の機会であり、また、次世代のビジネスモデルの実験・シミュレーション機会となっている。
>
> **3．市民的ニーズ**
> 　博覧会は、市民が産業・文化の発展を確認し、明るい未来を想像することのできる祝祭の場であり、楽しみながら知識を得られる知的エンターテインメントの場である。

③ 国際博覧会の意義

　国際博覧会は当初、時の支配者たちが財宝や戦利品を展示することによって自らの権勢を誇示する手段であった。その後、人類が築き上げてきた技術や芸術の成果を一堂に集め世界に発信する場として機能してきた。

　1928年の国際博覧会条約を基準に国際博覧会が開催されることになり、第一次世界大戦後からは国際博覧にテーマをもたせるようになった。

　しかし、近年のインターネットなどの発達により、世界の情報はリアルタイムに

得ることができる。また、航空交通網や高速交通網などの交通手段の整備により、世界との行き来は日常的に行われている。このような時代の変化の中で、"国際博覧会の意義"が改めて問われるようになってきた。

1990年代にはBIEでも国際博覧会の開催自体に危機感があり、国際博覧会というのはどういうものでなければならないのかという議論がなされた。そして、「国際博覧会は地球的規模の課題の解決に貢献するものでなければならない」という提言がなされた。

21世紀最初の国際博覧会として、2005年に愛知県で開催された「愛・地球博」（2005年日本国際博覧会）は、メインテーマに「自然の叡智」を、またサブテーマの一つに「循環型社会」を掲げて開催された。環境に配慮した会場づくりから、環境負荷の少ない交通手段や新エネルギー、楽しみながら環境について学ぶ機会の提供など、"環境"を訴求する史上初の博覧会となった。この国際博覧会において培われた環境への関心や新技術が、その後の社会に生かされるという意義のある博覧会となった。入場者数も目標である1,500万人を大きく上回る2,205万人を記録し、興行としても成功したといえる。

「大阪・関西万博」（2025年日本国際博覧会）は、1970年の「大阪万博」（日本万国博覧会）から実に55年ぶりの大阪開催の国際博覧会である。メインテーマに掲げる「いのち輝く未来社会のデザイン（Designing Future Society for Our Lives）」は、「人間一人一人が、自らの望む生き方を考え、それぞれの可能性を最大限に発揮できるようにするとともに、こうした生き方を支える持続可能な社会を、国際社会が共創していくことを推し進めるもの」、また、「参加者一人一人に対し、自らにとって『幸福な生き方とは何か』を正面から問う、初めての万博」である。

④ 日本における博覧会

日本で最初の国際博覧会である「大阪万博」（日本万国博覧会）は、1970年3月から9月までの183日間、大阪千里丘陵で開催された。戦後の高度経済成長を成し遂げ、当時アメリカに次ぐ世界第2位の経済大国となった日本のシンボルイベントとして、1964年の「東京オリンピック」以来の国家プロジェクトであった。「人類の進歩と調和」をテーマに、世界77カ国の新技術や文化を結集し未来世界をつくり上げたことで人々に夢と希望を与え、総入場者数は約6,422万人を記録し大成功を収めた。

国際博覧会では、新しい発想のアプローチが歓迎され、画期的な試みが推奨される。そのため、当時の建築家・芸術家らは斬新なパビリオン建設に、ディスプレイ関係者は大胆な美術装飾・展示制作に、演出家と映像・音響・照明などのチームは盛大なステージショーなどのイベント制作に挑戦した。大人数の来場者・来館者を長期間、安全・安心・スムーズにオペレーションする運営・警備システムについ

ても、大きな経験と知識を得られたイベントであった。1964 年のオリンピックと、1970 年の国際博覧会が、現在の日本のイベント業界の実力を高める礎となったことは間違いない。

　その後、1975 年「沖縄国際海洋博覧会」、1985 年「国際科学技術博覧会」、1990 年「国際花と緑の博覧会」を経て、1992 年より 2001 年まで、旧・通商産業省の特定地方博覧会制度により、日本国内での地方博覧会として「JAPAN EXPO」が全国で計 12 回開催された。2005 年「愛・地球博」、そして 2025 年「大阪・関西万博」へと、日本における博覧会のトーチはつなげられていく。

（2）文化・芸能系イベント

1）文化・芸能系イベントの概念と分類

　文化・芸能系イベントの概念は、「**目的を達成するための手段として、芸術・芸能・諸芸等の展示・上演、および、目的に応じて来場者（観客）の参加・体験の場を設けたイベント**」である。主催者も、その目的やプログラム内容も多種多様であるが、共通するのは「意図的・計画的に作品の観覧・鑑賞の場を提供することによって来場者（観客）を集める」という点である。

　文化・芸能系イベントの分類は図表 4-4 のとおりである。

▶ 図表 4-4　文化・芸能系イベントの分類

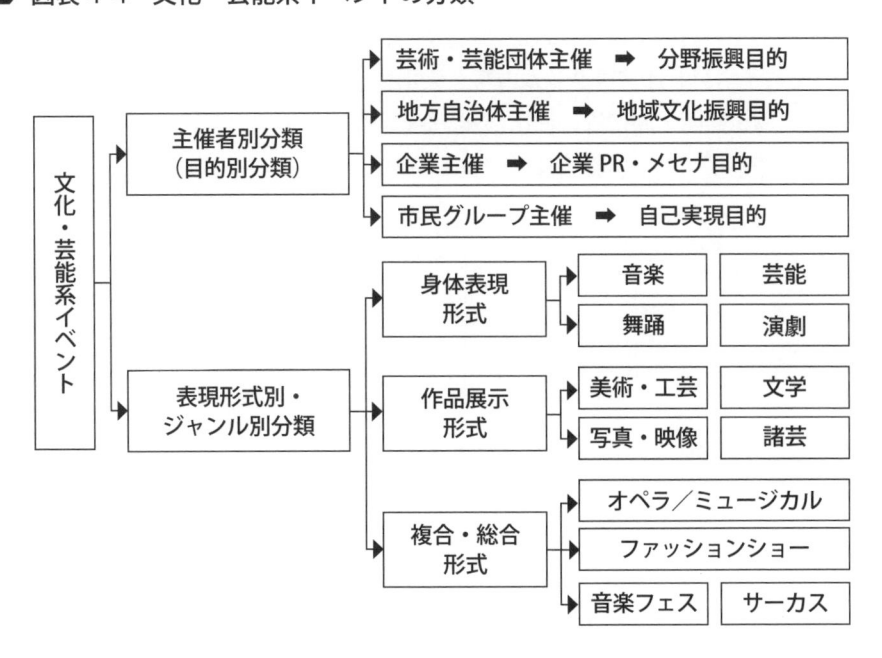

2）文化・芸能系イベントの構造と特性

① 文化・芸能系イベントの目的

主催者別の開催目的は、次のとおりである。

・**芸術・芸能団体**……**分野振興目的**

　　表現技術の向上、伝統的表現の継承と発展、新しい表現手法の紹介・
普及、団体の PR　など

・**地方自治体**……**地域文化振興目的**

　　地域文化の継承・向上、地域住民への文化的体験の提供　など

・**企業**……**企業 PR・メセナ目的**

　　イメージアップやブランド力の向上、メセナ　など

・**市民グループ**……**自己実現目的**

　　自己表現による生きがいづくり、仲間や協力者の増員、活動資金の獲得
など

---

② 文化・芸能系イベントの構造

　人的構造は主催者、参加者（出展・出演者）、来場者（観客）の 3 者を基本として、プロモーターやプロデューサーなどの制作者が重要な役割を果たしている。

　プログラム内容と**会場構造**は文化・芸能の分野によって異なり、それぞれの分野ごとに、専門性の高いプログラムと会場、および展示装置・舞台装置が求められる。文化・芸能系イベントはプログラム内容と会場構造が一体となっている必要があり、充実した音響・照明・映像等の演出機器を必要とする。

　文化・芸能系イベントの会場は、図表 4-5 のように分けられる。

➤ 図表4-5　文化・芸能系イベントの会場種別

種　類	会　場	特　徴
①専用会場型	分野・ジャンルごとに専門施設としてつくられた美術館、ギャラリーや劇場。	施設・装置、音響・照明・映像などの演出機器が分野ごとに完備されている。
②多目的ホール型	芸術・芸能の上演や、式典、講演会・シンポジウムなどのためにつくられた舞台と一定の音響・照明・映像機器が備えられた施設で、文化ホールや市民ホールに多い。	多目的施設なので、分野ごとの専門家にとっては使いにくい場合もある。
③既存施設活用型	見本市・展示会会場や駅や空港のコンコースなど、他の目的でつくられた施設を活用するタイプ。	専門的な演出用装置・機器はそのつど持ち込む（仕込む）必要がある。
④野外常設型	公園や遊園地などにある、野外常設ステージなどのタイプ。	神社仏閣の境内につくられた神楽舞台や能舞台も同類である。
⑤野外仮設型	夏のロック・フェスや公園での彫刻展など、屋外に仮設ステージや展示場を設けるタイプ。	大規模な音響・照明・映像施設を仕込み、数万人の来場者・観客を集めるものも多い。

③ 文化・芸能系イベントの特性

文化・芸能系イベントの特性には、次のような点が挙げられる。

1．プログラムの多様性

極めて文化性・芸術性の高いものから初心者向けのものまで、プログラムに多様性がある。

2．開催形式の多様性

独演・リサイタル形式、個展・単独展形式、合同上演・合同展、コンクール／コンテスト形式など、多様である。

3．開催時期の多様性

特別に1回だけ開催されるもの、毎年開催されるもののほか、国際的な美術展のように2年ごとの**ビエンナーレ**、3年ごとの**トリエンナーレ**など様々ある。

4．主催者の相互協力関係

芸術・芸能団体が主催する場合、行政等からは後援・協力を、企業からは協賛やスポンサードを得たりする。また、行政や企業が主催する場合は、しかるべき芸術・芸能団体の監修や協力を必要とする。

3）文化・芸能系イベントの業務特性

文化・芸能系イベントの本質的な業務特性には、次のような点が挙げられる。

1．分野ごとに専門家がいる

　分野ごとの脚本、演出、衣装、装置、音響、照明等の専門家が必要であり、専門家がプログラムの質を左右する。

2．定型的制作業務の重要性が高い

　文化・芸能系イベントの大多数は、定型的な業務手順によって成立している。実験的な表現手法以外、制作過程は極めて伝統的・定型的である。長年の定型的制作手法は、効果的に作品の完成度を高める。

3．主催者・参加者・制作者の業務すみ分けが重要となる

　文化・芸能系イベントは、主催者・参加者（出展・出演者）・制作者が、お互いに予算、日程、制作条件などを遵守し、各業務ですみ分けることが重要である。

4．著作権への十分な配慮が必要となる

　既存の芸術・芸能作品を使用する場合は、著作物使用の適切な手続きをとる。著作権者に了解をとるだけでよい場合と有料の場合とがある。

（3）スポーツ系イベント

　2010年の文部科学省による「スポーツ立国戦略」の発表以来、国はスポーツ振興政策について、従来の「スポーツ＝体育」という考え方を改めて、スポーツ系イベントの積極的な振興を図っている。

1）スポーツ系イベントの特徴

① スポーツの本質・定義と近代スポーツの誕生

　スポーツの本質は「**遊戯性**」「**競争性**」「**身体性**」であり、これらの本質を包含した「**自発的な余暇活動**」である。スポーツの定義は様々あるが、代表的なのは国際スポーツ・体育協議会による「**遊びの性格をもち、自己または他者との競争、あるいは自然の障害との対決を含む身体運動**」というものだ。

　現在、スポーツと呼ばれているものは、19世紀半ばにイギリスで生まれた「近代スポーツ」のことであり、イギリスの富裕層の子弟のためのパブリック・スクールでの教育手段として広まった。それは、「**成文化された共通ルールと組織・制度のある非暴力的身体競技**」という性格をもち、「**ルールのもとでの公平性・平等性**」

「**フェアプレーの精神**」「**スポーツマンシップ**」といった精神性を重視するものであり、神に捧げる儀式的性格をもった古代から伝わる「**民族的伝統スポーツ**」と分けられる。

② スポーツイベントの概念

　イギリスの富裕層は、競技ごとにクラブや協会といった組織をつくり、ルールを統一し、定期的に競技会を開催した。これらは市民の関心を呼び、スポーツ競技会は人気イベントとなった。

　スポーツイベントは「**主催者と参加者（競技者）、観戦者、支援者によるスポーツ競技会の組織的・計画的な創出**」であり、公的で社会的な価値をもつものである。

➤ **図表 4-6　スポーツとスポーツイベント**

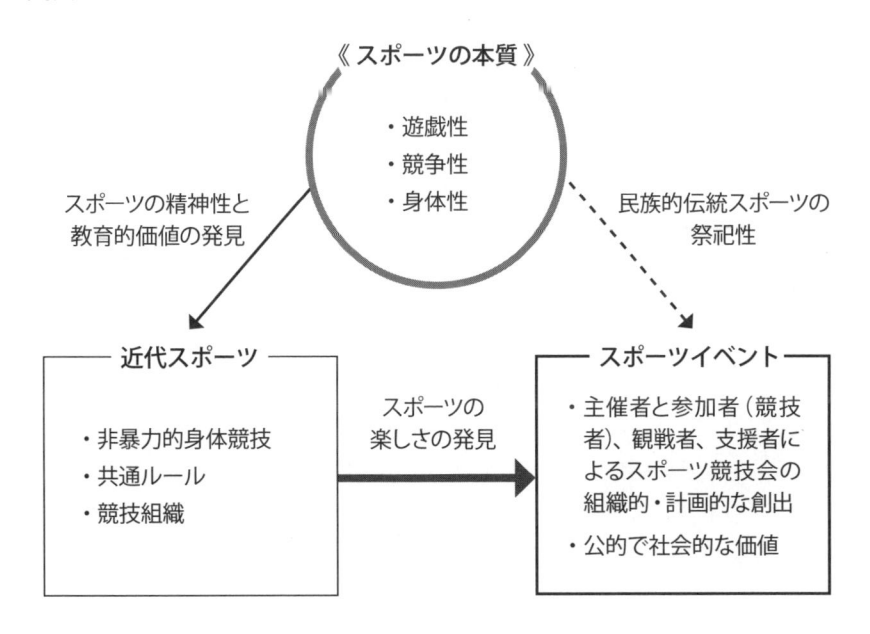

2）スポーツ系イベントの分類

　スポーツ系イベントは、開催目的別、開催規模・レベル別、競技種目別に分類することができる。

▶ 図表 4-7　スポーツ系イベントの分類

開催目的別分類	開催規模・レベル別分類	競技種目別分類
① 競技スポーツイベント 選手の身体能力の競い合い	① 国際レベルイベント 各国からトップアスリートが参加する世界選手権大会	① 総合種目型イベント オリンピック・パラリンピックやワールドマスターズゲームズなど、複数種目を同時に競技する大会
② 教育スポーツイベント 生徒・学生の身体能力や社会性の向上。教育・体育の一環	② 複数国レベルイベント アジア大会など一定地域の国々による地域大会	② 単一種目型イベント 野球大会やマラソン・駅伝のように、単一種目の競技による大会
③ 健康スポーツイベント 参加者の健康・体力づくり。レクリエーション・スポーツと生涯スポーツに分類	③ 全国レベルイベント 日本各地から参加する国内大会	
④ エンターテインメント・スポーツイベント 観客への「観る楽しみ」の提供	④ 地域レベルイベント 地域行政の競技大会。全国大会予選またはスポーツ振興	

3）スポーツ系イベントの開催価値

　文部科学省の「スポーツ立国戦略」の基本的な考え方は「人（する人・観る人・支える人）の重視」であるが、これを具現化する最も効果的な方法がスポーツ系イベントである。近年、スポーツ系イベントで重要な役割を果たしているのが「支える人」（支援者）で、スポーツ団体・組織の指導者や施設の維持・管理者、スポンサー企業やメディアなどの幅広いスポーツ関係者が注目されている。特に大規模スポーツ系イベントの場合、スポンサー企業とメディアが重要な役割を果たしている。

　このようなスポーツ系イベントの**開催価値**には、次のような点が考えられる。

> ・アスリートにとって…**競技能力の確認と向上**
> ・一般市民にとって……**健康増進・体力づくり**効果の獲得および
> 　　　　　　　　　　　　**レクリエーション＆レジャー**
> ・行政にとって…………**スポーツ振興**の推進効果、地域活性化
> ・企業にとって…………**エンターテインメント・ビジネス**としての価値創出

　さらに、イベントが本来的にもっている、開催国・都市の PR 効果、経済活性化効果、観光客誘致促進、地域間交流と地域アイデンティティの確認などの価値も大きい。

4）スポーツ系イベントの会場

　スポーツ系イベントの会場種別は図表4-8のとおりである。民間施設と公共施設があるが、公共施設のほうが圧倒的に数が多い。

▶ 図表4-8　スポーツ系イベントの会場種別

屋外スポーツ競技施設	屋内スポーツ競技施設
① **総合種目型競技場** 　国立競技場など多くの陸上競技場や、複数の競技施設のある総合スポーツ・運動公園など。競技に必要な各種付帯施設も充実している。 ② **単一種目型競技場** 　サッカー場や野球場、テニスコート、スケートボードパークなど。競技ごとに専用の付帯設備を整備してある。	① **観戦用屋内スポーツ施設（アリーナ）** 　観戦席が質・量ともに充実している。大規模なものは、サブ・アリーナ、トレーニング室、選手控室、会議室、レストラン等を完備している。コンサートイベント等に利用される場合も多い。 ② **競技専用屋内スポーツ施設（体育館）** 　観戦席がない学校体育館タイプの施設。

5）スポーツ系イベントの運営ポイント

　本格的なスポーツ系イベントの運営ポイントには、次のような点が挙げられる。

> **1．公認施設・用具の完備**
> 　競技種目ごとに中央競技団体が公認した競技場と用具に加え、競技判定室やドーピング検査室など高度な施設も必要となる。
>
> **2．スポーツ競技の専門家（種目別競技団体関係者等）の必要性**
> 　スポーツ系イベントで重要なのは、「ルールの遵守と選手の公平性の確保」であるため、種目別競技団体の競技委員や認定審判員が必要となる。
>
> **3．出場者のケガへの対処と観戦者の暴力行為の予防**
> 　出場者のケガや体調不良等の救急体制と、観戦者の興奮や熱狂からくる暴力行為や破壊行為などの予防が必要になる。予防方法には観戦席の明確な分離や持ち込み品の制限、要注意人物のチェックなどがある。

６）スポーツ系イベントのビジネス構造

　今やスポーツ系イベントは、中央競技団体とテレビ局などのマスメディア、動画配信サービス、スポンサー企業、それらをコーディネートする広告会社によるビジネス構造を生み出している。

① スポーツイベントの商業化とスポーツ環境の向上

　1984 年の「ロサンゼルスオリンピック」の大会組織委員長であった**ピーター・ユベロス**[*4] は、様々な運営手法を駆使して、赤字続きのオリンピックを史上初めて黒字とした。そのやり方は「オリンピックの商業化」と批判されたが、これ以後、各都市が競ってオリンピック開催の誘致活動を繰り広げるようになった。しかし、近年では開催都市が負担する費用の増加に伴って、オリンピック誘致も過渡期を迎えている。

　オリンピックに限らず、スポーツイベントは「する人のもの ➡ 観る人のもの ➡ 支える人のもの」という順に発展してきており、今やテレビ局やスポンサー企業など「支える人」なしには大規模スポーツイベントは開催できないと言っても過言ではない。そして、「支える人」の増加が「する人」と「観る人」の環境に好結果をもたらしている。

② スポンサーシップ

　企業が多額の費用を負担してスポンサーとなるのは、ブランディングなどのメリットと、それを保障するブランディングメリットなどの権利ビジネスの仕組みがあるからである。

　例えば、企業がサッカー日本代表のスポンサーになることによって、図表 4-9 のような権利を獲得する。これをイベントの主催者（競技団体）や参加選手・チームから見ると「**スポーツ資源のアクティベーション**」（スポーツイベント資源のビジネス活用）ということになる。なお、権利は個別に取得する場合とパッケージとして一括取得する場合とがある。

　さらに、上記のような**権利ビジネス**の他に、選手個人の肖像権を扱う**肖像権ビジネス**、チーム名や競技場施設名に企業名などを付与する権利を販売する**ネーミングライツ**などがある。また、これらの権利を確保するためには、スポンサー以外の企業の商業行為やブランド名・広告露出のない競技施設にすること、すなわち競技場の**クリーンベニュー化**が必要となる。

[*4]　ピーター・ユベロス：Peter Victor Ueberroth（1937〜）。米国生まれ。民間企業からオリンピックの大会組織委員長に就任。既存施設の活用によるコスト軽減、テレビ放映権料の競争入札、1 業種 1 社のオリンピックスポンサー制度、大会キャラクターのライセンシー販売など数々の収入源を考え出し、1984 年の「ロサンゼルスオリンピック」を黒字に導いた。

▶ 図表 4-9　サッカー日本代表のスポンサーに与えられる権利の例

露出系 （リコグニション系）	スタジアムに看板を掲出できる／中継番組の CM 枠を優先的に購入できる／スタジアムの大型映像装置に広告を上映できる ※リコグニション：顧客にスポンサーの立場を認知させること
ホスピタリティ系	レセプションパーティーなどに参加できる／スタジアムにホスピタリティブースを設営して使用できる／VIP ラウンジ・VIP シートを利用できる／招待券を受領できる／入場券を優先的に購入できる
ブランディング系	「サッカー日本代表」の呼称を自社の広告等に使用できる／サッカー日本代表の「シンボルマーク」を自社の広告等に使用できる／サッカー日本代表選手の集合写真等に限り自社の広告等に使用できる
プロモーション系	スタジアムでの自社商品やサービスのプロモーション、物品販売を行うことができる（オプション設定）／観戦チケットを自社のマーケティング活動に利用できる／試合に自社商品を提供できる
CSR 系	JFA ユースプログラム（エスコートキッズ、ナショナルフラッグベアラー、プレスキッズなど）の参加者を募集できる ※ CSR（Corporate Social Responsibility）：企業の社会的責任
営業系	サッカー日本代表の呼称、シンボルマーク、選手の集合写真を使用した商品を製造できる／イベント広告出演権が獲得できる

③ 大規模スポーツイベントの 4 種類のマーケット

　テレビやインターネットで中継される大規模なスポーツイベントは、**メガ・スポーツイベント**あるいは**メディア・スポーツイベント**ともいわれるが、このようなスポーツイベントは、4 種類のマーケット（市場）を生み出している。

▶ 図表 4-10　大規模スポーツイベントの 4 種類のマーケット

① ライブ・スポーツ 　マーケット	チケット販売と競技場内消費、交通・宿泊費などの市場
② メディア・スポーツ 　マーケット	テレビ放映権料やスポンサー料、中継映像の有料配信やビデオ（DVD）販売、パブリックビューイングなどの市場
③ フリンジ・スポーツ 　マーケット[*5]	競技大会のブランドマークのライセンシー販売や商品化権販売、選手の肖像権販売、コマーシャル出演、テレビ番組出演料などの市場
④ エフェクト・スポーツ 　マーケット	競技大会の掲載新聞・雑誌、関連書籍、関連グッズ、スポーツ用品、競技場周辺の飲食店などの市場

図表 4-10　参考：イベント学会編『イベント学のすすめ』ぎょうせい　2008 年
＊5　フリンジ・スポーツマーケット：フリンジ（fringe）は「ふさ飾り」「周辺」「外縁」といった意味があるが、ここではスポーツイベントの付帯ビジネスによって生まれるマーケットをいう。

　　スポーツイベントの最新コンテンツは、コンピュータゲームなどの腕を競う「e スポーツ」であろう。国際オリンピック委員会（IOC）が、e スポーツの国際大会を開催するなど注目されている。国際的な規模の大会が開催され優勝賞金額も大きく、またスポンサーにも大手ゲームメーカーやメディア企業などが参加していることから今後さらなるビッグマーケット化が期待されている。

7）スポーツ系イベントの業務ポイント

　　参加者（競技者）や競技場での観戦者は身体的にも精神的にも負担を伴うので、安全管理のための企画・計画が必要となる。本格的な競技会では、競技者の確保や運営体制には中央競技団体の協力が必要であり、運営資金の調達にはスポンサー企業やマスメディアが重要な構成要素として必要となる。

　　スポーツ系イベントの制作・運営業務のポイントには、次のような点が挙げられる。

> **1．開催時期と会場の選定**
> 　　競技ごとにレギュラーシーズンがあるため、開催時期を慎重に考えて決定する。また、会場は参加者の競技レベルと来場者の利便性を考えて決定する必要がある。
>
> **2．競技エリアと競技施設・備品の整備**
> 　　ルールに基づいた十分な競技エリアの確保とレイアウトを必要とし、控室、トレーニング室等の付帯施設も必要となる。また、公式競技用具と計測機器が必要である。
>
> **3．来場者の安全の確保と快適な観戦**
> 　　観戦席の整備と明確な区分、十分な案内誘導スタッフの配置、および場内放送・映像施設による情報提供などが必要である。

8）オリンピック・パラリンピック

　　スポーツ系イベントの特別な大会として、国際的な規模や、経済や文化への影響力の大きさから"世界的なスポーツの祭典"といわれる「オリンピック・パラリンピック」がある。

① オリンピック・パラリンピックの起源と歴史
a．オリンピック
　　　オリンピックは、国際オリンピック委員会（IOC）が主催する、4 年に一度開催される国際スポーツ大会で、スポーツを通した人間育成と世界平和を究極

の目的とし、夏季大会と冬季大会を行っている。夏季大会には約200の国と地域、1万人以上の選手が参加する巨大イベントである。

オリンピックの前身になったのは、古代ギリシャのオリンピア地方で行われていた「オリンピア祭典競技」で、これがやがて「古代オリンピック」と呼ばれるようになる。古代オリンピックは紀元前776年に第1回大会が開催され、戦乱を乗り越え1169年間も受け継がれたが、393年に終焉の時を迎えた。それから約1500年後、フランスの教育者であったピエール・ド・クーベルタン男爵の働きかけによって、「近代オリンピック」として復活。1896年、ギリシャのアテネで第1回オリンピック競技大会が開催された。クーベルタンは「近代オリンピックの父」と呼ばれている。

b．パラリンピック

パラリンピックは、国際パラリンピック委員会（IPC）が主催する、障がい者とその補助者が参加する、障がい者の最高峰の国際スポーツ大会である。現在は4年に一度、オリンピックの終了後に同じ場所で開催されている。

パラリンピックは1948年、医師ルードウィッヒ・グットマン博士の提唱によって、ロンドン郊外のストーク・マンデビル病院内で、第二次世界大戦で主に脊髄を損傷した兵士たちのリハビリの一環として開催されたアーチェリー競技会が原点である。この大会は回を重ね、1952年に国際大会となった。

当初はリハビリテーションのためのスポーツだったが、現在はアスリートによる競技スポーツへと発展。出場者も車いす使用者から対象が広がり、肢体不自由、脳性まひ、視覚障がい、知的障がいのある人が参加している。

1960年のローマ大会からはオリンピック開催国で、1988年のソウル大会からはオリンピックの直後に同じ場所で開催されるようになった。さらに2000年の「シドニーパラリンピック」で、国際オリンピック委員会（IOC）と国際パラリンピック委員会（IPC）が「オリンピック開催国は、オリンピック終了後にパラリンピックを開催する」などの基本事項に合意し双方の協力関係を深めた。こうしてパラリンピックは、"もうひとつのオリンピック"としてさらに発展を続けている。

② オリンピックの理念

クーベルタンが提唱した「スポーツを通して心身を向上させ、さらには文化・国籍など様々な差異を超え、友情、連帯感、フェアプレーの精神をもって理解し合うことで、平和でよりよい世界の実現に貢献する」という、オリンピックのあるべき姿がオリンピズムである。

クーベルタンが重視したものは、スポーツ（競技）を文化や教育と融合させるこ

とで理想の人間を目指し、また、世界平和を創造することであった。彼の提唱した
オリンピズムは、各国が覇権を争う帝国主義の時代にあって、画期的なものであった。紆余曲折を経て現在までオリンピックが継続しているのは、オリンピズムの理念が、世代や国境を越えて共感を呼んでいるからにほかならない。

「オリンピック憲章」の根本原則には、次のように書かれている。

1　オリンピズムは肉体と意志と精神のすべての資質を高め、バランスよく結合させる生き方の哲学である。オリンピズムはスポーツを文化、教育と融合させ、生き方の創造を探求するものである。その生き方は努力する喜び、良い模範であることの教育的価値と社会的な責任、さらに国際的に認知されている人権、およびオリンピック・ムーブメントの権限の範囲内における普遍的で根本的な倫理規範の尊重を基盤とする。

2　オリンピズムの目的は、人間の尊厳の保持に重きを置く平和な社会の推進を目指すために、人類の調和のとれた発展にスポーツを役立てることである。

4　スポーツをすることは人権の1つである。すべての個人はオリンピック・ムーブメントの権限の範囲内で、国際的に認知されている人権に関し、いかなる種類の差別も受けることなく、スポーツをすることへのアクセスが保証されなければならない。オリンピック精神は友情、連帯、およびフェアプレーの精神とともに相互理解を求めるものである。

（2023年版オリンピック憲章（抜粋）[6]）

---

③「1964年東京オリンピック」／「パラリンピック」

日本初開催となった「1964年東京オリンピック」／「パラリンピック」は日本のイベント史上で大きなトピックである。

「1964年東京オリンピック」は、1964年10月、旧国立競技場をはじめとする競技施設で行われた。開会式のクライマックスでは航空自衛隊のアクロバット飛行専門チーム（ブルーインパルス）による五輪雲が出現、世界中をあっと言わせる演出であった。聖火リレーの最終走者としては、広島に原爆が投下された1945年8月6日に広島で生まれた坂井義則氏を選出。日本が終戦から力強く復興したということと、世界平和への想いが込められたメッセージ性のある演出であった。

＊6　日本オリンピック委員会HP「オリンピックを知る」
https://www.joc.or.jp/olympism/principles/charter/（2024年8月現在）

　オリンピック開催を契機に、競技施設や選手村、国内のホテル、また公共交通機関（地下鉄日比谷線、東京モノレール羽田空港線、首都高速道路など）のインフラ整備まで、様々な建設・整備がなされた。東海道新幹線が東京から大阪につながったが、開業は開会式の9日前であった。

　メディアも大きく発達した。テレビ放送を見るためのカラーテレビの購入が増加し、開会式は史上初のカラー中継および生中継であった。

　大会周辺業務でも、日本は大きく飛躍することができた。国際語通訳の世界では、世界の関係者を迎え入れるために翻訳・通訳の実力を向上させた。警備業界では、多くの海外VIPを安全に警護するために、それまでの人が務める常駐警備からカメラや通信を使った機械警備へと進化した。

　これらの技術やサービスは現代社会にも大いに生かされているレガシーといえる。

④「2020年東京オリンピック・パラリンピック」
　「2020年東京オリンピック・パラリンピック」は、「環境を優先する2020年東京大会」を理念として掲げ、大会前・期間中・大会後の環境配慮を表明した。既存施設を活用し、選手村から半径8キロメートルの近距離にオリンピック競技会場の85％、パラリンピック競技会場の95％を設置することで、"かつてないほどコンパクトな大会"を目指すとした。しかし、新国立競技場をはじめ新設された会場もあった。

　「2020年東京オリンピック・パラリンピック」で特筆すべきことは、新型コロナウイルス感染症（COVID-19）パンデミックの直撃を受けた大会であったことである。オリンピック史上初の延期、そしてほぼ無観客での実施という、これまでにない状況下での開催となった。

　大会組織委員会が長年にわたり準備してきた計画は、未知のウイルスの猛威により幾度も白紙に戻された。世界の選手を受け入れる予定であったホストタウンも、世界の観光客を迎え入れるべく準備を進めていた自治体も、全ての計画が狂うことになった。1年の延期による経費の増額、莫大な感染症対策費、無観客による実施でのチケット収入減などの負のスパイラルにより、大会開催による経済効果も期待に反し最少となった。

　国民の間でも、開催したほうがよいのか開催しないほうがよいのか賛否両論が巻き起こった。同大会は、オリンピックの祝祭感が薄い特異な大会となった。

　また、大会後に発覚した談合事件は、大会組織委員会元次長らが独占禁止法違反の罪に問われる事態を引き起こした。組織委員会のガバナンス（統治）や、関わった各企業のコンプライアンスが問われたことも大きな課題を残した。

⑤ オリンピック・パラリンピック（オリパラ）の今後

　オリパラは世界からの観光客の来訪、国内インフラ・施設整備などの特需による経済効果、また自国アスリートの活躍による元気や活気を生み、国民の一体感が高まるなどポジティブな心理的効果が期待される。

　しかしその一方で、様々な問題が指摘されていることも事実である。近年のオリパラでは、特にサステナビリティや環境配慮は重要なテーマとなっている。その点、「2020年東京オリンピック・パラリンピック」でつくられた施設がレガシーとして新たな価値や経済効果を生むかが注目される。レガシーとは、大会を通じて整備・構築されるインフラや技術、サービスを大会のためだけに活用するのではなく、その後も社会の資産として活用することをねらいとしたものである。莫大な費用を投入した自治体や国が、新施設維持のためにさらに費用をかけることになれば、「負の遺産」となってしまうことも懸念される。

　また、スポーツに政治は介入すべきではないとされながらも、その注目度の高さにより、時にオリパラは政治の影響や主義主張の場となることがあった。プロパガンダ化、政治的理由によるボイコット、人権やマイノリティ問題、そして国際テロなどのリスクは、現在もなお危惧されている。そして2020年以降、オリパラは感染症というリスクをも背負うことになった。

（4）祭り・フェスティバル系イベント

　日本は、青森の「青森ねぶた祭」、東京の「三社祭」、京都の「祇園祭」などの各地の祭りや、札幌の「YOSAKOIソーラン祭り」などのフェスティバルが極めて多い。また、一定のテーマに基づいて開催する「世界スカウトジャンボリー」や「ふるさと祭り東京」など、企業・団体が開催するイベントも多くある。

1）祭り・フェスティバル系イベントの概念

　本書では、祭りとフェスティバルには共通したものが多くあると考え、「祭り・フェスティバル系イベント」としているが、これらに共通する基本概念を明確にすることは重要である。

① コミュニティ（共同体）を構成する人々の集団行為

　祭りとフェスティバルに共通するのは「コミュニティを構成する人々による集団行為」という基本的性格である。コミュニティは、市町村単位など、居住地域を基盤とした「**地域コミュニティ**」と、共通の職業や趣味、活動テーマをもった人々の集団・団体を基盤とする「**テーマコミュニティ**」とに分けられる。どちらのコミュニティも定期的に祭り・フェスティバル系イベントを開催している。

② 祭りの本質は祭祀・祈願と地域コミュニティの活性化

　本来、「祭り」は「祀り」であり、人知を超えた神や自然に、五穀豊穣や疫病退散、共同体の安寧と繁栄を祈願するものであったが、付祭などを通じて賑やかな地域の祭りが生まれてきた。現在は「祀り」とは関係のないフェスティバルタイプのイベントも多数生まれ、「**地域活性化**」や「**観光客などの交流人口の増大**」「**住民の自己実現機会の創出**」といった、コミュニティにとって重要な役割を果たすようになった。

２）祭り・フェスティバル系イベントの分類

　祭り・フェスティバル系イベントは、コミュニティ視点による分類が考えられる。

① 「地域コミュニティ」としての視点

> **1．伝統的な祭り・フェスティバル**
> 　神社の氏子集団や町内会など、地縁に基づく主催者と参加者による、祭祀や祈願のための行・催事を起源とした祭りである。地域住民の閉鎖的集団による伝統的行・催事プログラムの継承が祭りの中心的内容となっている。
>
> **2．合衆的な祭り・フェスティバル**
> 　同じ活動意欲をもつ者が合衆（市民グループ）を成し、主催者や参加者になって祭り・フェスティバルを開催する。参加者は地域意識は薄いが、行・催事プログラムの演目を愛好し、その継承に熱心である。
>
> **3．行政的な祭り・フェスティバル**
> 　行政や公的な団体が主催者となり、地域振興を目的に計画的に創作したもので、行・催事プログラムは地域に伝わる民俗芸能や季節催事を再興し、パレード仕立てにしたものが多く見られる。様々な地域団体・グループが、出演者やスタッフとして参加する。伝統的な祭り・フェスティバルや合衆的な祭り・フェスティバルの場合でも、規模が大きくなると実質的な実行委員会（主催者組織）が形成される。

② 「テーマコミュニティ」としての視点

> **1．団体系の祭り・フェスティバル**
> 　「テーマコミュニティ」（団体や協会）の主要メンバーが主催者組織を形成し、構成員（会員）が参加者となる。主催者は団体・協会の存在の誇示や活動の活性化を目的に企画し、参加者は趣味や活動テーマの発表

の場と考え、参加・協力する。

2．企業系の祭り・フェスティバル

　　主催者は実行組織を編成し、管理志向をもって企画・制作・運営する。定例プロモーション型（毎年定例の企業グループ祭り）や周年記念行事型（企業の創立○○周年祭）などがある。

▶ **図表 4-11　祭り・フェスティバル系イベントの分類**

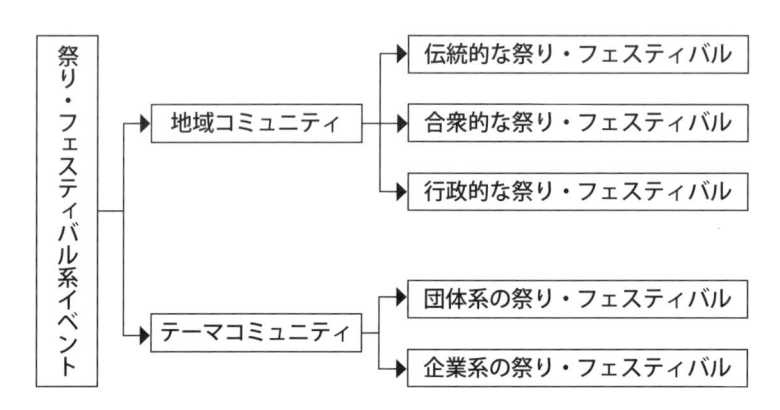

3）「地域コミュニティ」の祭り・フェスティバルの特性

①「地域コミュニティ」の祭り・フェスティバルの人的構造の特性

　まず、**主催者の特性**は世話役としての**奉仕性**である。通常、コミュニティ組織と主催者組織は同じであり、地域への思いや愛着から奉仕的に主催者となっている。次に、行・催事プログラムの出演者、進行係、スタッフ等の**参加者の特性**であるが、その目的はコミュニティへの貢献と**自己実現・自己表現**の機会の獲得である。かつてはコミュニティの構成員であることが原則であったが、現在では様々な外部集団・グループが協力・応援的に参加者になる場合も多い。そして、観覧を目的とした見物客などの**来場者の特性**は、以前はコミュニティの構成員が大多数を占めていたが、現在ではコミュニティ以外の人々（観光客など）が増大している。

　また、資金的・人的に協力する**協賛・協力企業**などの**支援者**が重要な役割を果たしており、資金的な協賛は広告出稿費を名目としたものが多く、人的協力は社員によるプログラムへの出演協力などが主体となっている。

②「地域コミュニティ」の祭り・フェスティバルの業務特性

　現代の「祭り」はイベントであるが、他のイベント形態にはない独自の業務特性をもっている。

> **1．伝統的・定型的業務の継承システム**
>
> 　業務内容・手順は、毎回変わりなく、伝統的・定型的に継承されている。主催者の業務は、行政・警察・消防・交通・商工団体等の関連機関に対する事前打ち合わせが中心であり、人々の奉仕的で慣習的な協力によって継承されている。
>
> **2．共同体内での業務の完結**
>
> 　制作・運営業務にはコミュニティごとに独自の継承システムがあり、特別な場合を除いて、全ての業務は地域内で調達され完結される。特別な場合とは、催事へのタレントの出演、花火大会の実施などである。
>
> **3．行政機関との連携による業務の遂行**
>
> 　街路や公共施設で開催されることが多く、来場者の安全を考慮し、公共機関、特に警察との許認可を含めた連携・協力および指導・指示の遵守は必須の開催条件といえる。

4）「テーマコミュニティ」の祭り・フェスティバルの特性

　「テーマコミュニティ」の祭り・フェスティバルの構造は、「地域コミュニティ」のそれとは異なり、イベントづくりにおける計画・管理志向という点に特色がある。

① 「テーマコミュニティ」の祭り・フェスティバルの人的構造の特性
　「テーマコミュニティ」の祭り・フェスティバルの人的構造の特性は次の点である。

> **1．明確な主催者組織が存在する**
>
> 　主催者は、主催者組織としてプロジェクト化され、計画的に業務を進めるが、実務を専門会社などに委託する場合もある。
>
> **2．参加者はコミュニティの構成員が大部分を占める**
>
> 　参加者はコミュニティの一員であることを示すために、また、自己実現の機会として、イベントに参加する。
>
> **3．来場者はイベントの目的やテーマを十分に理解し賛同している**
>
> 　来場者は単なる観客ではなく、イベントの目的やテーマをよく理解した上で来場する。

②「テーマコミュニティ」の祭り・フェスティバルの業務特性

業務は、明確な計画・管理志向をもって遂行される。その特性には次のような点が挙げられる。

> **1. 参加者のための業務が最優先される**
> 　主催者組織の中心業務は、参加者による行・催事プログラムのための会場構成・演出と運営であり、制作会社・専門会社を活用する場合もある。
> **2.「テーマコミュニティ」ごとの専門的業務が存在する**
> 　主催者と参加者にとって、業務の専門性は極めて重要である。例えば、舞踏団体のイベントには衣装や舞台制作業務の専門性がある。
> **3. 時代の変化や流れ（トレンドや流行）に敏感に反応する**
> 　イベント全体の構成・演出では、行・催事プログラムの伝統や慣習を守りつつ、それをいかに新しい方法と表現で構成・演出するかが重要な課題となる。

（5）会議・集会系イベント

会議・集会系イベントの市場規模は毎年伸びており、政府は「観光立国」を標榜し、積極的に「国際会議の誘致」を進めている。今や、会議・集会系イベントの振興は国策の一つとなっている。

国際会議の中には、サミットと呼ばれる世界の主要国首脳会議もある。「G7サミット」の日本での開催は2023年で7回目となった。世界のVIPを日本に招いて行う重要なイベントのため、政府や開催自治体のもとで広告代理店やイベント会社が綿密な企画・計画のもとに実施する。

1）会議・集会系イベントの概念

会議とは「**複数の人が会合して、何らかのテーマについて討議・検討すること**」であり、**集会**とは「**複数の人が会合して、集団としての存在や意思を表明すること**」だといえるが、共通するのは、人が集まってのコミュニケーションを主たるプログラムとすることであった。そのため、本書では両者を一つのイベント形態としている。現在は、人が集まるリアルな会議・集会にリモート参加も含めたハイブリッドな会議・集会系イベントも多く開催されている。

2）会議・集会系イベントの分類

　会議・集会系イベントを意味する言葉は実にたくさんある。多くは外来語で各用語の厳密な意味の違いを意識せずにそのまま使用しているが、正確な意味を理解しておくことは重要である。

▶ 図表4-12　会議・集会系イベントを意味する用語

名称	英語表記	意味
コングレス	congress	組織、団体の代表者や委員による正式会議。団体や協会などの大会をいう。
カンファレンス（コンファレンス）	conference	テーマ性が強く、研修の意味が含まれる協議・会議。コングレスより小規模なものをいう。
シンポジウム	symposium	特定分野の専門家による意見・研究発表と質疑応答を行う研究会的な会議をいう。
フォーラム	forum	「公共的テーマに関する公開の自由討論会」が本来の意味だが、現在ではシンポジウムと同様の意味で使われる。
パネルディスカッション	panel discussion	テーマについての複数の専門家による意見表明をもとに参加者が議論を展開する。意見表明の専門家をパネリストまたはパネラーという。
セミナー	seminar	講師の指導のもとで、参加者が主体的に学習するための教室形式の会合をいう。オンライン上で実施されるセミナーは「ウェビナー」（Webとセミナーを合わせた造語）とも呼ばれる。
ワークショップ	workshop	テーマに関する合意形成のための全員参加型会議の意味だが、日本では実習・演習を伴うセミナーの意味で使われる。
コンベンション	convention	会議・集会と展示会の複合形態。会議・集会・展示のみを意味する場合とイベント全般を意味する場合とがある。
ミーティング	meeting	会合・話し合いの意味だが、全ての会議・集会系イベントを総称する言葉として使われる場合がある。
セレモニー	ceremony	式典。式典のイベント化（プログラム内容と演出の拡充）による効果の増幅という考え方がある。
アッセンブリー	assembly	組織、団体、企業等の総会（general assembly）、年次大会(annual assembly)の意。組織の規則に則って行われる。
パーティー	party	飲食を伴う集会・会合。公式なものと非公式なもの、豪華な正餐形式と軽飲食形式とがある。
インセンティブツアー	incentive tour	企業が社員や関係者の動機づけを目的に行う報奨の意味を含んだ研修旅行。国内外の観光都市で行われるものが多い。

▶ 図表 4-13　会議・集会系イベントの分類

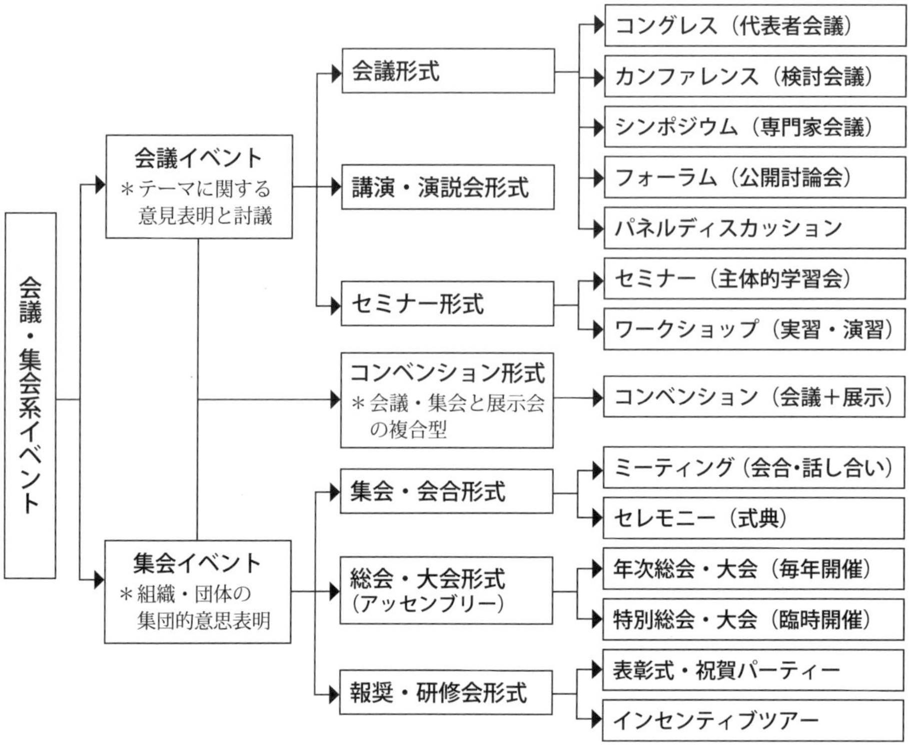

3）会議・集会系イベントのプログラム

① 会議・集会系イベントのプログラムの特性と構成

　プログラム特性として、まず挙げられるのが慣例主義である。会議・集会は極めて慣例的・定型的なプログラム形式によって進行する。それは、会議・集会が公式なもので、組織的にも社会的にも一定の意義や価値をもっていることを表し、かつ、わかりやすく利便性の高いものにするためである。会議・集会系イベントの基本的なプログラム構成は、図表 4-14 のとおりである。

▶ 図表 4-14　会議・集会系イベントのプログラム構成（例）

オープニング・セッション　（開会式）	開会宣言、主催者挨拶、来賓挨拶、表彰式　など
プレナリー・セッション　　（全体会議）	基調講演、パネル・ディスカッション　など
パラレル・セッション　　　（分科会）	専門分野ごとの研究発表やシンポジウム　など
ポスター・セッション　　　（学術展示）	パネル展示形式の研究発表　など
クロージング・セッション　（閉会式）	開催総括・成果アピール、次回開催地の紹介　など

② 付帯プログラム（社交プログラム）

付帯プログラムには、図表4-15のとおり、参加者に対する歓迎や交流機会の提供、開催地の視察や観光を目的としたもの、および同伴者のためのものなどがある。いずれも、参加者同士や参加者と開催地の人々との交流を促進するもので、「**社交プログラム**」ともいう。

➤ **図表4-15　会議・集会系イベントの付帯プログラム（社交プログラム）**

1. **レセプション**（歓迎パーティー）：様々な形式があり、複数開催される場合も多い。	**①ディナー・パーティー**（晩餐会）	・通常、着席にて行われる ・**フォーマル**（正式）、**セミフォーマル**（準正式）、**インフォーマル**（略式）の区別がある ・招待状には**ドレス・コード**（服装規定）を明記する
	②ランチョン・パーティー（昼食会／午餐会）	・役員や要人など、特定の人を招いて行う
	③ビュッフェ・パーティー（立食会）	・飲食しながら自由に移動し歓談できるのでレセプション形式としては最も一般的 ・アトラクションを仕込む場合もある
	④カクテル・パーティー	・気軽に参加できる飲み物と軽食だけのパーティー
2. **オプショナルツアー**：会期中の自由選択旅行	**①エクスカーション**（小旅行）	・観光や視察を目的とした半日〜1日程度の旅行
	②テクニカルビジット（視察訪問）	・開催テーマ関連の研究機関訪問や工場見学　など
3. **同伴者プログラム**	・会議・集会に出席しない同伴者用のプログラム ・同伴のパートナーを対象とした**パートナープログラム** ・伝統文化の鑑賞・体験や開催地ならではの買い物、短時間の観光旅行　など	
4. **旅行サービス**	・閉会後の開催地旅行を希望する参加者のサポート ・旅行会社へ委託することが多い	

③ 会議・集会系イベントの会場構成

基本的な会場構成は、**全体会議会場**、**分科会会場**、**展示ホール**、**事務局スペース（バックヤード）**等から成る。イベントごとに必要な会場施設とその規模は異なるが、全体会議会場を分割して分科会会場にしたり、ロビーを展示スペースとして活用したり、広めの分科会会場でレセプションを行うなどの工夫がある。極めて参加者が多い場合には、会議場施設の代わりに大型展示会場施設を会議会場とすることもある。

④ 会議・集会系イベントの人的構造

会議・集会系イベントの人的構造の特性としてまず挙げられるのは、基本的に**参加者のみ**ということである。ただしプログラムによっては、来場者（観客）を入れ

ることもある。

　次に、会議・集会系イベントの後方支援業務の専門家・専門会社である**PCO**（**Professional Congress Organizer**）の存在が挙げられる。通常、主催者は通常の専門業務を遂行しているため、PCO が必要とされるのである。PCO は米国では「ミーティング・プランナー」と呼ばれている。

⑤ 会議・集会系イベントの収入項目

　会議・集会系イベントの収入項目（財源）は独特であり、図表 4-16 のようなものがある。

> ➤ 図表 4-16　会議・集会系イベントの収入項目（財源）

自己資金	経常資金を積み立てたり、臨時会費を集めたりして用意する。
参加登録料	会議と付帯プログラムの参加費。会員、同伴者、非会員、リモート参加者による差がある。
補助金・助成金	関連団体・機関からの援助金や、国庫補助金、地方公共団体、公益法人などの補助金等。一定の条件や手続きを調べ申請する必要がある。
寄付金	企業や団体からの寄付金。指定寄付金制度等により、寄付する人のために税法上の優遇措置を講じるのが一般的である。

4）会議・集会系イベントの業務ポイント

① 会議・集会系イベントの準備業務

　a．開催要項の策定

　　　策定にあたっては、テーマやロゴマーク、プログラム構成（招聘・登壇者計画と付帯プログラム）、会期・会場構成、実行委員会組織の編成、国際本部等関連機関との連携・調整などが必要となる。

　b．研究発表者募集と参加者募集

　　　研究発表者募集は、論文提出とその審査を伴うのが一般的である。発表は行わないで**論文集**を作成する場合や、ポスターや映像を使い**研究発表展示**を行う場合もある。参加者募集は、従来は、**サーキュラー**と呼ばれる参加案内と**リプライフォーム**と呼ばれる参加申込用返信用紙を発送していたが、現在では**Web** による**参加者募集業務**が一般的になった。

　c．会議資料・参加者用配布物制作業務

　　　会議資料には、会議プログラム、登壇者プロフィール、論文抄録、参加者名簿、会場案内などが記載される。**参加者用配布物**には、ID タグ（名札）、登録

証控え、参加記念品、各種注意事項などがある。近年は、QRコードなどを使った Web による資料配布も多用されている。

d．会場の設営業務

会場運営と**会議会場**の設営がある。会場運営には、参加者受付、インフォメーション、事務局などがある。また、**会議会場のレイアウト**には、演壇とテーブル・椅子席を設置する**スクール形式**、演壇と椅子席を設置する**シアター形式**、円形または方形のテーブルと椅子席を設置する**ラウンド・テーブル形式**などがある。また、各会場の音響、照明、映像、同時通訳機器の設置などが必要となる。

e．寄付金・募金業務

関連官庁・団体や関連業界の有力者に協力を依頼することや、寄付金などの免税措置手続きを行う必要がある。

f．進行台本と運営マニュアルの策定

スタッフ用で、担当分野別につくる。

ｂ）会議・集会系イベントの業務内容

① 会議・集会系イベントの会場運営業務

a．会場運営業務

まず、**同時通訳者・講演者・発表者・モデレーター**などとの打ち合わせを経て、**リハーサル**を行う。

受付のレジストレーション業務では、十分な人的体制と事務処理システムが必要である。参加者・来場者の確認と配布物の配布、付帯プログラムへの案内などを行う。

b．会議・集会の進行管理

重要なのは、**会場間のスムーズな移動**である。参加者は開会式・全体会議の後は分科会に分かれるが、各会場にどのように移動させるかを事前に決めておき、誘導案内サインやスタッフを配置してスムーズに移動できるようにする。

c．閉会後のフォロー業務

開催結果の評価・検討と報告書の作成、関係各所への挨拶・御礼などのフォロー業務は極めて重要な意味をもっている。全体報告書、決算報告書、議事録など、記録書類を作成する。

▌4 − 3　新たな手法としてのオンラインイベント

　本書ではこれまでイベントの分類として「主催者」「形態」の 2 つの視点から分類してきた。その中で、近年は Web 技術の発達により、新たな手法としてのオンラインイベントの活用が広がっている。

（1）オンラインイベントの登場

　新型コロナウイルス感染症（COVID-19）は、2019 年 12 月からわずか数カ月ほどの間にパンデミックといわれる世界的な大流行となった。わが国では、2020 年 4 月に、新型コロナウイルス対策の特別措置法に基づき緊急事態宣言が発令された。

　これにより、大会場で開催されるリアルな音楽ライブやプロスポーツなどのイベントは、少人数の観客で行うしかなくなった。経済的な採算性により、いわゆるオンラインイベントへ移行せざるを得ないという緊急事態が起こり、パンデミックが引き金となって「リアルこそがイベント」という考え方に革命が起こったのである。

　日本における大規模オンラインイベントの先駆けは、2001 年に開催された、インターネット上の博覧会である「インターネット博覧会（通称インパク）」であろう。

　当時、日本におけるインターネットの普及率は 4 割程度で、パソコンスペックやユーザースキルの低さ、通信インフラの未発達もあり、コンテンツもパビリオンの展示内容を Web 上に配置したものであった。

　それから 20 年以上を経て、コロナ禍を引き金にオンラインイベントは時代が求める形で表舞台に登場してきた。

（2）オン／オフラインイベントの比較

　コロナ禍前のイベント（リアル会場でリアルタイムに実施し、オンライン配信等はほとんど組み込まれなかったイベント）と、コロナ禍の発生により、ある種不可抗力的に実施され始めたオンラインイベントには、それぞれメリット／デメリットが存在する。オンラインイベント（インターネット）とオフラインイベント（リアル）のメリット／デメリットを、主催者／参加者／双方の視点で次にまとめる。

➤ 図表 4-17　オン／オフラインイベントのメリット／デメリット

	オンラインイベント（インターネット）	オフラインイベント（リアル）
メリット	◆主催者 ・制作コスト（会場・造作・運営等）が少なく気軽に開催できる ・開催時間が自由に設定できる ・定員制限が少ない ・ライト層を取り込める ・参加者の行動ログがとれる ◆参加者 ・物理的、時間的な障壁が低い ・遠方から参加が可能 ・自宅などからカジュアルに参加できる ◆双方 ・チャットでコミュニケーションできる ・簡単に録画・記録できる ・アーカイブされいつでも視聴できる	◆主催者 ・参加者のダイレクトな反応が得られる ・時間をつくり現地へ足を運ぶヘビー層が集まる ・現実的に経済効果が発生する ◆参加者 ・生身でリアルな体験ができる ・反応がすぐダイレクトに伝えられる ・熱量と集中力が高まる ・参加者同士の出会い、つながりがつくりやすい ・信頼性の高い相互関係が構築できる ◆双方 ・五感を刺激するコミュニケーションができる ・直接的に双方向のやりとりができる ・配信トラブルのリスクがない

	オンラインイベント（インターネット）	オフラインイベント（リアル）
デメリット	◆主催者 ・参加者のダイレクトな反応がとりにくい ・途中での離脱が多い ・マネタイズに工夫が要る ◆参加者 ・リアル感が低く、特別感が少ない ・反応が伝えにくく一方通行になりがち ・熱量と集中力が続かない ・参加者同士のつながりがつくりにくい ・信頼性の高い相互関係が構築しにくい ◆双方 ・配信トラブルのリスクあり ・画面越しのコミュニケーションにとどまる ・間接的なやりとりにとどまる	◆主催者 ・準備（手間・時間・人・コスト）が大変である ・制作コスト（会場・造作・運営等）がかかる ・開催時期、時間が限定的となる ・リアル会場に集めるので集客が大変である ・定員制限が厳しい ・ライト層はなかなか来ない ・参加者属性の把握（アンケートやヒアリング）が大変である ◆参加者 ・物理的、時間的な障壁がある ・移動コスト（交通・宿泊）がかかる ・フォーマルな参加で堅苦しい ◆双方 ・気軽にコミュニケーションできない ・簡単に録画・記録できない ・いつでも視聴できない

99

　オンラインイベントは、コロナ禍においては罹患リスクがないことがメリットであった。ただ一般に、「全国から気軽に参加が可能」「多人数の見込み客を集め興味をもたせられるので、顧客数を増やせる」「参加者・来場者の属性やメールアドレスなどの情報を取得できることで、イベント後のフォローアップによるチャンスが生まれる」など、ビジネス効果が期待できる。

　オフラインイベントは、コロナ禍においては罹患リスクがあることがデメリットであった。ただ一般に、「五感を刺激する直接体験が可能」「限られた人数でも得意客を集め手厚くもてなせるので、顧客との関係性を深められる」などビジネスの深化効果が期待できる。

　それぞれにメリット／デメリットがあるため、イベントの開催目的や状況、予算に合わせて最適な手法・組み合わせを選択することが重要である。

（3）オンラインイベントの種類

　一口にオンラインイベントと言っても様々な形態が存在し、現時点では配信方法による違いで3つ、会場（スペース）の違いで3つ、合わせて6つの種類に分けることができる。それぞれの呼称と内容を次に紹介する。

▶ **図表 4-18　オンラインイベントの種類**

配信方法の違いによる分類		
オンデマンド配信イベント	疑似ライブ配信イベント	ライブ配信イベント
事前に収録・編集した映像データを視聴者の任意のタイミングで視聴する方法	事前に収録・編集した映像データを特定の時間でリアルタイムで視聴する方法	会場、スタジオでのライブをほぼリアルタイムで視聴する方法

会場（スペース）の違いによる分類		
バーチャルイベント	(狭義の)オンラインイベント	ハイブリッドイベント
バーチャル空間（メタバース）にコンテンツを配置してイベントを実施する方法	メタバース空間ではなく、PCサイト上にコンテンツを配置してイベントを実施する方法	会場でのライブをリアル・オンライン問わずインタラクティブに視聴する方法

　これらの中には、従来のライブイベントと比較して、例えば「オンデマンド配信はイベントなのか」という疑問もある。現在進行中の事象なので議論の余地はあるが、ただし事前に収録・編集するデータを作成するためには何らかのライブ性のあるコンテンツ制作や動画制作という作業が発生するため、広くイベントと捉えるこ

ともできる。

　BtoB（ビジネス対象）、BtoC（生活者対象）によっては、オンラインイベントに向いているもの、向かないものがある。例えば、エンターテインメントのメタバース空間にアバターで参加する楽しい体験は、信用の面、コミュニケーションの面などからビジネス交渉に向いているとは言い難い。

　オンラインイベントにもそれぞれにメリット／デメリットがあるため、ビジネスやエンターテインメントなどの成果を最大化するために、開催趣旨などに応じて種類を選定することが重要である。

（4）オンラインイベントの意義と課題

　オンラインイベントの大きな意義としては、大手メディアでなくともイベントのプロフェッショナルでなくとも、誰もがイベントの主催者になれることが挙げられる。これは、これまでのイベントの歴史の中でも特筆すべきことである。極端に言えば、個人でもイベント主催者として集客、実施、配信までワンストップで開催することが可能になった。

　イベントはプロフェッショナルだけのものではなくなってきていることは既に述べた。学生・NPO・各種団体・個人でも、オンラインというテクノロジーを活用することでイベントの主催者となれるのである。このことは特筆すべきことではあるが、クオリティの面、情報の信頼性の面、セキュリティの面など、まだまだ課題を抱えている。今後の動向、推移に注目していくことが大切である。

第5節 イベントの4大管理

イベントは多種多様な業務の組み合わせによって完成される。その基本となる「業務管理課題」は「高品質のイベントを、スケジュールどおりに、予算内で、安全に創る」ことである。すなわち**「品質管理」「工程管理」「予算管理」「安全管理」**は、「イベントの4大管理」といわれ、イベントづくりにおける最も重要な業務管理課題となっている。

5－1 イベントの業務特性

イベントは、典型的なプロジェクト業務（※第13節参照）であり、プロジェクト業務としてのイベントには、次のような業務特性が挙げられる。

> **1．業務の有期性（業務期間の限定）**
>
> 　イベントは、業務を完了させる日時が厳格に規定される。業務の有期性を正しく業務管理できていないと、経済的損失を招き、イベント全体の品質を落とすことになる。
>
> **2．業務の変動性（業務内容の変化）**
>
> 　イベントの業務内容は、企画・計画業務、制作業務、運営業務と、スタートから完了まで、常に大きく変動する。業務の変動性は協働するスタッフの変動を意味し、常に十分なコミュニケーションによる円滑な業務管理を必要とする。
>
> **3．業務の一回性・創造性（一回限りの創造性）**
>
> 　イベントの業務は通常一回限りのものであり、繰り返して継続することは稀である。また、常に新しい環境や状況のもとで遂行されるので、創造性を必要とする。

5−2　品質管理

（1）イベントの品質管理とは何か

　一般的な「品質管理」とは、製品の良し悪しの程度を意味する「Quality Control ＝ QC」ともいわれ、産業において「製品のもつべき性能や性質などを、要求される一定の水準に保つために生産者が行う一連の活動のこと」である。

　「製品」には「モノ製品」と「サービス製品」があり、それぞれの品質管理は大きく異なる。家電製品やクルマのように購入前に調べることができる「モノ製品」と、クリーニング店やヘアサロンのように実際にサービスを購入しないとその品質がわからない「サービス製品」の品質管理の違いは大きい。

　イベントは一回限りのものなので「サービス製品」といえ、品質を高めるには多様で高度な品質標準の設定が必要である。

　イベントには企画性、機能性、デザイン性、経済性、安全性などの品質設定要素と、その要素の整合性に対しても「品質」という言葉が用いられる。すなわち設営、施工などの「ハード」や、プログラム内容の構成などの「ソフト」についても、個別の項目だけでなく全体的な整合性がイベントの品質評価に関係している。

　このように、複雑な品質構造をもったイベントは、**「企画品質」「制作品質」「運営品質」**の3つの品質に分けてその品質管理を考える必要がある。

1）企画品質

　「企画品質」とは、企画内容の質やレベルのことであり、イベントの企画・計画段階で検討すべき重要概念である。イベント全体を対象として使われる場合と、イベントコンテンツを対象に使われる場合がある。

　企画品質の評価基準には、次のような点が挙げられる。

> 1．イベントのコンセプトやテーマに時代性や社会性があるか
> 2．主催者の目的達成の手段として企画内容が妥当で適しているか
> 3．プログラムの内容や構成がわかりやすく、魅力的であるか
> 4．会場や会期は参加者や来場者にとって適切であるか
> 5．参加を希望する全ての人が容易に参加できるか
> 6．企画そのものが制作可能で実現可能なものであるか

2）制作品質

「制作品質」とは、イベントを形づくっていくためのプロセスの品質であり、同時に、参加者や来場者が「直接感じる空間」の質や効果のことである。どんなに企画品質が優れていても、制作品質が悪ければよいイベントにはならない。

優れた制作プロセスが優れた作品を生むという言葉どおり、制作品質は制作プロセスによってその優劣が決まる。イベントの制作品質で重要なのは「ハード」と「ソフト」の整合性の管理で、バランスが悪ければイベント全体の品質が低下することになる。また、「情報管理の徹底」や「環境に対する配慮」など、イベント全体の社会的責任もまた、制作品質であると考えられている。

制作品質の評価基準には、次のような点が挙げられる。

> 1．無理やムダのない工程（関係者全員が納得する制作スケジュール）
> 2．高い制作技術（新しい技術が高品質を生むというわけではない）
> 3．優れた素材（加工のしやすさと安全性の確保）
> 4．丁寧な制作手順（品質の向上と安全性の確保）
> 5．計画した制作予算と制作期間の遵守
> 6．多様な人々が参加できる工夫と配慮

3）運営品質

「運営品質」とは、主に「イベント会場の運営品質」を意味している。企画、制作されたイベントを、安全、快適、円滑に提供する質や効果のことであり、イベント全体の評価に大きく影響を与えるものである。

イベントの運営では、一般的には「運営マニュアル」によって、スタッフ全員での「円滑な運営のための情報の共有」と「ホスピタリティに富んだ接客意識の共通化」を図ることが基本である。

運営品質は、運営スタッフ個々の「能力」「性格」「姿勢」「思い」に依存せざるを得ない場合が多いが、確実に品質標準を高めるためには、スタッフに対する「ブリーフィング」「ミーティング」「教育・指導」を十分に実施する必要がある。また「運営環境の整備」も重要である。単純に個人の資質に頼るのではなく、運営組織体制、設備・用具、ユニフォームなど、運営スタッフが働きやすい環境を整えることも有効である。

運営品質の評価基準には、次のような点が挙げられる。

> 1．必要十分なスタッフ体制（スタッフの数と質の充実）
> 2．必要十分な「ブリーフィング」「ミーティング」「教育・指導」
> 3．スタッフ個々の「能力」「性格」「姿勢」「思い」
> 4．運営環境の整備・充実
> 5．ユニバーサルイベント対応

（2）「ねらいの品質」と「できばえの品質」

　イベントの品質管理で重要なのは、品質には「**ねらいの品質**」と「**できばえの品質**」の 2 つがあり、それぞれを明確にして相互のバランスをとることである。

> 「ねらいの品質」と「できばえの品質」
> 　ねらいの品質　　➡　企画・計画によって「設定する品質標準」
> 　できばえの品質 ➡　制作によって実現した「結果としての品質評価」

　一般論として、モノ製品の場合は、その多くは大量生産であり「やり直し」も可能なので、「ねらいの品質」と「できばえの品質」は比較的一致しやすいと考えられる。しかし、イベントの場合、「ねらいの品質」を高く設定すれば、「できばえの品質」の品質標準も当然高くなり、「**設定と結果のずれ**」「**ねらいとできばえのずれ**」が発生する。いかにずれを小さくするかが品質管理の課題となる。

　イベントの品質管理を行う上では、関係者全員が理解できる、合理的で妥当な「ねらいの品質」を設定し、共有することが大切である。

（3）イベントの品質と社会性

　イベントは、複合コミュニケーション機能など、優れたメディア機能を有し、社会的影響も大きく、また、一過性、仮設性などの特性がある。人々は、多様な目的で、ある意味「手軽」にイベントを開催し、利用していると言って過言ではない。

　しかし過去には、開催計画を大々的に発表し、出店者を事前募集したにもかかわらずイベントは開催せずといった、計画倒れのケースが社会を騒がせた例もある。このことは、「イベントの品質」以前の問題ではあるが、イベントが企画・計画段階で公表したものは、そのイベントの「企画品質標準」であるため、実現可能性に裏づけされない希望的観測に基づいたイベント企画は、イベント産業全体の社会的信頼を損なうことになる。「実現可能」な企画を立て、「計画どおり」実現させると

いう「基本的な品質」は、イベント産業全体の社会的責任であるといえる。

　また今、イベント産業には、廃棄物の軽減などの環境対策、労働環境の整備、情報管理、そしてユニバーサルイベント対応など、より高度な社会的責任を伴う品質管理が求められている。

■ 5-3 工程管理

（1）スケジュール・日程・工程

　イベントにおいて頻繁に使われる「**スケジュール**」「**日程**」「**工程**」各々の言葉の意味を整理しておくことは、工程管理を理解する上で必要不可欠である。

> **スケジュール**：「日程」と「工程」の両方の意味をもち、業務・作業の予定日時、また手順・段取りを表す。
> **日　程**：イベントづくり全体の業務・作業を、時間軸上（日割り表上）に目的に合わせて「実施予定（見込み付け）」したもの。
> **工　程**：イベントづくりの具体的な業務・作業の構造的で合理的な手順・段取りを、時間軸上に示したもの。

　日程はイベントの企画・計画業務の中心課題の一つで、時間的な実現可能性（フィジビリティー）を測る上で重要な意味をもっている。

　工程管理は「必要不可欠な業務・作業の抽出と、業務・作業相互の関係性の明確化による効率化と工期の短縮」という重要な目的と役割をもった管理業務である。

（2）大日程・中日程・小日程

　日程も工程も、時間軸上に各時点の業務・作業とその関係性を明示して作業の効率化を図るものであるが、わかりやすく使いやすい日程（日程表）や工程（工程表）にするために、**大日程・中日程・小日程**の３つに分けて考えるのが一般的である。その各々の言葉の意味と違いは、次のとおりである。

> **1．大日程**（一般的な例：年・月単位）
>
> 　イベント開催日を軸に、イベントづくりに欠かせない主要業務項目を挙げ業務に必要な時間を概算し、大枠の日程（工程）を決めたもの。
>
> 　大型イベントでの大日程管理は、5年以上かかるものもあり、不確実な要素にも考慮し、変更可能な無理のない管理をすることが重要である。
>
> **2．中日程**（一般的な例：月・週単位）
>
> 　各主要業務項目を構成する具体的な作業ごとに、必要な作業時間を積算して比較的詳細な日程（工程）を決めたもの。
>
> 　中日程で重要なのは、その妥当性であり、必要な作業時間が示されている必要がある。
>
> **3．小日程**（一般的な例：日・時間単位）
>
> 　個々の作業を遂行するための日時（期間・期限）を明示したもので、日単位・時間単位の極めて詳細な工程を決めたもの。
>
> 　小日程で重要なのは、自分が担当する作業だけを考えるのではなく、常に関連する他の作業を見据えた工程管理が必要だという点である。

（3）工程管理と工程表

1）工程管理の考え方

　工程管理は単なる"スケジュール調整"ではなく、「業務・作業の効率化と工期の短縮」や「制作品質の向上」「作業の安全性の向上」など、極めて重要な目的と役割をもった管理業務である。工程管理の基本的な考え方としては、次の点が挙げられる。

> 1．モレがなくダブリのない必要不可欠な業務・作業の抽出
> 2．業務・作業全体における個々の作業の関係性や位置づけの明確化
> 3．個々の作業相互の時系列上の関係性（前工程と後工程）の明確化
> 4．マイルストーン（遅延の許されない時間軸上の大きな節目）の明確化
> 5．クリティカルパス（最長作業経路）の発見と全体の工期の短縮

　工程管理の考え方の根底にあるのは、従来の経験や勘に頼った"スケジュール管理"ではなく、科学的で論理的な知識・技術に基づく合理的な管理志向である。

2）工程表

　工程管理は「工程表」というツールを使って行われる。工程表は、業務・作業を時間軸上に単純に羅列したものではなく、「工程管理の考え方」を具体化し、誰もがわかるように見やすく策定した書類（一覧表）である。

　代表的な工程表の種類の一つが「バーチャート方式」である。バーチャート方式は「棒グラフ方式」ともいわれ、横軸に日時、縦軸に業務項目を表記し、それぞれの作業期間を、バーもしくは棒グラフによって表す方法である。作成のルールが少なくて見やすくわかりやすいため、イベント全体の工程表として多く用いられているが、業務・作業の具体的な経緯や関係性はわかりにくい場合がある。この方式の本格的なものは、考案者の名前から「ガントチャート方式」とも呼ばれる。

　その他の工程表の種類としては、複数の業務の関係性を俯瞰できる「ネットワーク方式」、その本格的なものには「PERT／CPM」などがある。

➤ 図表5-1　バーチャート方式の工程表の例

● 大型複合イベント（フラワー・ショー）　全体スケジュール（バーチャート）

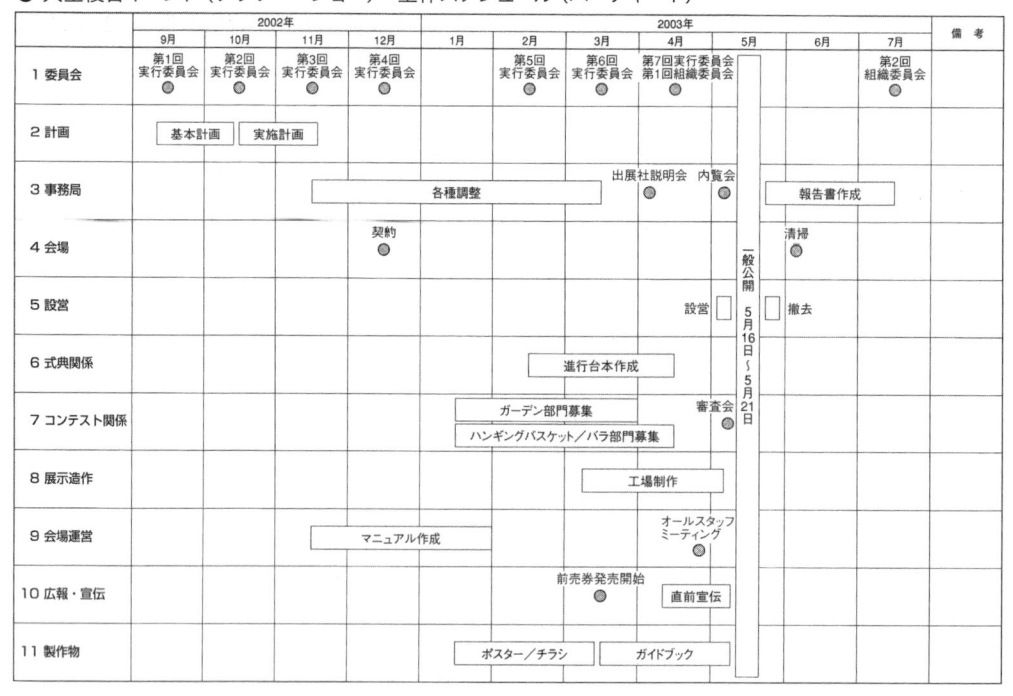

図表5-1　引用：宮地克昌『イベント・マネジメント』日本イベント産業振興協会　2004年

5-4　予算管理

（1）イベントと予算

　予算とは、「あらかじめ算定した金額であり、収入と支出の計画」のことである。すなわち、「イベントの予算」は、企画・計画段階からイベントが終了するまでの全体の収支計画（収入計画と支出計画）を意味する。昔から「入るを量りて出ずるを制す」といわれるとおり、その収支バランスが計画どおり進行するよう慎重に構築しなければならない。

1）イベントの収入

　イベントの収入項目は、イベントの規模や形態によって各々異なり、全てのイベントが同じ収入項目になることはないが、概ね一般的には、次のような収入項目が挙げられる。

> 1．**資本的収入**：企画段階からの出資、枠取りされた資金　など
> 2．**スポンサー収入**：主催者、支援者として企業が支払う広告料　など
> 3．**参加者収入**：参加者が担う出店料、参加費、会議などの登録料　など
> 4．**来場者収入**：来場者が支払う入場料　など
> 5．**販売収入**：パンフレットや飲食料販売、レンタル料　など
> 6．**関連収入**：メディアが支払う著作権使用料、映像などの資料提供料　など

2）イベントの支出

　イベントの支出項目は、イベントの種類などによって各々異なる。支出は業務を遂行する上での「原価」「費用」「経費」などとして計上されるが、本書では、それぞれの業務の「支出」として捉える。企画段階に関する**「企画関連支出」**、制作段階での**「制作関連支出」**、運営段階での**「運営関連支出」**の3種類のほか、事務局管理関係や報告関係などの**「共通支出」**がある。また、内部の人件費や会議費、主催者の関連費用などの**「内的関連支出」**と外注などに支払う**「外的関連支出」**に分類される。

イベントの支出項目は様々であるが、代表的なものとして次のものが挙げられる。

> 1．**企画費**：企画書制作、会場リサーチ、資料制作費用　など
> 2．**会場費**：会場の使用料、電気使用料　など
> 3．**会場ハード関連費**：会場設営、内装、音響、照明、映像、展示費用　など
> 4．**プログラムソフト関連費**：ステージプログラム制作、映像ソフト制作費用　など
> 5．**キャスティング費**：司会者やタレント、専門家に支払う報酬　など
> 6．**警備関連費**：会場警備、駐車場誘導、入場時のセキュリティ費用　など
> 7．**制作進行関連費**：進行ディレクターやスタッフへの人件費　など
> 8．**運営関連費**：運営スタッフ人件費、インフォメーション管理費用　など
> 9．**事務局関連費**：スタッフの食事、スタッフ間の通信、書類の制作費用　など
> 10．**広報宣伝関連費**：HP制作やポスターなどの印刷物、媒体宣伝費用　など
> 11．**記録関連費**：報告書のまとめ、記録映像制作費用　など
> 12．**予備費**：日程の変更や自然災害による計画以外の支出　など

（2）時系列的な予算管理

　イベントの収入は、実施日でないと結果が出ない入場料収入や物販収入などの不確定要素があり、また、支出においてもやはり天候対策、スタッフの人数の変動などの不確定要素があり、終了するまで確定しない。したがって、イベントの予算管理は、時間を追ってつど確認し、試算する必要がある。

　イベントの予算管理は、まず「**概算予算**」を設定し、段階を経て「**実行予算**」をつくり、最終的に「**実施予算**」として管理することになる。そのためには、発注先から各段階での見積書を入手する必要があり、大枠な「**概算見積り**」、ロケハンや現調を経て、デザイン・設計を詰めた「**詳細見積り**」、実施直前段階での「**実施見積り**」など、細かい予算管理が必要である。

　イベント制作においては従来、口約束による発注や決定などにより、実施直前のキャンセルなどのトラブルが多く見られた。しかし、近年では主催者や制作者の共通認識が高まり、受発注者双方において発注書や請書の交換による受発注確認、契約書の締結などが習慣化している。

（3）予算管理の留意点

1）収支管理とキャッシュフロー管理

イベントは、ロケハンなどの下見費用から印刷費、会議費など、企画段階から様々な支出が発生する。しかし、収入の多くを開催日の収入に依存していれば、予算計画上は収支のバランスがとれていても現金の動きであるキャッシュフローで赤字となってしまう危険性がある。他にも、展示会場などの施設を使う場合、たとえ1年前であっても日程の決定段階で前払い金（内金）などの会場費が発生することがある。また、印刷関連費も告知チラシ制作など、開催日よりはるか前に支払いが発生する。したがって、イベントの予算管理は、収入、支出だけではなく、キャッシュフローも含めた管理が必要である。

2）イベントの「機会費用」（オポチュニティコスト）

「**機会費用＝オポチュニティコスト**」とは、「**ある行動を選択することによって失われる、他の行動を選択した場合の最大限の利益**」のことである。一般的には「**チャンスロス**」といわれ、「**機会損失**」と表現されることもある。

イベントでよくあるケースは、いわゆる「手弁当」といわれる考え方で、外注する費用を惜しんで自分で制作したり、知人から借りたりなど、いわゆる「無料調達」しようとする考え方である。しかし、この場合でも自らの人件費や経費という支出が発生して「無料調達」とはならず、その労力や時間を本来の業務に充てれば得られたはずの利益も失っていることになる。この「機会費用」が多く占めるイベントは、数字上、収支バランスが整っていても、実質上の赤字であるといえるだろう。このことは、イベント全体の品質の低下を招き、その後のイベント継続（サステナビリティ）の障害にもなるものである。イベントの予算管理は、これらの「機会費用」まで考慮して管理する必要がある。

5−5　安全管理

（1）安全管理とリスクマネジメント

　「**安全**」とは、「**安らかで危険のないこと**」「**受容できないリスクがない状態**」の意味である。「**リスク**」とは、「**不確実性**」を意味し、「**リスクマネジメント**」とは、「**リスクの抽出**」をし「**リスクをコントロール**」することによって「**安全**」な状態をつくっていくプロセスのことである。つまり、リスクマネジメントを通じて「**安全管理**」をしていくものであるといって差し支えないだろう。多くの人が集まるイベントは、リスクマネジメントの見地からも多くのリスクを含んでいるといえる（※リスクマネジメントについては第14節参照）。

　安全の確保は、全てに優先する。イベントにおける事故や事件は、準備してきた業務を全て水泡に帰してしまうばかりか、多大なイメージダウンや損害を生じさせてしまう。一方、行きすぎた安全管理は、作業効率の低下、演出効果の低下、来場者の利便性の低下などをもたらす。したがって、安全管理とはこのバランスを保つ極めて重要な管理業務であり、リスクマネジメントはそのために有効なプロセスである。

　イベントでは、会期の遅れや、チケットの販売不足、タレント事情によるプログラム変更など、会場内の事故・事件以外でも幅広いリスクがあるが、次項より、制作段階でのスタッフの安全管理と、イベント開催時の会場における来場者の安全管理について記述していく。

（2）安全管理のプロセス

1）法的基準や規制の遵守

　イベントづくりの作業の安全や、会場運営・来場者の安全の基本は、法的基準や規制の遵守にある。

　イベントの会場設営やプログラム構成には、多くの各種規制が関係している。企画段階から、法的規制だけでなく、会場規制（会場の管理者による規制）や主催者規制（イベント主催者による規制）を理解しておく必要がある。また、監督官庁や会場施設などへの各種申請や許認可に必要な書類提出も各関係機関に早い段階から確認し、把握しておく必要がある。

2）危険予知・予測

　安全管理で、まず行うべきことは「危険予知・予測」である。イベントの関係者（制作者や参加者・来場者）にとって、どこにどのような危険があるか、その要因

をあらかじめ調べ、予知・予測する必要がある。「安全」はイベントにとって最優先の課題であり、「最初の取り組み」が「危険予知・予測」である。これによって、適切な対策を講じることが可能となる。

　イベントの危険予知・予測の方法には、次のような方法がある。

> 1．**順路・シーン別シナリオ法**：来場者の立場に立ってシナリオをつくる。
> 2．**ブレーンストーミング法**：ブレーンストーミングを行い、モレのないリスクの抽出を行う。
> 3．**チェックリスト法**：類似イベントのマニュアルなどをチェックリストとして利用する。

3）危険予防

　予知・予測された危険要因は取り除かれ、危険が起きないように予防される。しかし、単純に全ての危険要因が取り除かれるわけではない。

　危険予防は、まず予知・予測された危険要因に優先順位をつけて「危険要因の格付け」をし、危険度の高いものから順次、「どのような予防方法を、いつ、誰が行うか」を明確にし、準備・実行する。

　安全管理における危険予防の基本的な考え方は、リスクマネジメントの対策に基づいたもので、リスクの「回避」「低減」「保有」「移転」の4点がある（※第14節参照）。

　期間限定であるイベントでは、全ての危険要因に予防策を講じるのは現実的には難しい場合もある。限られた資源を効果的に使うためにも危険要因について十分に吟味して、優先順位をつけ、最適な対策を講じなければならない。

4）緊急事案発生時対応

　イベント会場における緊急事案発生時対応は、「①<u>救護・救命を最優先</u> ➡ ②<u>危険拡大の防止</u> ➡ ③<u>復旧の手立て</u>」の順で行う。

① 救護・救命を最優先にする

　何よりも人命を最優先することは当然のことだが、そのためには緊急事案発生時直後の適切で十分な対応策を講じておく必要がある。

　例えば近年、地球温暖化の影響もあり、夏のイベント会場における熱中症患者の多発が社会問題となっている。頻繁な水分補給の呼びかけや、ミストシャワー、日影用テントの設置など、十分な対策をとる必要がある。

　救護・救命の対応策としては、次のような点が挙げられる。

> **1．救急室・救急箱の用意**
>
> 　　ベッドがあり、外傷用の救急箱が用意されている（内服薬は処方してはならない）。個室がない場合はパーティション等でコーナーを区切る。
>
> **2．警察・消防との連携**
>
> 　　事前に十分な打ち合わせを行い、指導を受ける。
>
> **3．来場者への注意喚起**
>
> 　　「押さない、走らない」「安全への協力要請」など、来場者に対して的確な注意喚起を行う。
>
> **4．運営スタッフの教育**
>
> 　　十分な事前研修を行う。
>
> **5．運営組織の明確化と現場スタッフのチームワーク形成**
>
> 　　臨機応変な対応のできる体制を確立しておく。

② 危険拡大の防止

　火災における初期消火が極めて重要なように、危険拡大の防止も初期対応が重要である。的確な初期対応は、危険拡大を防ぎ被害を最小限にとどめることが可能となる。危険拡大の防止策としては、次のような点が挙げられる。

> **1．来場者を遠ざける（人的被害の防止）**
>
> **2．危険要因の把握と緊急対策本部等による組織的対応**
>
> **3．危機管理マニュアルの遵守**
>
> **4．来場者の群集パニックの防止**

　上記、危険拡大の防止策で特に重要なのが項目4の「**来場者の群集パニックの防止**」である。群集パニックは、群集（来場者）の「**情報不足による不安の増幅**」によって発生するため、防止策の第一は「**的確な情報の冷静で豊富な提供**」である。情報は場内放送（耳からの放送）だけでなく、制服を着た警備員やスタッフの案内誘導、非常口の表示、看板サインなど、目に見える情報提供も有効である。緊急時の警備員やスタッフの「強制的な案内・誘導」は、来場者に会場内が安全にコントロールされていて安心というイメージを与える上で有効であり、重要である。

③ 復旧の手立て

　危険がなくなり、再発の恐れもないことが確認されたら、復旧に取りかかる。復旧で問題となるのは復旧コストで、コストがかかりすぎると復旧を諦める場合もあ

る。また、コストにかかわらず復旧しなければならない場合や、復旧できない場合もあり、難しい意思決定を迫られる場合がある。

（3）安全管理の留意点

「安全は全てに優先する。安全なくして、品質も工程も予算もない」といえる。イベントの制作現場や会場運営で安全管理を遂行する上での留意点を、次に挙げる。

1．「安全第一」意識の徹底
全ての関係者・スタッフに安全意識の徹底を図る必要がある。安全は最優先事項であることを徹底する。

2．情報の共有と情報管理
危険・危機に関する情報はもとより、品質、工程、予算に関する情報を関係者・スタッフ全員で共有する必要がある。また、SNS社会では風評被害を防ぐための積極的な情報発信と情報管理が必要である。

3．安全管理の「見える化」
安全を重視し、安全管理を徹底していることを、目に見える形で示す必要がある。安全管理の看板やサインの掲出、制服警備員の配置やユニフォームを着たスタッフの案内・誘導を積極的に行うなど、会場内をコントロールしていることをはっきりと「見える化」することが重要である。

4．非常時のユニバーサル対応
イベント会場には、車いすを使う人、聞こえない人、見えない人、外国人、小さな子ども連れなど、いろいろな人がいる。非常時の避難経路の案内など、音声や日本語の文字だけでは情報が伝わらない場合もある。事前にアイマスクや車いすを使って避難訓練をしておく。ハード面での対応が難しい場合は、スタッフでサポート体制をつくるなどの準備が必要となる。

5．教育・訓練
イベントの安全管理のためには、知識だけでなく実務能力も重要である。そのためには教育・訓練は欠かせず、座学（教室での授業）と現場研修（会場現場での実習）のカリキュラムで実施する必要がある。

6．設備と装備
安全管理には、心構えや知識だけではなく、消火器やスプリンクラー、放送設備などの会場設備、およびヘルメットやインカム、スタッフ用の装備などの充実も重要である。

7．安全管理マニュアル

　安全管理マニュアルは、「危険予知・予測 ➡ 危険予防 ➡ 緊急時対応」をシミュレーションし書類化したものである。制作現場や会場運営現場を調べ、現場に即した安全管理マニュアルにする必要がある。

8．保険

　労災保険などの法律で決められた保険はもとより、イベントでの様々な危険要因を想定（予知・予測）し、保険には必ず入るようにする（※保険については第14節参照）。

第2章

イベントの企画と演出

第6節 イベントの企画書づくりとプレゼンテーション

6-1 「企画」と「計画」の違い

「企画」と「計画」の概念が曖昧なままに「企画書」や「計画書」が策定されることがあるが、企画と計画は、目的、役割、つくり方がそれぞれに違う。しっかりと確認しておく必要がある。

（1）企画の定義

イベントにおける企画とは、「**新たにモノやコトを考え出し、その基本的な構造や仕組みを明らかにしたもの**」と定義できる。

「新たにモノやコトを考え出し」とは、何らかの「新しさ・新規性」や「他とは違う何か・差異性」が必要だということである。新規性も差異性も、内容や程度は様々であり、それは**企画の核**となる「**アイデア**」や「**着想・発想**」といわれるものである。

「基本的な構造や仕組みを明らかにしたもの」とは、アイデアだけでは企画とならず、その構造や仕組みまでも明確にして初めて企画になるということである。ここでいう「**構造や仕組み**」とは、アイデアの実現性や有効性を示したもので、「6W2H」によるアイデアの具体化である。

（2）計画の定義

イベントにおける計画とは、「**企画を実現するための手段や方法を、プロセス（手順・段取り）で示したもの**」と定義できる。一般に、モノやコトを実現するためには、いくつかの作業を組み合わせて遂行しなければならないが、計画とはそれらの作業の内容と相互の関係性を明確にした上で、時系列的な作業手順を策定したものである。

モノやコトは実現することが重要であり、手段や方法は確実な実行・実現を目指して策定される。

6-2 イベントの企画立案

（1）イベントの企画立案の特性

1）企画立案の制約

イベントの企画立案にあたっては、次のような制約がある。

> **1．コンプライアンスの徹底**
> 　イベントは多様な参加者・来場者を集めるという点で、極めて社会的な行為である。法令遵守はもとより、社会的倫理にも配慮する。
> **2．6W2Hの面での制約**
> 　特に、Where（開催場所や空間）、When（開催時期と制作期間）、How（制作方法・技術）、How much（制作予算）は大きな制約となる。
> **3．プロジェクトの制約**
> 　イベントは一人ではつくれないし、制作期間も限られている。どのような制作・運営体制が可能かを見極めた企画立案が必要となる。

2）多岐にわたる企画構成要素

　イベントの企画は、時間と空間の相乗効果の追求が求められる。時間・空間をどのように構成し提供するか、その内容も多岐にわたる。会場構成、プログラム構成、運営構成、いずれも多彩な立案を必要とし、なおかつ、それらの相乗効果が求められる。

（2）アイデア発想法

　企画の核となるアイデアは、どのようにしたら生まれるのであろうか。アイデアを生む方法は人それぞれ千差万別と思われるが、実はそれを生み出す基本的な原理は似通っている。

1）アイデア発想の定義

　アイデア発想について、米国のジェームス・W. ヤングが1940年刊の著書に記した有名な定義がある。

> アイデアとは、既存の要素の新しい組み合わせである[1]。

＊1 引用、＊2 参考：ジェームス・W. ヤング、今井茂雄訳『アイデアのつくり方』TBS ブリタニカ 1988 年

　この定義からわかることは、既存の要素、つまり「既にある知識や情報を新しく組み合わせることでアイデアが生まれる」ということである。逆に言えば、「知識や情報が全くないところからはアイデアは生まれない」というもので、「思いつき」や「閃き」にも、必ず素となる知識や情報が必要だということを示している。世の中に既にある知識や情報を頭の中に入れておくことが、アイデア発想の第一歩であることがわかる。膨大な知識と情報を頭に入れた上で、膨大な新しい組み合わせを行うと、膨大なアイデアが出るという理屈になる。

▶ 図表 6-1　アイデア発想の仕組み

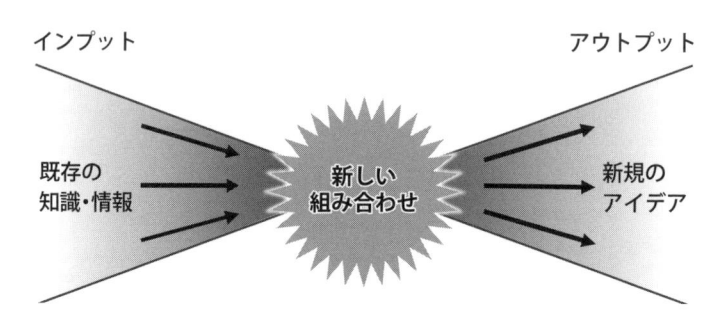

　このアイデア発想の仕組みを生かしているのがプロフェッショナルなプランナーである。常に多くのアイデアを生み出すことを求められる職業としてのプランナーがまず行っていることが、アイデア発想の準備行動、つまり既存の知識や情報のインプット作業である。

2）アイデア発想の準備行動

　アイデア発想の準備行動としては、現代社会で膨大に溢れている情報の中からアイデアの素となりそうなものを集めてくる**カラーバス効果**を利用する。カラーバスは、「color：色」を「bath：浴びる」、つまり色の認知に由来する言葉で、例えば「部屋の中にある赤いものを3つ挙げなさい」という指示を受けると、今まで気にしていなかった赤いものを見つけ出そうとする効果である。

　具体的には、イベント企画のヒントとなりそうなニュースや街なかでの流行、SNSのトピックスなど、興味のアンテナを立てて、その中で気になること・気づいたことを記録していく。その時には覚えていても常に上書きされるのが脳の習性であるため、記録をとることが大切である。

3）アイデア発想のプロセス

　日々アイデアの素を収集した上で、具体的に提示されたテーマのアイデア発想にとりかかる。アイデア発想のプロセスは、5段階に整理することができる[*2]。

第1段階：「資料の収集」

　求めるアイデアに関する知識（資料や情報）をできるだけ多く集める。

第2段階：「資料の分析・加工」

　集めた資料をまとめ、図解するなど、分析・加工する。具体的には、既存の知識・情報同士を組み合わせたり掛け合わせたりする。今までにない新しいイベントを考える際でも、既にある様々なものを新しく組み合わせてみることで、思いもよらない面白いアイデアが生まれる可能性がある。

　第1段階と第2段階は「**思考没頭期**」であり、頭脳をフル回転させている段階であるが、この段階ではなかなかアイデアは閃かない。

第3段階：「無意識下・潜在期」

　一旦アイデア発想のことは忘れ、休憩し気分転換を行う。この時、脳は無意識のうちにアイデア発想について考え続けているといわれる。人間の脳には「未完の課題についての記憶は、完了した課題についての記憶より想起されやすい」という特性（ツァイガルニク効果）があり、第3段階はこの特性を活用したものといえる。

第4段階：「アイデアの閃き・啓示期」

　何らかのきっかけで、突然アイデアが閃く。よいアイデアは、アルキメデスの閃きの例のように、考える対象に集中しすぎずリラックスして脳が自在に動いている環境で閃きやすい。

第5段階：「仕上げ・証明期」

　閃いたアイデアを、実務に役立つ形に整えて仕上げる。

▶ **図表 6-2　アイデア発想の 5 段階**

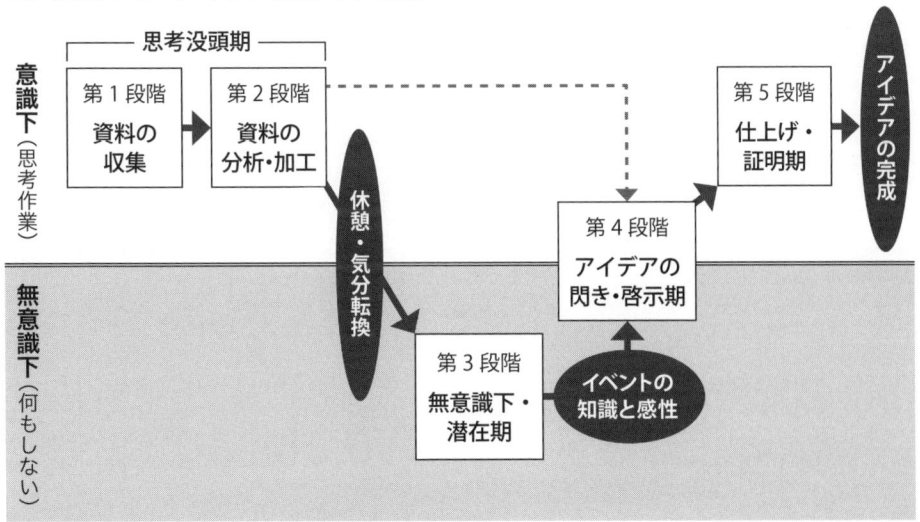

4）ブレーンストーミング

　基本的にアイデアは一人で考えていくが、一人の頭の中での作業だけではおのず
と限界がある。そこで、ある程度の状態となったらブレーンストーミングを行う。
ブレーンストーミングは「ブレスト」ともいわれ、複数人が各自アイデアを持ち寄
り、自由に意見や思いつきを出し合って一つのアイデアに収斂させていくという、
よく使われる手法である。自分とは違う考え方・発想をもつ人とアイデアを出し合
い意見を交換することで、自分だけでは気づけなかった視点や着想を得ることがで
きる。

　ブレストには、次のような4大ルールと実施ポイントがある。

ブレーンストーミングの4大ルール

　1．自由奔放に意見を出す

　2．他人の意見を批判しない

　3．他人のアイデアへの便乗・改善の奨励

　4．アイデア素材の量を重視する

ブレーンストーミングの実施ポイント

　1．ファシリテーターの設置

　　　ファシリテーターとは、積極的に発言を促す一方、会議の方向性の
　　脱線を防ぐ役割を指す。「司会者」ではない。

　2．ツールの活用

　　　ホワイトボードや付箋などを活用し、メンバーの意見を書き出し一
　　覧できるようにする。

　3．グルーピングとネーミングを行う

　　　共通性のある意見を一括りにし、タイトルづけ（ネーミング）を行
　　う。

　4．結果を残す

　　　ホワイトボードは写真に撮り、付箋はグルーピングして残す。

　ブレスト手法でチームでアイデア会議を行う場合、その構成にはスタートからゴールまで、次のような4段階のフェーズがある。

> **フェーズ1　共有**：目的・ゴール・進め方、基本情報をメンバー内で共有しつつ、信頼関係を醸成させる。
>
> **フェーズ2　拡散**：発想やアイデアを全て出し尽くす。相手を否定せずに、自分も思いつくことをざっくばらんに表現していく。
>
> **フェーズ3　収束**：いろいろ出てきたアイデアの要素を紐解き、分類整理しながら、課題に沿っていくつかの方向性にまとめていく。
>
> **フェーズ4　統一**：整理し方向づけされてきたアイデア群から結論を出して、メンバーの意思統一を図る。

▶ **図表6-3　アイデアを生み出す会議の構成**

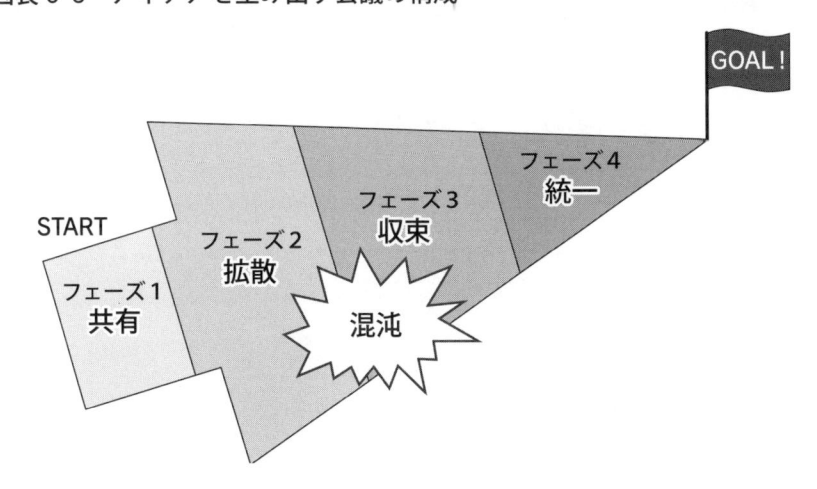

　フェーズ2でアイデアを拡散する手法の一例としてチェックリスト法がある。チェックリスト法は、あらかじめ作成した項目に照らして検討し、様々な角度からアイデアを発想する方法である。有名なものに、アイデア創出のチェックリストとしてつくられた「**オズボーン**[*3]**のチェックリスト**」があり、イベント企画・演出のみならず、広告表現制作や新製品・サービス開発の発想に使われている。

図表6-3　引用：岡田庄生（博報堂コンサルティング）「ファシリテーション力養成講座」
＊3　オズボーン：Alexander Faickney Osborn（1888〜1966）。米国の実業家。広告代理店BBDO社の設立者の一人。ブレーンストーミングの考案者でもある。

オズボーンのチェックリスト
1．他に使い道はないか？
2．応用や真似はできないか？
3．修正したら？
4．拡大したら？
5．縮小したら？
6．代用したら？
7．アレンジし直したら？
8．逆にしたら？
9．組み合わせたら？

つまり、一旦思いついたアイデアをさらに連想・応用・修正・大小・代用・逆・組み合わせなど、頭の中で激しく動かしてみる。その中から斬新な着想が生まれる可能性がある。

そして、フェーズ2「拡散」とフェーズ3「収束」の間で、必ずと言ってよいほど混沌とした状況が起きる。それはよりよいアイデアを求めてのポジティブな混沌であり、その混沌の中からこそ素晴らしいアイデアが生み出される。

フェーズ4「統一」で、整理し方向づけされてきたアイデア群から結論を出して、メンバーの意思統一を図りまとめ上げる。

（3）戦略的な企画立案

一般に企画は、主催者が抱える課題解決のために立案される。そのため有効性が強く求められ、戦略的な企画が必要とされる。戦略的な企画とは、主催者の課題や社会環境、市場環境を的確に把握し、**競争に勝つ**ことができ、一定の目的や役割を果たすものである。

一般に、社会や市場を理解する方法には、**時間（フロー）**と**空間（マトリクス）**の2つがある。時間と空間のどちらか、あるいは組み合わせによって、主催者が置かれている状況や市場の特性、競争優位な位置づけが明確になる。

戦略のための状況把握・整理手法としては、マトリクスによる分析手法が効果的である。マトリクスは、状況の概念を空間的な関係性で示したものである。主に状況判断・分析に使う場合が多く、複雑な構造のものを、それぞれの関係性に従って位置づけ、一覧できるように可視化する。

1）SWOT 分析

　自社（内部要因）の**強み**（**Strength**）と**弱み**（**Weakness**）は何か、社会・市場（外部要因）の**機会**（**Opportunity**）と**脅威**（**Threat**）は何かをマトリクスで整理し、全体を俯瞰する方法である。俯瞰することによって戦略的な企画の策定が可能となる。具体的には、「自社の強みで、脅威を回避する企画は何か」というように、自社と市場環境の関係性をもとに企画を立案するものである。

▶ 図表 6-4　SWOT 分析の例

▶ 図表 6-5　SWOT 分析による戦略の方向性の例

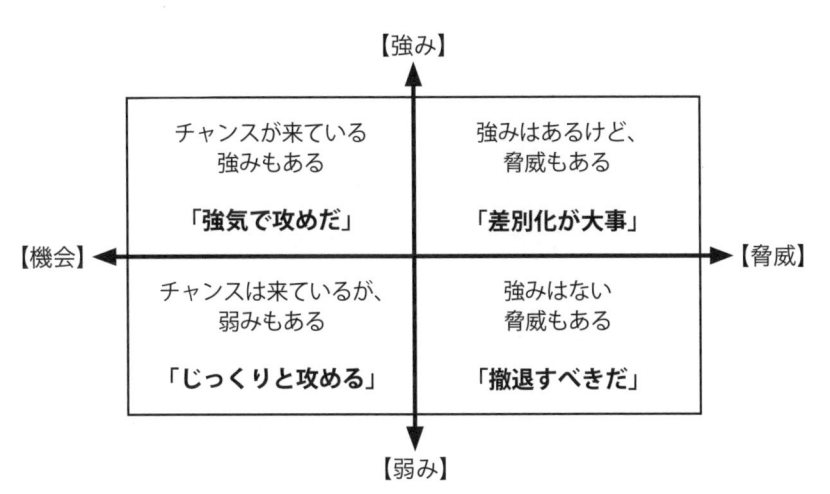

2）ポジショニング分析（ポジショニングマップ）

ポジショニング分析とは「企業や商品を、市場や消費者のイメージ空間に、競争相手を考え、消費者ニーズに基づき、有利な条件で位置づける、分析・確認と発想のための手法」である。

中央で交差した縦横2本の座標軸（評価軸）がつくるマトリクス（4象限）のどこかにポジションを描くことによって、市場や消費者に対する位置づけや競合他社との関係性を可視化する。

▶ **図表 6-6　ポジショニング分析（ポジショニングマップ）の例**

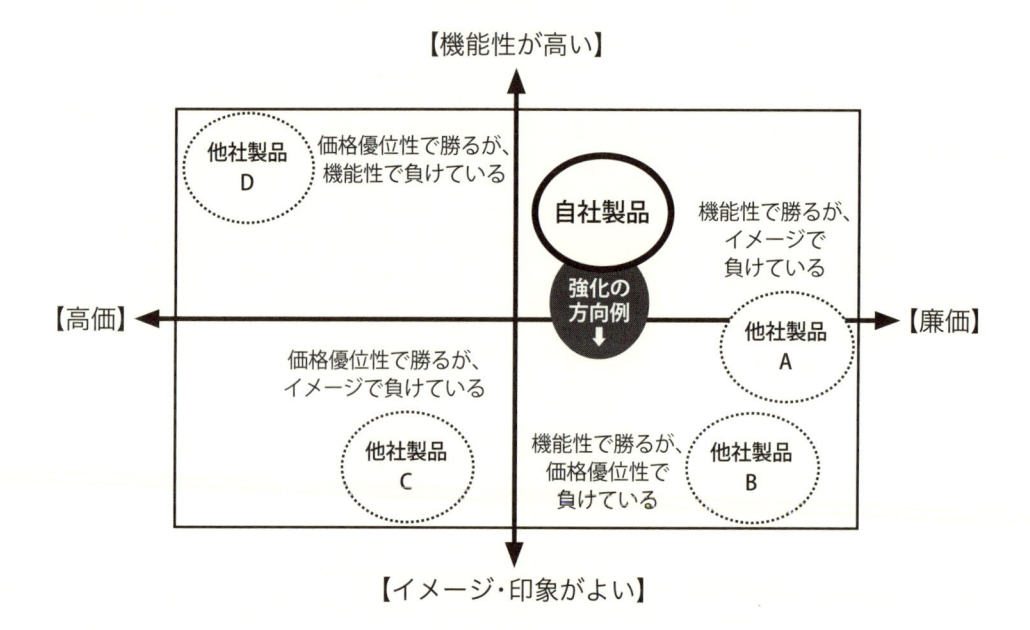

イベント企画書の策定

6-3　それぞれで異なる企画書のスタイル

(1)「エージェント型」と「プロモーター型」

　どのようなイベントでも、実施にあたり、最初に取りかかるのが企画書の制作である。ただし、イベントごとに企画書で求められるものに違いがある。

　イベントの企画書には、大きく分けて、制作を担う「**エージェント型**」と、自主的に興行を行う「**プロモーター型**」の場合がある。一般に、エージェントは代理人、プロモーターは主催者を意味する言葉である。

▶▶ 図表 6-7　イベント企画書の制作構造（自主興行イベントはコンサートを事例とする）

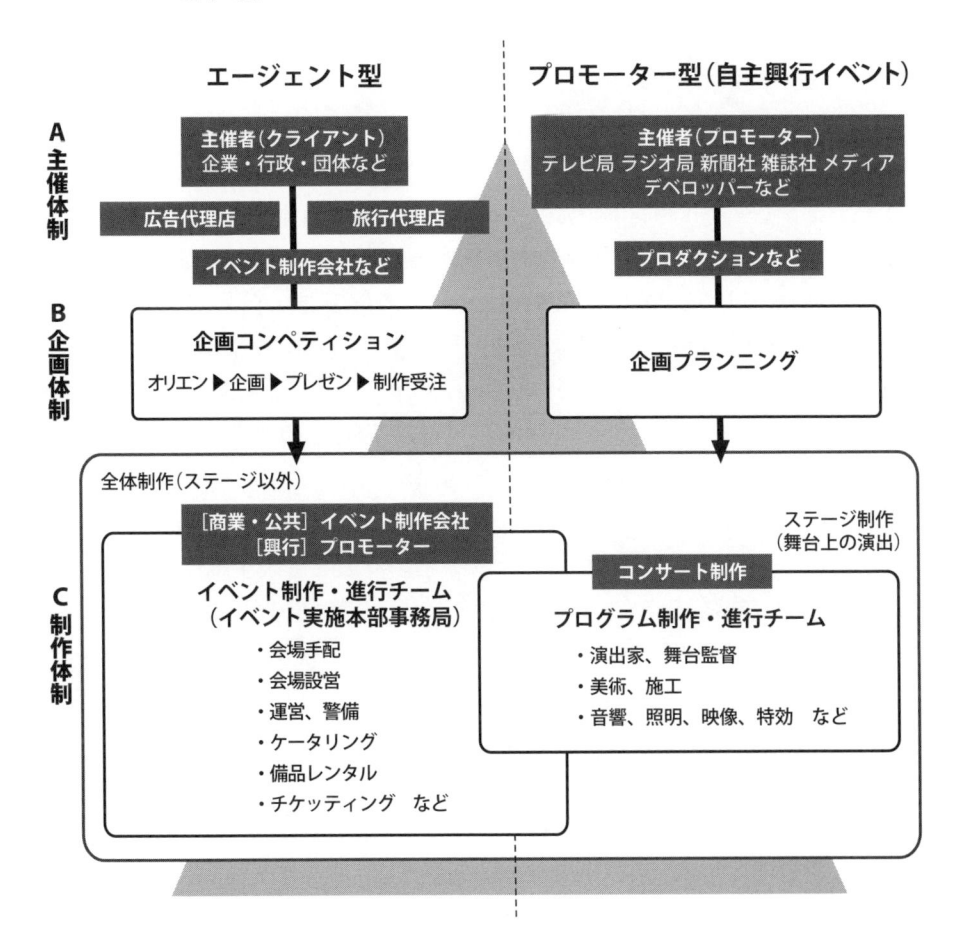

1）「エージェント型」「プロモーター型」の共通点

「エージェント型」イベントも「プロモーター型」イベントも、イベントの種類として違いはあるが、制作の体制そのものは概ね同じような構造となっている。

図表 6-7 の「C 制作体制」のとおり、大きくは 2 つのチームがある。

一つは、イベントの全体制作を仕切る「**イベント制作・進行チーム**」で、「**広義の運営**」を担う。「**広義の運営**」とは、全体の計画・制作・運営を担当し、トータルに推進・調整・管理していく業務である。またイベント開催中は「**イベント実施本部事務局**」を設け、「**狭義の運営**」を担う。「**狭義の運営**」とは会場のコントロール、参加者・来場者のコントロールで、来場者に「安心・安全」「快適」「円滑」にイベントを体験してもらうことである。

もう一つは、来場者の目的であるプログラム体験を担う「**プログラム制作・進行チーム**」である。プログラムをスムーズに推進し、来場者に感動を与え、コンテンツ全体の責任をもつクリエイティブな業務である。

2）「エージェント型」「プロモーター型」の相違点

「エージェント型」イベントと「プロモーター型」イベントは、主催者および制作者との関係性、そして企画から受注に至るまでの発注の仕組みの 2 点で大きく異なる。

「エージェント型」イベントでは、**行政や企業、各種団体等が主催者となり、広告代理店などのエージェントに制作を委託する**。イベント制作の委託は多くの場合、企画コンペにより行われる。企画コンペにより評価されイベント制作を受託したエージェントは、「イベント制作・進行チーム」「プログラム制作・進行チーム」を招集する。

対して、「プロモーター型」イベントは、**テレビ局などのメディア企業が自ら主催者として自主興行イベントを行う**。

両者の違いは、ビジネスとしての考え方にもある。「エージェント型」は、クライアントファーストの考え方で、クライアントの課題を解決するためのソリューションビジネスである。イベントの制作資金もクライアントが提供し、イベントづくりを行う。その意味でサービス業といえる。

対して「プロモーター型」は、自らが海外のトップアーティストを日本に招聘するなどし、会場を押さえチケットも販売する。多くのリスクを背負いながらもビジネスにチャレンジしていくため、まさに興行ビジネス業である。

このような違いがあるため、企画書の内容もイベントごとに異なるのである。

（2）イベント企画書の基本的な策定内容

　定期的に開催するイベントや小規模なイベントの場合、時間的な合理性から企画書と実施計画の2段階で策定する。したがって企画書は、基本構想と基本計画の役割も兼ねたものといえる。

　イベントの企画書を策定する上で重要なポイントは、次の3点である。

> 1．イベントの「基本的考え方」や「進むべき方向」が提示されている
> 2．6W2Hが整合性ある内容で構成されている
> 3．準備・制作作業の手段と方法が示されている

　企画書は、次に続く実施計画がすぐに進められるように具体的な指針や手段・手法、検討課題が明確にされていることが重要である。

　企画書は、プレゼンテーションを伴って提出されるとは限らず、関係者間を「独り歩き」することもある。したがって企画書は、モレなくダブりなく、メリハリが効いてわかりやすく、魅力あるイベント内容とその実現手段・方法が示されていることが必要である。

（3）信頼を獲得するための3要素

　企画を実施に結びつけるためには、クライアントである主催者と信頼関係を築くことが重要である。企画書は、その信頼関係を築くための第一歩といえる。この信頼獲得のためには、3つの要素「理解力」「提案力」「実行力」の説得力ある提示が必要である。

> 1．「理解力」の提示による「安心感」の獲得
> 　イベントの目的や背景要因（商品・市場・社会動向など）を理解した上で、企画立案したことを示し、安心感を得る。
> 2．「提案力」の提示による「期待感」の獲得
> 　イベントの「新しさや、他とは違う何か」を提示し、期待感を得る。
> 3．「実行力」の提示による「信頼感」の獲得
> 　企画案が確実に実現可能であることを、きめ細かく丁寧に説明し、信頼感を得る。

（４）企画書のページ構成

企画書をわかりやすく説得力あるものにするには、次に挙げるように、序盤、中盤、終盤の各々に明示される内容の順番が極めて重要となる。

１．企画書の序盤＝理解力の提示

　企画書の序盤は、表紙、与件、背景要因、考え方などで構成される。ここでは与件の正しい理解、クライアントの置かれた市場の背景、企画の根拠などを示して安心感を与えることが目的である。箇条書きや図解を用いて提案者の「理解力」を提示する。

２．企画書の中盤＝提案力の提示

　企画書の中盤は、コンセプトや具体的な実施内容で構成される。提示された課題に対して、最も効果的で魅力的な内容であることを伝える役割を担っており、「提案力」を提示するものである。具体的な実施内容は、動画や写真、イラスト、パースなどで魅力的にわかりやすく表現する必要がある。

３．企画書の終盤＝実行力の提示

　企画書の終盤は、実施可能な運営計画、組織計画、制作スケジュール、予算計画などで構成され、「実行力」を提示する。提案の実現の可能性が低ければ、クライアントの信頼は得られない。

➤ 図表 6-8　企画書の一般的なページ構成

序盤	①表紙	企画書タイトル、提案先名、提案者名、提案年月日など。
	②与件	企画立案依頼内容やオリエンテーション内容の再確認。
	③背景要因	市場背景等、主催者の課題や問題をデータなどで示す。
	④基本的な考え方	企画立案のコンセプト策定の考え方、与件や市場の背景から考察した企画の方向性を箇条書きで簡潔に示す。
中盤	⑤タイトル/コンセプト/テーマ/キャッチフレーズ	企画の基本的な考え方を簡潔な文章で表現したもの。
	⑥行・催事プログラム内容	プログラムのタイトルを記した上で、内容を説明する。動画や写真などを使って表現する。
終盤	⑦運営計画	参加者と来場者にとって無理のない運営内容と運営スケジュールを示す。安全対策視点を重視して策定する。
	⑧組織計画	指揮命令系統や責任の所在を明確にした、管理組織体制と運営組織体制を提示する。
	⑨制作スケジュール	イベントの内容項目ごとの制作日程。各項目間の相互関係、主催者との会議日程など、一覧表にする。
	⑩予算計画	イベントの内容項目ごとの予算表。予算配分の根拠を示す。

6-4　企画立案と企画書づくりのポイント

　企画立案とは、与件を確認し、企画背景を分析し、目標を明確にした上で、アイデアを抽出し、企画を策定し、実現方法を提示する作業である。

　優れた企画立案・企画書策定には、次の5つの基本業務を着実に実行しなければならない。5つの基本業務とは、**企画背景の把握**、**成果目標の設定**、**コアアイデアの案出**、**プログラムの構成**、**フィジビリティーチェック**である。

（1）企画立案の手順

1）企画背景の把握

　クライアントの市場環境や消費者動向を分析し、企画の基本的な方向性を絞る。企画背景の分析や整理・把握作業の中で核となるアイデアが閃き、根拠のある説得力をもつものとなることもあり、背景の分析・整理・把握は重要な作業といえる。

2）成果目標の設定

　成果目標の設定とは、その依頼に対して「こうなったら成功だ」という「結果」としての「状態」を関係者が共有できるようにすることである。最初に「成功の状態」を具体的にイメージすることによって、アイデアの基準が定まる。したがって、「成果目標はアイデアの判断基準となる」といえ、企画立案・企画書策定作業の「土台」となる。

3）コアアイデアの案出

　成果目標が設定されたら、「アイデアを出す」という「アイデア会議」に入る。クライアントの望む「成果」に対して、最適な方法を考える。この**「コアとなるアイデアを出す」**ことは、最も重要な仕事である。

4）プログラムの構成

　コアアイデアを案出したら、イベントプログラムのための企画作業に入る。アイデアを具体的な時空間に現出させ、展開し、魅力的な形にする必要がある。そのポイントには、次の3つがある。

1．時間演出と空間演出の効果的な展開

　イベントプログラムは、時間と空間が組み合わされ演出されたものである。「会場の入口から出口まで」や「一つの展示空間やステージ」の時間と空間を効果的に演出し、目的とするメッセージや情報を印象深く伝達できるプログラムを構成する。時間と空間の構成の考え方には「起承転結*4」「AIDMA*5」「SIPS*6」など様々なものがある。

2．プログラムテーマの明確化

　プログラムテーマとはメッセージであり、来場者に効果的に伝える必要がある。その表現は明確な意味をもち、わかりやすいものでなければならない。

3．プログラムの企画表現

　プログラムは、展示プログラム、ステージプログラム、運営プログラムなどだが、それぞれに独自の企画表現方法がある。展示プログラムの企画表現は基本設計段階のゾーニング図や平面レイアウト、パースなどを組み合わせたものである。大切なのは、企画意図が魅力的に伝わることであり、詳細は実施設計段階で策定する。

＊4　起承転結：漢詩の構成手法。第一句で言い起こし、第二句でその内容を受け、第三句で意を転じて、第四句で詩全体をまとめた結末をつけるというもの。転じて、物事や文章の順序、組み立てについての考え方となった。

＊5　AIDMA（アイドマ）：消費者の購買決定までのプロセスを示すモデル。Attention（注意を引く）、Interest（興味をもたせる）、Desire（欲しがらせる）、Memory（記憶させる）、Action（買わせる）の頭文字をとったもの。

＊6　SIPS（シップス）：ソーシャルメディア時代の生活者消費行動モデル。Sympathize（共感する）、Identify（確認する）、Participate（参加する）、Share&Spread（共有・拡散する）の頭文字をとったもの。電通モダン・コミュニケーション・ラボが提唱した。

5）企画案のフィジビリティーチェック

フィジビリティーとは、「**実現可能性**」という意味だが、企画書に記載された企画案（プログラム構成案）は全て実現可能なものであることが求められる。アイデア発想とそのプログラム化は、常に実現可能性の検証を伴わなければならない。

企画書策定における主たるフィジビリティーチェック項目は、次の4点である。

1．技術的フィジビリティー

ICT や AI など、科学技術や製造技術が高度に発達した現在では、ほとんどのイベントアイデアは技術的には実現可能だと言って過言ではない。しかし、技術的フィジビリティーチェックで重要なのは「**安全性の確保**」である。技術的に可能であっても、安全性に問題があれば実現可能とはいえない。

2．制作日程的フィジビリティー

制作期間が限定されているイベントでは、技術的に可能であっても制作日程的に不可能なことがある。その場合、制作体制の変更、デザインや素材などの仕様の変更によって制作日程の短縮を図ることもある。

3．予算的フィジビリティー

十分な予算があれば技術や制作日程の壁を越えることができる。一方で、イベントの実現・開催において最も課題となるのも予算である。詳細な仕様書や見積書などを共有し、常に実現可能な予算を検証する必要がある。

4．コンプライアンス・フィジビリティー

著作権や意匠権、消防法や道路交通法、建築基準法など、イベントには遵守しなければならない法規が数多くある。過去に経験のない新しいプログラム演出案の場合は、重点的に関連法規を調べ、違法な点はないかを確認する。個人情報保護法、警備業法、労働者派遣法、暴力団対策法など、イベントに関連する法規は多岐にわたるため、確認作業が重要である。

プレゼンテーション

プレゼンテーション（プレゼン）とは、クライアントに**「特別に説明し理解してもらう機会」「特別に説得し納得してもらう機会」**であり、企画案をクライアントに直接訴求できる貴重な機会である。それだけに企画案承認の可否を左右する重要な場といえる。

企画コンペにおいては、プレゼンの良し悪しで結果が左右されるといわれるほど、プレゼンの役割は大きい。

6−5　プレゼンの本質と特性

プレゼンには、次のような本質や特性がある。

1．企画の実現性を確認してもらう場

企画書だけでは、クライアントに企画の実現性を確信させることは難しい。プレゼンは、提案者が企画への情熱と人となりを見せて、クライアントにその実現性を確認してもらう場である。

2．特別に説明を聞いてもらう場

プレゼンは、クライアントに特別に説明を聞いてもらう場である。好機である一方、相手から期待されているということでもあり、求められていることを的確に提示しなければならない。

3．臨機応変な対応ができる場

プレゼンは、見える相手から表情や態度、質問などのフィードバックがあるため、それに合わせた臨機応変な対応ができる場である。プレゼンは一方的な説明の場ではなく、コミュニケーションの場であることを忘れてはならない。

6-6 効果的なプレゼン手法

（1）プレゼン戦略を立てる

　プレゼンに成功するためには戦略が必要である。また、企画案も戦略的に立案されたものが必要である。

　プレゼン戦略の基本は、**安心感・期待感・信頼感**を獲得することだが、それを短時間のうちに獲得しなければならないところにプレゼンの難しさがある。

　プレゼン戦略のポイントには、次のような点が挙げられる。

> **1．相手を知る**
> 　クライアント側の出席者やその人たちの関心事を検討し、プレゼンの重点を決める。オリエンテーション内容や社会・市場背景を分析することによって、関心事から外れないようにする。
>
> **2．重点的にプレゼンする部分を決める**
> 　クライアントの関心事が重点部分であることは言うまでもないが、その他にも、自社の強みや、クライアントが知らない部分、気づいていない部分も重点部分になり得る。プレゼンには明確なストーリーや起承転結が必要であり、流れを構成する必要がある。
>
> **3．自社の強みを強調する**
> 　プレゼンで自社の強みを強調する際は、重点部分に資源（ヒト・モノ・カネ・情報）を集中させることができるなど、その具体的な手段・方法を示すことが重要である。
>
> **4．モレ・ダブリのない全体構成**
> 　多岐にわたるプレゼン内容であっても、重点部分以外をおざなりにしてはならない。モレなくダブリなく行うことが大事なのは、企画書と同じである。

（2）プレゼンテクニック

　プレゼンの本質は、わかりやすく説得力ある話を物語ることである。安心感・期待感・信頼感を獲得するプレゼントークには、次の2つの原則がある。

1）プレゼントークを視覚化する

　プレゼントークの大きな特徴は、**「視覚に訴える話術」**であり、プレゼンテーターと企画内容の両方を見せて安心感・期待感・信頼感を獲得することである。具体的には、次の3つの方法を用いる。

> **1．企画書の視覚化**
> 　企画書はレイアウトやデザイン、ページ構成などを十分に考えてつくる必要がある。また、簡潔なキーワードや図解（構成図やフロー図）に整理して示し、文章はそれらの補足説明程度に少なくすると一般に効果的である。
>
> **2．動画ソフトなどによる視覚化**
> 　PowerPointや動画ソフトを使うのが一般的になっている。プレゼンの順を追って、企画書の各ページのキーワードや説明すべき図解、図面、パース等をピックアップし、強調する。また、動画や音楽・音声等を使い、プレゼン効果を高める工夫もできる。
>
> **3．実物による視覚化**
> 　企画書もスライド・動画もイメージの世界であり、実物による説明には及ばない。プレゼンで多用されるのは会場模型や設営部材のサンプルなどであり、アトラクティブに演出する上で役に立つ。

2）順序立てて話をする

　聞き手が理解しやすいように、プレゼン全体をストーリー構成し、その各部分もまた順序立てて話すようにする。

　効果的なストーリー構成の基本は次の2つである。なお、プレゼンでは臨機応変の対応が必要なため、いずれの型も詳細なシナリオではなく、ラフな進行表（シノプシス）をつくっておくとよい。

① 起承転結型プレゼン

　起承転結は、プログラム構成だけでなく、プレゼンストーリーの構成にも応用されている。プレゼンにおける「起➡承➡転➡結」の各部分は図表6-9のような役割をもっている。

▶ 図表 6-9　イベントのプレゼンにおける起承転結

起	挨拶・予告・つかみ
	プレゼンの**挨拶**とこれから話す内容の**予告**であるが、「**つかみ**」が大切で、最初に聞き手の心をつかみ、関心を引き寄せる必要がある。ただし、短時間で済ませる。
承	短い本論：企画背景・考え方・コンセプト＆テーマ
	最初に企画背景を簡潔に述べ、次に企画の考え方とそれに基づくコンセプトやテーマを述べる。プレゼンの重要部分であり、**的確・簡潔・印象的**な言葉で話す。
転	長い本論：会場・プログラム・運営の具体案
	聞き手が最も関心を寄せる部分なので、じっくりと説明する。**会場**デザイン構成、**プログラム**内容、**運営**内容ともに、平面図、パース、動画、写真、イラストなど視覚化した資料（ビジュアルツール）を駆使する。重要部分を中心にテンポよく説明する。
結	実現性・まとめ
	スタッフ体制、制作スケジュール、予算計画などを一覧表で示し、キーポイントを簡潔に説明する。最後に、「承」と「転」の重要部分を箇条書きや図表で示し、再度、強調して終わる。終わりの挨拶ははっきりと述べる。

② ピラミッド型プレゼン

　ピラミッド型プレゼンとは、最重要部分である結論、その論拠、最後に具体案という順に展開する方法である。「結論 ➡ 論拠 ➡ 展開」の順に上から下へ説明量が増えるので、ピラミッド型になる。

▶ 図表 6-10　イベントのプレゼンにおけるピラミッド型論理展開

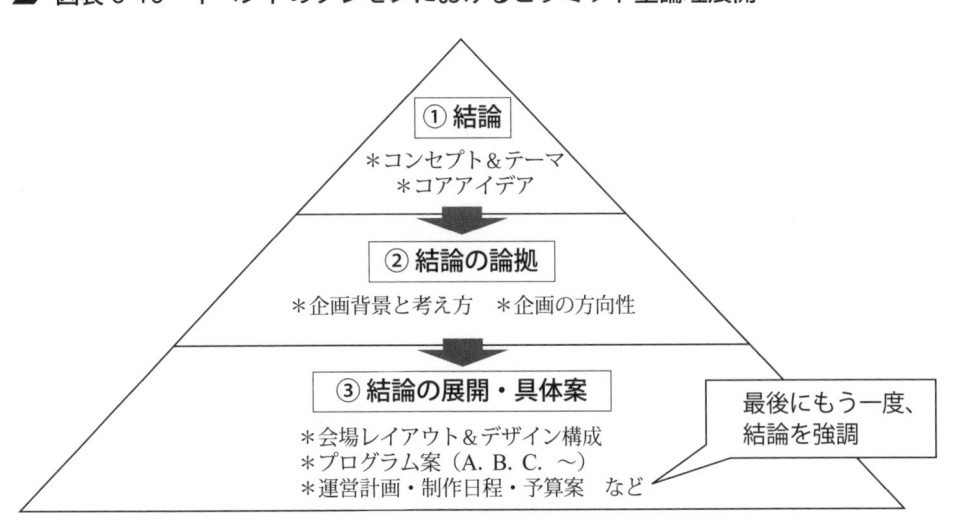

第7節 イベントの演出

　イベントの演出とは、「主催者が伝えたいモノ・コト・メッセージをよりわかりやすく、印象的・効果的に伝えるための"手法"」であり、イベント全体のコミュニケーションを豊かにするための重要な要素である。

7-1 イベントにおける全てが「演出」である

　一般的に、イベントの演出は"ステージに関わるもの"と捉えられがちだが、その範囲は極めて広範であり、ステージだけでなく、環境・装飾・受付・飲食・衣装など、イベント全体に関わるものである。イベントは単なるプログラムや出し物だけでなく、また単なる視覚的な要素だけでもなく、来場者が感じる雰囲気や体験全体が重要である。つまり、イベントを取り巻くあらゆる要素が「演出」である。

7-2 イベントの演出の概念

　「イベントの演出」は、一般的には感覚的で形のないものと捉えられがちだが、あくまでコミュニケーション手法の一つである。

▶ 図表 7-1　イベント演出の流れ

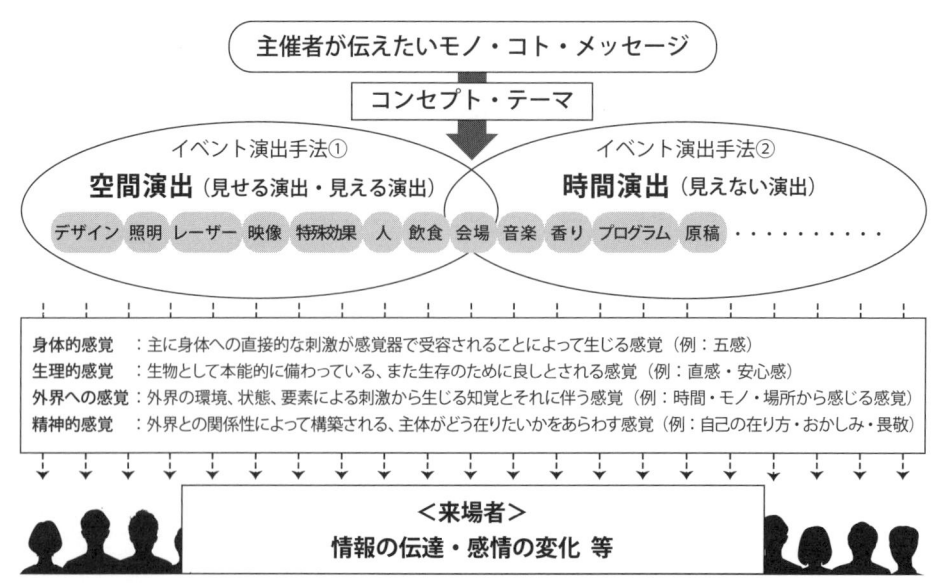

作成：近藤大輔（※図は再作成。一部文言加工）

（1）主催者が伝えたいモノ・コト・メッセージ

　イベントの演出の基本は、伝えたいメッセージを明確にすることである。イベントは、主催者が伝えたいモノ・コト・メッセージをよりわかりやすく、印象的・効果的に伝えるための手段であり、そのメッセージが参加者・来場者に鮮明に伝わることが重要である。

（2）コンセプト・テーマ

　イベントの演出を通じて、メッセージをよりわかりやすく、印象的・効果的に伝えるためには、「コンセプト・テーマ」の設定が欠かせない。「コンセプト・テーマ」があることでイベント全体を通じて一貫性のある演出が可能になり、参加者・来場者にメッセージをより印象的・効果的、そして魅力的に伝えられる。

（3）イベントの演出手法

　イベントの演出手法を大きく「空間演出」と「時間演出」の 2 つに分類して考える。

1）空間演出（見せるもの・見えるもの）

　空間演出は、物理的な要素に焦点を当て、五感や感情に訴えかける手法で「見せるもの＝ステージ 等」「見えるもの＝会場・空間 等」に分類することができる。具体的な手法としては、次のものが挙げられる。

> ・会場　・ステージ装飾　・展示装飾　・照明　・レーザー　・映像　　など

2）時間演出（見えないもの）

　時間演出は、見えない要素に焦点を当て、五感や感情に働きかける手法である。具体的な手法としては、次のものが挙げられる。

> ・音楽　・香り　・照明　・プログラム　　など

図表 7-1　表内一部文言引用：：パナソニックホールディングス HP「『kansei Augmentation に関わる領域円環図』の公開データ化について」
https://tech.panasonic.com/jp/auglab/news/20200214.html（2024 年 8 月現在）

139

7-3　主なイベントの演出手法

　イベントの演出には、様々な手法が活用される。「イベントにおける全て」が演出であるため、その手法には無限のバリエーションがあるが、一般的に使われる主なイベント演出手法について紹介する。

➤ 図表7-2　主なイベントの演出手法

演出手法	内容
音楽	音楽は、イベント演出において重要な要素の一つ。適切な BGM やライブパフォーマンスは来場者に感動や興奮を与え、空間の雰囲気を大きく左右する。逆に無音を効果的に使うことで、空間そのものの雰囲気を感じさせたり、緊張感を与えたり、集中力を高めたりすることもできる。
照明	照明は、明るく照らすのみならず、色彩などで視覚的な魅力を高め、雰囲気を演出することが可能である。また暗転を効果的に使うことで、来場者の視覚以外の五感を高めさせることもできる。
レーザー	レーザーは、特に大規模なコンサートや企業イベントなどで利用され、来場者に強烈な印象を残す。近年は、人体に害のない光を用いた機材なども開発されている。
映像	プロジェクターや LED などを使って映像を映し出すことで、情報の効果的な伝達やストーリーテリングを行うことができる。会場を包み込むような配置にすることで、より感情に訴えかける演出も可能となる。
特殊効果	特殊効果は、CO_2、スモーク、花火、キャノン、バルーンドロップ、紙吹雪、炎、水など、多種多様な方法が存在する。それによって、来場者に驚き、感動、華やかさなど様々な効果を与えることができる。
香り	香りは強力な感覚であり、来場者の感情や思い出に訴えかけることができる。イベント会場に特定の香りを取り入れることで、雰囲気を演出し、来場者に特別な体験を提供する。
ケータリング	食事や飲み物の提供は、イベント全体の雰囲気を向上させる。来場者の舌と心に訴えかけ、感動的な食の体験を演出できる。
デザイン	装飾やステージデザイン、ポスターやチラシといった印刷物のデザインなど、イベントにおけるデザイン領域は多岐にわたる。イベント全体の視覚的な印象は、デザインによって決まると言っても過言ではない。
会場	会場の雰囲気、広さ、天井高、立地、アクセス、設備の充実度など、どんな会場でイベントを実施するかは、イベント演出において非常に重要なポイントとなる。
人	イベントスタッフやパフォーマー、そして来場者自体も、イベント演出の重要な要素となる。スタッフの対応やパフォーマーのパフォーマンスは直接来場者の体験に影響を与え、来場者同士の交流やコミュニケーションも、イベント全体の雰囲気をつくり上げる。

演出手法	内容
言葉	言葉は、来場者と直接コミュニケーションをとる重要なイベントの演出要素。スピーチやキャッチフレーズを通じて、イベントのテーマ性や目的を明確に伝え感動や共感を呼び、来場者に深い印象を残す。
プログラム	プログラムは、イベントの演出において欠かせない要素である。プレゼンテーション、スピーチ、パフォーマンス、映像、ワークショップなどを必要に応じて組み合わせ、メリハリのある演出とする。

7-4 最新のイベント演出手法

　前記のような一般的なイベント演出手法に加えて、最新のテクノロジーやトレンドを取り入れた手法もイベント演出には欠かせない。テクノロジーは年々進化を続けているが、最新のイベント演出手法の一部を紹介する。

1）ドローン

　ドローンは、空中からの撮影やパフォーマンスに利用され、空間全体を視覚的に捉えることができる。ドローンによる光のショー、アクロバット飛行、あるいは映像の撮影など、イベント全体に革新的な演出を加えることができる。

2）プロジェクションマッピング

　プロジェクションマッピングは、建物や立体物に映像を投影する技術であり、通常のスクリーンやディスプレイよりも臨場感あふれるダイナミックなイベント演出が可能となる。1970年頃からあったといわれているが、2010年頃から様々な場所で活用され一般的に認知されるようになった。

3）拡張現実（AR）

　AR は、現実世界に仮想の情報やオブジェクトを重ねて表示する技術。来場者は、スマートフォンや AR デバイスを使用してイベントに参加することで、より新しい次元の体験をすることができる。例えば、AR を使用したガイド付きツアーや対話型展示は、来場者とのインタラクティブなコミュニケーションを促進する。

4）仮想現実（VR）

　VR は、完全に仮想の環境を構築し、その中に没入する技術。イベントにおいては、仮想空間での会議、ライブコンサート、あるいは異次元の体験を提供することができる。日本においては 2016 年が VR 元年といわれ、今もなお進化し続けている技術である。

5）混合現実（XR）

　XR は、拡張現実（AR）と仮想現実（VR）を包括する用語で、現実世界と仮想世界を統合した体験を提供することができる。来場者は物理的な空間で、仮想と現実の要素が融合した独自の体験を味わうことが可能である。

6）モーションキャプチャー

　モーションキャプチャーは、人や物の実際の動きを高精度で検知し、それを仮想空間でリアルタイムに反映させる技術。例えば、パフォーマーの動きをリアルタイムに仮想キャラクターに反映させたり、体験者がアバターとしてデジタル空間に参加したり、没入感のある新しいエンターテインメントの形を提供できる。

7）データビジュアライゼーション

　データビジュアライゼーションは、膨大なデータをグラフやチャートなどの視覚的な形式に変換する手法。例えば、Fencing Visualized では、フェンシングの剣先の動きの軌跡をデータ分析し、グラフィカルなエフェクトとして可視化し、映像データに反映することで速くてわかりにくかったフェンシングの観戦体験を進化させた。

8）3Dホログラム

　3D ホログラム技術は、空中に立体的な映像を投影することができ、透明なスクリーン上に映し出すことで臨場感をもたらすことができる。イベント演出では、登場人物や商品を立体的に浮かび上がらせたり、仮想のパフォーマンスを実現したりするために使用される。

9）ワイヤレスLEDデバイス

　ワイヤレス LED デバイスは、光り輝く LED を内蔵し、ワイヤレスで制御可能なデバイス。これを来場者やパフォーマーが身に着けたり、手に持ったりすることで、集団での光の演出など、一体感のあるイベント演出の実現が可能となる。

10）人工知能（AI）

　人工知能は、データを学習し自己進化する技術であり、イベントにおいては来場者の好みや過去の行動を学習し、パーソナライズされた体験の提供に活用される。なお、2022 年の ChatGPT の登場で生成 AI 技術がいよいよ本格化してきており、これからのさらなる進化と活用が期待される。

　最新のデジタル技術は、AR・VR、そしてこれらを包括した XR も登場し今なお進化中である。これらの視聴覚に加え、リアル・ハプティクス（触覚）までを加えた TX（テレイグジスタンス：遠隔存在）の研究も進んでいる。今後もドローン、プロジェクションマッピング、AI、またロボットなどの最新テクノロジーと融合しながら、イベントコンテンツは新たな創造に向かっている。

第8節 イベントの告知・集客

イベントにおける告知・集客の考え方

　イベントは、参加者や来場者がいなければ成立しないため、告知・集客は重要である。またイベントは開催そのものが情報発信力をもっており、来場者コントロールの観点から、特に集客は計画的・戦略的に行う必要がある。無計画な告知・集客業務は、コスト高と、来場者過多による危険を招きかねない。

　イベントは、参加者・来場者を集めるために、「**告知**」「**集客**」「**動員**」を行う。

> ・**告知**
>
> 　本来「知らせる」ことであり、イベントでは「何を、いつ、どこで」開催するかを知らせることが基本である。告知対象を限定する場合としない場合がある。
>
> ・**集客**
>
> 　来場者（観客・観戦者）を積極的に「集める」ことであり、計画的・戦略的に展開される。対象への動機づけ効果（来場促進効果）が重要視される。
>
> ・**動員**
>
> 　来場者を「確保する」ことである。イベントでは、企画・計画の当初から組織的動員が考えられているケースもあるが、動員される側のイベント参加価値を明確に示し、組織・団体の協賛・協力・後援といった支援を獲得して、組織的動員活動を行う場合もある。

　イベント開催においては、この3つをどのように実施するかを的確に判断しなければならない。

　本節では、主に**告知・集客活動**について学んでいく。イベントの告知・集客活動の対象には、参加者と来場者がおり、各々に対する活動内容は異なる。

8−1　参加者募集のための告知活動

　イベントの**参加者**は、**出展参加**、**出演参加**、**営業参加**、**協賛参加**などの参加タイプに分けられる。優良・有力な参加者の確保は重要であり、出演・出展・出店料の収入は収支に大きく影響する。

（1）参加者募集計画の策定

1）参加者募集活動の目的と目標の策定

　イベントの開催趣旨やテーマ、および会場施設構成やプログラム構成に基づいて、参加者募集活動の目的と目標（数量目標値）を明確に設定する。開催趣旨やテーマ、イメージに合う参加者を厳選することが重要である。

2）参加者募集対象の選定

　参加してもらいたい企業や団体、個人を、マーケティングデータや業種・業界の資料をもとに参加者募集対象リストを作成する。

3）参加者募集ツール・手段の策定

　参加者募集に必要な案内パンフレットや広告、Web などの募集ツール・手段を策定する。参加者募集要項を伝えるツール・手段は、人的な募集活動や募集予算に大きく関係するため、効率的・効果的なものを選択する。現代では、Web を中心として構成されている。

4）参加者募集活動スケジュールの策定

　参加者募集活動スケジュールの策定で重要なのは、十分なリードタイムを確保することである。企業は年度予算を決めて事業活動を行っている。そのため、1 年以上前に開催告知と参加要請を行っておくと主催者にとっても必要十分な参加者数の確保につながる。

5）参加者募集体制・組織の策定

主催者組織では、募集担当や業務範囲を明確にした募集体制を確立しておく必要がある。また、主催者組織のトップによるキーとなる参加者へのアプローチは欠かせない募集活動である。

6）参加者募集予算の策定

参加者募集予算の項目は、人件費、ツール制作費、Web制作費、広告費、プロモーション費、広報・PR費などがある。参加者メリットが明確なイベントであれば、最低限のツール制作費と人件費で募集できるが、多くの場合、認知を高めるために広告費や広報・PR費に重点を置く必要がある。

（2）参加者募集活動のポイント

1）イベントの信頼性を確保する

参加者は、出展料や出展準備費・制作費といったコストに見合う成果を獲得するために、イベント内容を検討する。主催者は、参加者の状況をよく理解し、イベントの信頼性確保を念頭に置いた募集活動を行わなければならない。主催者構成の明示、イベントの社会・経済的位置づけや、データに基づいた来場者予測数と来場者ニーズ、告知・集客計画、開催実績などを提示する必要がある。

2）最初にキーとなる参加者へアプローチする

市場や業界でリーダー的立場にある企業や団体など、キーとなる参加者が参加すればイベントの信頼性も高まり、より多くの参加者を確保できる。事前に主要な企業に開催計画を伝え、参加意向を確認するなど戦略的な活動が必要となる。

3）人的ネットワークを駆使して募集活動を行う

広告や広報・PR活動などの非人的募集活動だけで目標の参加者を確保することは難しい。募集組織が一丸となった募集活動、つまりフィールドセールス活動が重要となってくる。人的ネットワークを駆使して参加を働きかける必要がある。

8-2 来場者のための告知・集客活動

　来場者数は、イベントの成否を決定づけるものであり、告知・集客活動は極めて重要である。

（1）来場者への告知・集客活動計画の策定

1）告知・集客対象の明確化

　イベントには、特定の来場者層を対象としたものとそうでないものがあるが、いずれもどのような来場者のためのイベントかをはっきりさせた告知・集客活動を行う必要がある。特に、ビジネス目的で開催される見本市・展示会では、来場対象を特定した上での告知・集客活動が重要である。

2）告知・集客のためのツールや手段の選定

　イベントは、開催そのものが情報発信力をもっているため、それを活用した効率的なツールや手段の選定を行い、事前に計画した予算で目標どおりの告知・集客効果を目指すことが重要である。

　一般に、**告知ツール**としてはポスターやパンフレット、チラシ、およびそれらに挨拶状を加えた案内状 DM などがある。**告知手段**としては、人的活動、広告・プロモーション活動、広報・PR 活動があるが、告知手段においては、メールマガジンの発行や Web・SNS での開催要項の告知、来場事前登録など、ICT が欠かせないものとなっている。特に、マスメディアよりもデジタルメディアとの接触時間が長い人が多い今は、デジタルメディアの活用は必須といえる。

3）前売り入場券の販売

　博覧会などの大型イベントで行われる**前売り入場券の販売**は、事前の来場者の一定数確保、イベントの認知度や人気度の把握、資金繰りへの貢献など、多くのメリットがある。通常、前売り入場券の割引率は、会期前の早い段階では高く、会期が近づくにつれて低く設定される。

4）来場事前登録

　入場無料の見本市・展示会などで広く行われるのが、来場者の所属企業や役職、

職種等の来場者属性の記入を条件とした**来場事前登録**である。見本市・展示会の主催者や出展者等の参加者にとって来場者の属性把握は、ビジネス上極めて重要であり、イベントの成否や継続開催に大きく関係する。Webが広く普及した現在では、比較的簡単に事前登録ができる上、事前登録者はそのイベントへの関心度が高く、来場者としての質も高いと考えられる。データベース化が容易であることもメリットである。

5）組織的動員計画

　企業、団体、学校、地域住民など、組織の協力を得て来場者を動員することは、確実な来場者動員方法といえる。学校の社会見学などのように組織を動員する場合と、入場券の無料配布や割引販売などによって希望者のみを動員する場合とがある。

6）告知・集客スケジュール

　告知・集客スケジュールは、告知手段の**実施スケジュール**である。

　告知ツールは早い時期から制作しておき、様々な機会に配布・掲出するなど、長期にわたって利用することで効果を発揮する。告知手段の実施はパブリシティをねらった広報・PR活動や、会期前に発送する案内状DM、直前に出稿する広告活動など、計画的な展開が必要となる。

7）告知・集客予算計画

　予算額の決定および予算配分は、イベントの内容により異なる。入場料収入を重視する場合には、広告・プロモーション費、広報・PR費などに重点を置いた予算設定となり、会議・集会系イベントのように来場者が限定される場合には、最低限の告知ツール制作費とターゲットを絞った広告費など比較的少額の予算設定となる。

（2）来場者への告知・集客活動のポイント

1）広報・PRの重視

　来場者への告知方法として、メディアでのパブリシティ獲得という手法がある。ただその際に、メディアが紹介したくなるような要素（ニュース性・社会課題・トレンド・著名人起用等）を組み込んでおくことが重要である。

2）戦略的なスケジュール展開

　限られた予算を有効に用いるため、戦略的なスケジュール展開を行う。次の例のように、全期間を目的別に区分し、告知・集客活動を行っていく。

> 1．**初期告知期**
> 　開催概要の発表と認知の獲得 ➡ パブリシティ重視期
> 2．**中期告知期**
> 　参加企業との共同展開による認知の拡大 ➡ 告知ツール展開期
> 3．**後期集客促進期**
> 　メールマガジンや Web、SNS による来場者確保 ➡ ICT 活用期
> 4．**直前盛り上げ期**
> 　開催期間の再認知と期待感の醸成 ➡ パブリシティ・広告・SNS 施策
> 　　　　　　　　　　　　　　　　　　　　　集中期

3）統合型マーケティング・コミュニケーション（IMC）

　イベントのシンボルマークやスローガン（テーマワード）、キャラクター、メッセージコピー等を策定し、それらを *"EI ＝イベント・アイデンティティ"* として、全てのツール、全てのメディアを通じて、統一的に展開していくことを統合型マーケティング・コミュニケーション（IMC：Integrated Marketing Communication）という。参加企業がイベントのシンボルマークやキャラクターを利用する場合は、明確な使用規定を設定する。

4）参加者（出展企業）との共同展開

　計画どおりの来場者数の確保は、イベントの主催者のみならず参加者（出展企業）にとっても重要な課題である。主催者は参加者の告知・集客活動を支援する必要があり、出展規模（出展料）に応じた告知ツールや無料入場券の提供など、参加者との協力体制を築く必要がある。

イベントの告知・集客業務の方法

　主なイベントの告知手段には、**人的活動、広告・プロモーション**[*1] **活動、広報・PR 活動**がある。人的活動は、参加者を獲得するための活動であり、広告・プロモーション活動、広報・PR 活動は来場者への告知・集客活動となる。

8-3　イベントの告知・集客のためのツールと手段

（1）告知・集客のためのツール（メディア）と手段

　告知・集客業務は、図表8-1のように、**広告・プロモーションメディアへの出稿・掲載、プロモーション活動の展開、告知ツール制作**と活用、**広報・PR 活動**に大別される。

▶ **図表 8-1　告知・集客のためのツールと手段**

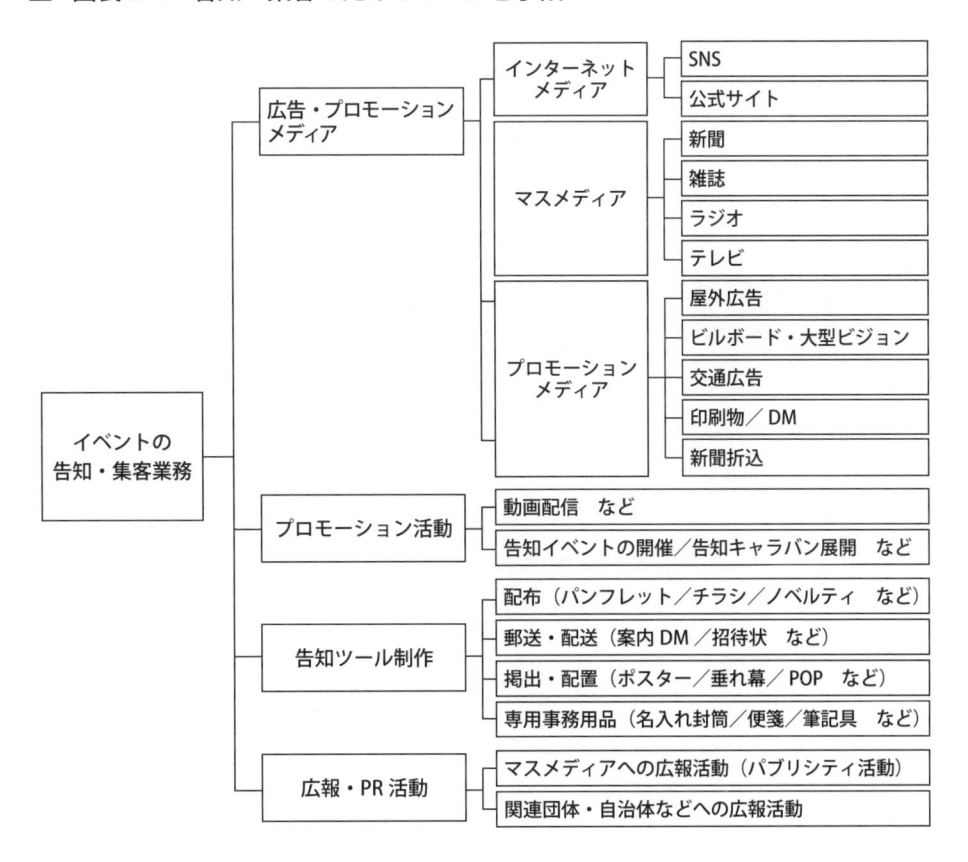

＊1　プロモーション：Promotion。「普及促進」という意味があるが、広告やイベントの世界では「販売促進（販促）＝ Sales Promotion（SP）」という意味で使われている。

（2）広告・プロモーションメディアの活用

　イベントの告知・集客のためのメディア（媒体手段・方法）は、**インターネットメディア**、**マスメディア**、**プロモーションメディア**に大別できる。インターネットメディアは比較的費用がかからず、SNS は規模や地域にかかわらず利用される。全国規模のイベントにはマスメディアが、地域限定の場合にはプロモーションメディアが活用されるが、プロモーションメディアは各メディアとの相乗効果をねらうのが基本的な考え方となっている。

1）日本のメディア別広告費

　様々なメディアを使った広告活動は、企業や団体にとって必須であり、その成否は業績や発展度合いを大きく左右する。イベントも同様で、広告活動の動向を知っておくことは重要である。

　広告出稿媒体として**新聞**、**雑誌**、**ラジオ**、**テレビ**を**マスコミ４媒体**というが、近年、インターネット広告の伸びが目覚ましく、その広告費は 2021 年にマスコミ４媒体を上回り、その後も差を広げている[*2]。

2）インターネットメディアの特性

　インターネットは、近年、広告媒体として急成長した。インターネット広告は、ネット広告、Web 広告ともいわれ、比較的安価に情報の受発信ができる。

　最大の特徴はターゲティング性とインタラクティブ性である。ターゲティング性とは、ユーザーの年齢・性別、行動履歴、地域などによって、配信する広告の内容を対象別に細かく分けられることである。一方、インタラクティブ性とは、広告露出だけでなく、マスメディアにはできなかったユーザーとの双方向コミュニケーションがリアルタイムにできることである。

　インターネット広告には多様な種類があり、現在も新たな手法が開発され続けている。代表的な種類として、次のようなものが挙げられる。

＊2　参考　電通 HP「2023 年日本の広告費」
　　https://www.dentsu.co.jp/news/item-cms/2024002-0227.pdf（2024 年 8 月現在）

▶ 図表 8-2　広告の出稿形態で分類したネット広告の種類

広告出稿形態名	広告出稿形態	広告の種類
純広告	マスコミ4媒体と同様に広告枠を買い取る仕組みで、Webサイト上の広告枠を買い取って広告を掲載する。	バナー広告 テキスト広告 メール広告 記事・タイアップ広告 動画広告
運用型広告	様々なWebサイト上にある広告枠へ、システムを活用して自動的に広告を配信する。	リスティング広告 （検索連動型広告） ディスプレイ広告 SNS広告 　　　　　　　　　など

※ 純広告の「広告の種類」は、ネット広告の表示形式を表す。
※ 運用型広告で配信される広告は、純広告の「広告の種類」に対応する表示形式で配信される。

3）マスメディアとプロモーションメディアの特性

　マスメディアは間接的なコミュニケーション・メディアであるのに対し、イベントは直接的コミュニケーション・メディアである。それを理解する上で、マスメディアとプロモーションメディアの特性を区別して整理する。

① マスメディアの特性

　従来、企業や団体は、マスコミ4媒体をはじめとしたメディアの特性を勘案し、広告媒体計画を策定してきた。それぞれの特性は図表8-3のようになっている。

▶ 図表 8-3　マスメディアの特性

	長所	短所
新聞	＊柔軟性があり、タイムリーな出稿ができる ＊大量の情報を掲載できる（大紙面の場合） ＊地域市場をよくカバーできる ＊高い信頼性があり、オピニオンリーダー層に強い	＊メッセージが短命 ＊回読率が低い ＊子どもへの訴求に難あり
雑誌	＊人口動態的・行動的なセグメンテーションが可能 ＊専門性が強く、高い信用度と信望がある ＊回読率が高く、寿命が比較的長い ＊カラーの質が良く、編集企画対応も柔軟性がある	＊出稿準備期間（リードタイム）が長い ＊競合広告が多い ＊地域選別ができない

図表8-2　参考　国民生活センター「国民生活　2020年7月号」
https://warp.da.ndl.go.jp/info:ndljp/pid/13197140/www.kokusen.go.jp/pdf_dl/wko/wko-202007.pdf
（2024年8月現在）

151

	長所	短所
ラジオ	＊地理的・人口動態的な選択が可能（セグメント性） ＊仕事、家事、勉強との共存、「ながら聴き」ができる ＊低コストであり、番組タイアップも柔軟性がある	＊聞き逃しが多い ＊認知・理解・イメージ形成が難しい ＊カバレッジ（訴求範囲・数）が低い
テレビ	＊視聴覚に訴求でき強いインパクトを発揮できる ＊市場カバレッジが高く、即効性がある ＊繰り返し出稿による確実な認知度向上 ＊信頼性が高く、話題を喚起できる	＊極めて高コスト ＊雑多な広告が多く、競合広告も多い ＊非セグメンテーション

② プロモーションメディアの特性

　マスメディア、インターネットメディア以外の広告メディアを、**プロモーションメディア**と呼んでいる。主な媒体には、**屋外広告、交通広告**などがあり、**配布・掲出用の印刷物**や **DM** なども含まれ、非常に多種類の媒体がある。

➤ **図表8-4　プロモーションメディアの特性**

	長所	短所	出稿形態
屋外広告	＊低コストで長期間の露出が可能である ＊他の広告と競合することが少ない ＊スケール感のあるビジュアル表現が可能	＊広告対象のセグメントができない	＊ビルの壁面や屋上の看板 ＊大型映像 ＊デジタルサイネージ ＊鉄道や道路沿いの野立て看板 ＊飛行船 ＊アドボードカー　など
交通広告	＊通勤・通学者対象の有力媒体である ＊マス媒体広告と連動して大きな効果を発揮できる ＊地域セグメント媒体としても有力である	＊広告対象のセグメントができない ＊出稿タイミングが難しい	＊交通機関の車両広告 　　車内ポスター 　　車体ラッピング ＊駅、空港等のポスターや看板　など
印刷物	＊カラーの表現力に優れ、多彩なクリエイティブ表現ができる ＊比較的安価で大量に制作できる	＊掲出場所や配布方法の管理が難しい ＊ムダが出やすい	＊ポスター ＊パンフレット ＊チラシ（フライヤー） ＊POP ＊PR 誌・紙　など
DM	＊対象セグメントが厳密にでき、戦略的・計画的にメッセージを届けられる ＊完全な管理広告媒体である	＊郵送・配送費が高い ＊ムダが出やすい ＊個人情報保護法への配慮が必要	＊製品・サービス等の告知・紹介DM ＊案内状・招待状 DM ＊定期刊行物　など

（3）イベントの広告・プロモーション活動の業務プロセス

イベントの広告・プロモーション活動の業務内容は、企画書に基づいて、実施計画として意思決定される。

1）目的・目標値の決定

イベントの広告・プロモーション活動の主たる目的には、次の3つがあり、いずれの目的で業務を行うかを明確にする必要がある。

> **1．告知・情報提供目的**
> 広く一般に、主催者、イベント名称、日時、会場アクセス、プログラム内容を告知し、イベントの認知・理解の獲得を目的とする。
>
> **2．集客・説得目的**
> 必要十分な参加者・来場者を獲得するために、プログラム内容の魅力を強くアピールし、確実な集客を図ることを目的とする。
>
> **3．注目喚起目的**
> 広く一般にイベントが知られた段階で、イベント名称、日時、会場アクセスなどを再確認させること（リマインダー）を目的とする。

広告・プロモーション活動の目標値は、参加者数・来場者数・売上金額などがあるが、会場のキャパシティとイベントの予算計画から合理的に設定する。

2）予算の決定

実施計画で設定された予算をもとに、広告・プロモーション活動の目的・目標値を勘案して実行予算を決定する。予算決定の考え方には次の4種類がある。

> **1．支出可能額法**
> 企画書で設定された金額の範囲内で実行予算を決定する。
>
> **2．売上高比率法**
> 参加料・入場料等の売上目標値に一定比率を乗じて決定する。
>
> **3．競争者対抗法**
> 競争者の動向を見て、勝つために必要な実行予算を決定する。
>
> **4．目標基準法**
> イベントの目的・目標値達成に必要な実行予算を決定する。

3）広告表現の決定

　イベントの広告表現には、**①イベントタイトル　②プログラム　③日時　④会場 ⑤主催者**の5つを必ず明記する。次に、対象層は誰なのか、どのようなイベントなのかが伝わるようにする。

　上記の基本事項を踏まえた上で、広告表現は企画書に基づいて、次の3つの手順で制作する。

1．提供できるベネフィット（便益）の抽出

　参加・来場ターゲット層に提供できる新しさなどのベネフィットは何かを抽出する。

2．表現コンセプトの策定

　イベントの開催意義や目的、ベネフィットをもとに、核となる表現コンセプトを策定する。

3．広告表現の決定

　広告コピーなどの文章や、イラスト、写真、動画などのビジュアルによる広告表現の作成を行う。

　メッセージには、「**意味があること**」「**信頼性があること**」「**差別化できること**」の3つに加えて、**USP**[*3]を盛り込むことも重要である。

4）メディアの選定

　広告・プロモーションメディア（媒体）は、多種多様にある（図表8-1 参照）。その選定は次の手順で行う。

1．媒体効果目標の設定

　リーチ、フリークエンシー、インパクトの3点から設定を行う。

①リーチ 　　　　　　：広告の到達範囲。一定地域内だけか全国かなど

②フリークエンシー：広告の到達回数。視聴者や読者はその広告に何回接触するのかなど

③インパクト 　　　　：広告の質的価値。視聴者や読者にどのような印象やイメージを与えるかなど

＊3　USP：Unique Selling Proposition の略。他にはない独自の売込み効果をもった提案。

2．媒体タイプ[*4] の選定

　　告知・集客ツール、印刷・電波媒体、インターネット媒体の形式、プロモーション媒体などの選定。

3．媒体ビークル[*5] の選定

　　公表されている媒体ビークルのリーチとフリークエンシーをもとにした具体的なプロモーションスペースの選定、またインターネット・新聞・雑誌・ラジオ・テレビなどの選定。

4．媒体タイミングの選定

　　具体的な露出時間帯・曜日・時期・期間などの選定。

5）効果の評価

　イベントの参加者・来場者アンケートなどによって、そのイベントを何のメディアによって知ったかを調べ評価するのが一般的である。Web 解析や Web アンケートなどで、広告表現のどの部分に関心をもったかなど、参加・来場の動機になった表現を調べ評価する場合もある。

（4）イベントの告知ツールの制作

　サステナビリティの考え方からも、告知ツールの内容と数量、活用方法は慎重に検討する必要がある。ポスターは掲載場所、パンフレットやチラシは配布方法、案内 DM は郵送費に留意し、特にチラシ・事務用品は大量に残ることがないよう数量に気をつける必要がある。

＊4　媒体タイプ：「新聞」「テレビ」などの媒体の種類。
＊5　媒体ビークル：「日本経済新聞」「NHK 総合」などの具体的な媒体。

8-4 イベントの広報・PR活動

(1) 広報・PR関連用語

広報・PRの本質は、社会との双方向のコミュニケーション活動であり、広告とは異なるものである。その関連用語を次のように整理する。

---

1. 広報

企業・団体などが市場や社会とよりよい関係性を構築するためのコミュニケーション活動である。社会環境の変化に伴い、企業や団体の持続的な成長に向け、広報の重要性は高まっている。

2. PR（パブリック・リレーションズ）

PRとは、パブリック・リレーションズという言葉が示すとおり、社会との関係づくりを意味しており、その領域や活動は多岐にわたる。

3. パブリシティ活動

新聞、雑誌、テレビ、ラジオ、Webなどの報道機関に対して、企業・団体などが事業や商品情報、イベント情報などのニュース素材を提供し、広く一般に報道してもらうための活動である。

4. 広聴／公聴

企業・団体のイメージやイベント全体のイメージの調査を目的とした情報収集活動。広報・PR活動の重要な部分であり、有識者懇談会やユーザー調査、広報環境調査などがある。

・広告

商品・サービスの販売促進や企業の認知促進などを主たる目的に実施されるコミュニケーション活動である。

---

(2) パブリシティ活動と広告

広報・PR活動における一つの手段であるパブリシティ活動は、第三者であるメディアによる情報発信が可能となるため、広告的手法よりも信頼性が高く、幅広い生活者に受け入れられやすいコミュニケーション手法といえる。広告と広報・PR活動を予算や目的によって使い分けることにより、効果的なイベントの実施が可能となる。

➤ **図表 8-5　パブリシティ活動と広告の違い**

	主な手法	表現	露出時期	掲載費用	主な効果
パブリシティ活動	プレスリリースの発信や記者発表会など取材をされて記事や番組になる	メディアが編集 コントロール不可	メディアの判断で決定されるので原則コントロール不可	無料	レピュテーション向上
広告	メディアが販売する広告枠を購入して広告を投下・展開	企業が発信したい情報のみをコントロール可能	企業が発信したい時期に露出可能	有料	知名度の向上 ブランドの醸成

（3）イベントの広報・PR 活動の実務

　イベントは、広報・PR に適した性格をもっており、プロモーション活動もしやすく、広報・PR 活動がやりやすいといえる。

1）広報・PR 計画の策定

　最初に、**広報環境分析**を行う。イベントの認知度やイメージ分析を踏まえて社会環境の動向を分析し、さらに「各マスコミ別の論調・ニュースの傾向」「消費者・生活者のライフスタイルや行動様式のトレンド」「関連する社会課題などの社会的な潮流」などを分析する。

　次に、基本的な**広報戦略**を策定するが、その内容は広報理念、広報目標と対象、広報企画、広報体制、スケジュール、予算案などである。

　最後に、アクションプランとしての**広報計画**を策定する。広報素材（テーマ）、アプローチ・メディア、広報ツールなどを決定し、実施計画を策定していく。

2）ニュースリリースの作成・配布

　ニュースリリースは、最も基本的で必須のツールである。イベントのニュースリリースは、開催要項を簡潔にまとめたもので、報道価値を強調した内容構成が必要となる。

　具体的には、開催趣旨、テーマ、主要プログラムなどの内容から、マスメディア

図表 8-5　引用：オズマピーアール HP「PR とは」
　　https://ozma.co.jp/publicrelations/（2024 年 8 月現在）

が「報道すべき」と考え得る価値を見出し、その価値が伝わりやすいように簡潔にまとめ、広報担当窓口を明記する。

　ニュースリリースの配布は、メールや郵送、FAX 等のほか、ニュースリリース配信サービスを利用することもある。また、内容によっては、自社が所属する業界の記者クラブや、イベント開催エリアの記者クラブに投函することも有効といえる。

3）メディアプロモート

　ニュースリリースの配布先に、人的ネットワークを駆使して直接プロモーションをする活動のこと。ニュースリリースには記載されていない内容など、メディアにとってメリットとなる情報を提供することが求められる。大規模なイベントの場合には、記者会見をセットし、取材を依頼するのも有効である。

4）記者会見／プレスキットの配布

　記者会見を行う場合、様々な質問に備え、解説用資料や想定問答集などの準備が必要となる。

　記者会見で配布するプレスキットは、記者に充実したニュース記事を執筆してもらうためのものであり、主催者側の姿勢を示すものでもある。

5）内覧会の実施

　内覧会は、イベントの参加企業・団体や支援団体の関係者、地域住民を招待し、一般公開に先立ってイベントの内容を見せるものである。同時に報道関係者への公開も行い、広報・PR 活動の一環とするのが一般的である。

　中でもプレス内覧会は、マスメディアに取り上げられ、掲載・放送されることによるパブリシティ効果をねらったものである。

6）会場取材対応

　会場取材には必ず**広報担当者**が対応し、相手を確認した上で改めてイベントの開催趣旨やテーマを解説し、プログラムの見どころや内覧会来場者の反応について説明する。

7）広報活動結果分析と取材・記事掲載・放送への謝意を示す

イベント終了後、**広報・PR活動の結果分析**を行う。併せて記事や番組で掲載・放送してくれたメディアの担当者に連絡をとり謝意を示す。報道関係者と人的ネットワークをつくり、次回のイベントの広報・PR活動につなげる重要な業務となる。

広報活動結果分析項目としては、次のようなものが挙げられる。

> ・広報・PR活動の目的や目標は達成されたか
> ・どのようなメディアが関心を示し、その掲載内容や評価はどうであったか
> ・次回の広報・PR活動への反省点は何か　　など

8）オンラインでのPRイベント開催

配信用の環境を準備すれば、オンラインでのPRイベントを開催することも可能である。集客規模を想定した会場選定が不要なので、場所を選ばずに手軽に開催することができる。参加側のメディアも現地への移動がなく効率的に出席可能なため、参加のハードルが下がる。ただし、会場のオンライン環境の確認や機材チェックなど、入念な事前準備が必要となる。

➤ 図表8-6　イベントの広報・PR活動の手順

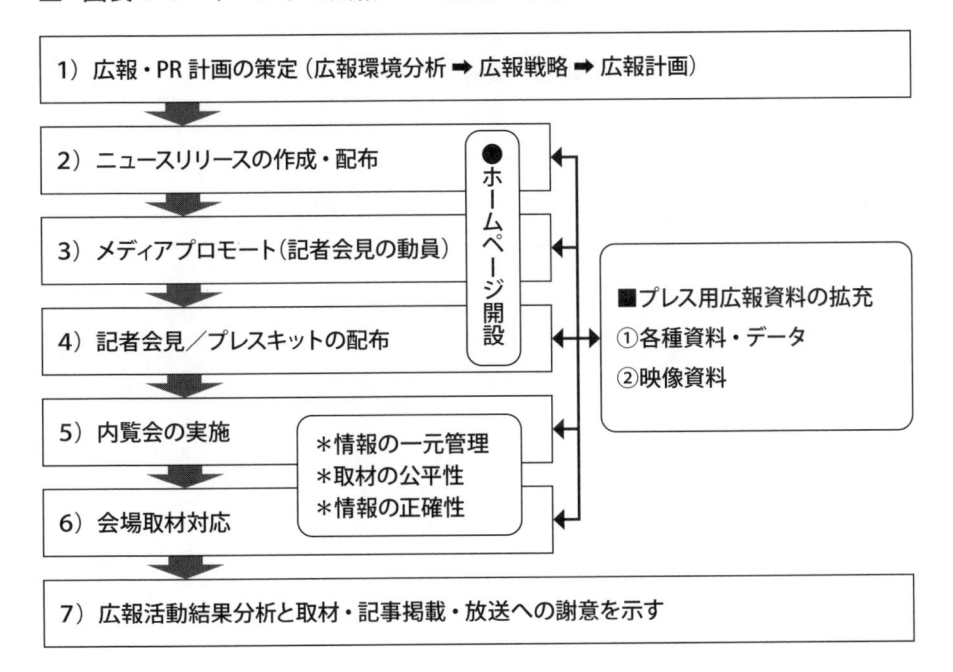

（4）「情報の一元管理」と「メディアに対する公平性」

記者会見やプレス内覧会での取材対応で注意しなければならないのは、「**情報の一元管理**」と「**メディアに対する公平性**」である。

情報の一元管理とは、メディアへの情報発信や質問への回答は必ず広報部門を通じて行い、憶測による情報が外部に流れないように管理することである。

メディアに対する公平性とは、参加したメディアには公平に接し、特定のメディアだけを優遇しないことである。

（5）告知・集客プロモーション活動

来場対象者などに対して、開催内容に関連した募集企画や会議・集会を実施し、関心を高め、参加・来場を促す活動を「**告知・集客プロモーション活動**」という。

参加・来場対象層やオピニオンリーダー層に対して直接的に働きかけることや、話題性のあるプロモーション実施によるパブリシティ効果の獲得などを目的として、次のような活動が行われる。

> **1．募集／コンテスト型告知・集客プロモーション**
> 　イベントに関する絵、文、キャラクター、またアテンダントなどの募集とそのコンテストによるプロモーション。話題性を喚起できるため、幅広い来場対象層へのプロモーションとして有効である。
> **2．会議・集会系イベント型告知・集客プロモーション**
> 　イベント内容をテーマとした有識者や著名人の講演会、トークショーなど、会議・集会系イベントによるプロモーション。オピニオンリーダーの影響力による対象層への告知・集客効果が期待される。
> **3．キャンペーンイベント型プロモーション**
> 　繁華街や駅前でのキャンペーンイベントなど、来場対象層がいる場所へ出向いて行うプロモーション。

第3章

イベントの制作と運営

第9節 イベントの制作推進

本節では、イベントの制作推進について、具体的に「誰が」と「何を」の2つの視点から解説していきたい。

9-1 制作推進とは「誰が」するのか？

（1）「イベントの5つの人的構成要素」と「制作推進」

本書において、イベントに関わる人的構成要素は、第3節図表3-2（下に再掲）のとおりに定義されている。

▶ 図表3-2　イベントの5つの人的構成要素（再掲）

要素	具体例	説明
主催者	主催者組織	イベント全体を創出し、開催に責任をもつ人
参加者	出展・出演者	イベントに出展・出演する企業、団体、個人　など
来場者	観客・観戦者	イベント会場で観覧、購買、情報入手などをする人
支援者	協賛・協力・後援者	イベントに協賛・協力・後援する行政、団体、企業、スポンサー　など
制作者	プロデューサー・ディレクター・専門スタッフ	イベントの意図を具体化し、企画・制作・運営を行う人

（2）「制作推進」という言葉の意味

「制作推進」という言葉は「制作」と「推進」の2つの言葉から成り立っている。

「制作」は、一般的には「作品をつくる」という意味で用いられるが、イベントにおいては「イベントを実現するための工程およびその作業」と定義されている（※第11節参照）。

一方の「推進」は、一般に「物事がはかどるようにすること」という意味である。

　つまり、イベントにおける制作推進とは、「**イベントを実現するための工程およびその作業がはかどるようにすること**」と解釈することができる。

　「制作者」の役割が「イベントの意図を具現化し、企画・制作・運営を行うこと」であるとすれば、「制作推進者」の役割は「**イベントの意図を理解し、円滑に推進すること**」であり、その役割が少し異なることがわかる。

（3）「プロデューサー」と「ディレクター」の役割

　プロデューサーやディレクターというと映画やテレビ業界のそれを思い浮かべる人が多いと思うが、イベントにおいても同様である。

　それらをビジネスとして成立させる役割をプロデューサーと呼び、作品として成立させる役割をディレクター（または監督）と呼ぶ。

　しかし、この「ビジネスとして成立させる」という意味が、映画やテレビ業界とイベントでは少し異なる。

　映画やテレビ業界では、まず作品あるいは作品企画があり、そのための資金を集めて制作し、商品化して利益を得て関係者に分配する。この一連の流れをつくることが「ビジネスとして成立させる」ことになる。

　一方、イベントでは、まず主催者（クライアント）があり、その目的を達成するために「イベントコンテンツを採択または構築」し、対価を得ることが「ビジネスとして成立させる」ことになるのである。

　よって、イベントにおけるプロデューサーの役割は、主催者の意図を受けイベントとして具現化するために、ディレクターや専門スタッフなどと協働し、主催者の目的を達成することである。

　制作推進を担うのは「制作者」の中の「**制作プロデューサー**」である。制作プロデューサーは、イベントの目的達成のために、他の全ての人的構成要素へ働きかけることが必要である。

9-2 制作推進とは「何を」するのか？

制作推進の主体となる「制作プロデューサー」の役割と業務内容を、企画・制作・運営の各段階に分けて解説していく。

（1）企画段階

1）制作プロデューサーの役割

企画段階における主な役割は、**企画書をもとに主催者（クライアント）との共通認識を構築すること**である。

共通認識とは、イベントの目的と成果のイメージ、そして企画概要（6W2H で規定される）等であるが、ユニバーサルデザインやサステナビリティなどプロジェクト運営に関わる方針の共通認識を構築することも重要である。

2）制作プロデューサーの業務内容

1．企画方針の策定

主催者の目的と成果イメージ、開催概要や想定している企画内容等を確認し、企画方針を策定する。

企画方針は企画コンセプト等の形式で定めるのが一般的だが、これは企画作業あるいは企画書の制作作業と並行して決まる場合も多い。

2．企画体制の構築

プランナーやデザイナー、制作ディレクターなど企画作業や企画書の制作作業に必要な体制を構築する。

3．企画ディレクション

プランナーやデザイナー、制作ディレクターなどに各詳細企画や企画書の各パートの制作作業を依頼し、全体の企画方針との調整をとりながら適宜ディレクションを行う。

4．制作体制の構築

企画の詳細が定まってきた段階で、それを実現可能な制作体制を検討し、組織図を制作する。

5．実現可能性の検証

制作体制の各構成メンバーに企画詳細を提示し、制作スケジュールと概算見積りを制作し、実現可能性を検証する。また、法的規制や表現上や運営上のリスクなど、必要に応じて専門機関への相談も行う。

> **6．企画書の編集**
> 　　企画書の各パートが出そろったところで、企画方針に沿って、わかりやすく、魅力的に主催者に伝えられるよう、全体を一つの企画書として編集する。
>
> **7．プレゼンテーションの実施**
> 　　プレゼンテーションは、主催者との関係を強化するための重要な機会であるため、制作プロデューサーが代表してプレゼンターを務めることが多い。

（2）制作段階

1）制作プロデューサーの役割

　制作段階における主な役割は、主催者を中心とする関係者の合意を形成しながら**企画から計画、制作へと具現化していく**ことである。

　そのため、主催者や関係者から集められる多様な情報を集約し、調整、管理していくことも重要な役割である。

2）制作プロデューサーの業務内容

> **1．定例会議の運営**
> 　　制作スケジュールに沿って、定例の会議体（定例会議）を設定し、運営する。
> 　　定例会議における業務内容としては、関係者の合意が形成されるよう議題を設定し、資料を準備し、議事を進行することである。
>
> **2．事務局機能の運営**
> 　　制作段階においては、主催者や関係者から収集される膨大な情報を集約し、調整、管理する事務局の機能が必要とされる。
> 　　共有フォルダの設定など、情報を集約するためのインフラやツールを整え、運営することは重要な業務の一つである。
>
> **3．制作ディレクション**
> 　　イベントプログラムや会場設営、各種制作物（映像、グラフィック等）がイベントの目的や企画方針に合っているか、それぞれの整合性が保たれているか、全ての制作物の制作ディレクションを行う。

> **4．会場運営計画の策定**
>
> 　　会場運営計画は、全体の制作進行と並行して策定される。
>
> 　　計画に基づいた運営マニュアルは、全体スケジュールや実施運営組織、会場備品リスト等、イベントプログラムや会場設営、各種制作物に関する情報も掲載される重要な制作物である。
>
> **5．運営体制の構築**
>
> 　　会場運営計画の策定と並行して、会場運営やイベントプログラムに関わるディレクターやスタッフ、キャストの選定をして運営体制を構築する。
>
> **6．全体予算管理**
>
> 　　企画の提案時に提出した概算見積りから、計画が詳細化するのに応じて適宜、詳細見積りを提出し、主催者の予算と実施内容の調整を図り、内容を確定させる。
>
> **7．評価方法と評価基準の策定**
>
> 　　主催者とともに、イベントの開催目的の達成度を測るための方法を検討し、評価の基準を定める。
>
> 　　評価の基準は来場者数や商談件数のような数値目標の場合もあれば、企業イメージや来場者の満足度のような質的目標の場合もある。

（3）運営段階

1）制作プロデューサーの役割

　運営段階における主な役割は、運営組織の代表として会場運営を統括する一方で、主催者への報告・連絡・相談を行うことである。

　イベントは最終成果物が本番の実施であり、会場運営が最終的な品質を決める重要な要素である。

2）制作プロデューサーの業務内容

> **1．全体進行管理**
>
> 　　会場施工やリハーサルの期間から、イベント本番の実施、イベント終了後の撤去に至るまで、全体の進行管理を行う。
>
> 　　そのため、工程表やスタッフ動静表などを整備し、全体の進行を常に把握できるようにするとともに、連絡手段を確保して、直接的に指揮を執る。

2．全体工程会議の運営

　会場施工時には多種多様な関係者により搬入・準備が行われるため、それらを調整するために各専門業種にまたがる全体工程会議を設定し運営する。

3．制作ディレクションと内部検収の実施

　会場設営やイベントプログラムなどイベントの制作物は最終的な仕上げが会場で行われるものが多いため、制作の責任者としての内部検収を行う。

4．主催者による検収の実施

　会場施工やリハーサルが進行し、制作者としての内部検収を終えたら、主催者による検収を実施する。

5．運営ディレクション

　本番中は運営組織の代表として運営を統括し、各パートのディレクター（運営ディレクターや進行ディレクター）に対して直接的にディレクションを行う。

6．主催者への報告・連絡・相談

　主催者に対しては運営組織の代表として報告・連絡・相談を行い、運営組織全体からの情報を一元的に収集するとともに、主催者からの情報を運営組織全体に周知徹底する。

7．成果の評価と報告

　事前に定めた方法と基準によりイベントを実施した成果を評価し、報告する。主催者の目的の達成の度合いと、その要因を分析し、次回に向けた課題の抽出などを行う。

第10節 イベントプログラムの制作

　ステージパフォーマンスやプレゼンテーションの上演、映像上映などに代表される「イベントプログラム」は、来場や視聴の動機に直結し、満足度にも大きく影響する。イベントの成功や評価はイベントプログラムの出来栄えによって大きく左右されるため、イベントプログラムはイベントの主役であるといえる。

10-1 イベントプログラムの企画

（1）開催目的とターゲットニーズの把握

　イベントには主催者が存在し、主催者の伝えたいメッセージの伝達や課題の解決を目的に実施される。また、イベントには来場者がいるため、彼らの興味関心を惹きつける形式や内容で構成する必要がある。そのためのイベントプログラムを企画することが重要である。

（2）制作者の役割

　イベント制作は、主に制作プロデューサーを中心とした制作チームにて行われる。制作者には前述した開催目的とターゲットニーズの双方を的確に捉え、専門的な知識や技術を生かしながら、イベントプログラムを演出することが求められる。
　そのため、イベントに対する知見や最新のトレンドや技術に理解があり、固定観念にとらわれない柔軟性を持ち合わせていることが重要となる。

（3）プログラムの役割

　イベントプログラムは、複数のプログラムの組み合わせによって構成される。プログラムにはそれぞれ役割があり、来場者の期待感を高めるよう、ストーリーを構成する。
　プログラムは制作者のアイデア次第で無限に広がるため、いかに目的に合ったプログラムを実現できるかが制作者の腕の見せどころにもなる。次に示すのは、イベントプログラムに用いられるビジネスカンファレンスなどの演出例である。

ビジネスカンファレンスなどの演出例

1．オープニングアテンション演出

　　イベント開演の際に用いられる演出。イベントの趣旨やコンセプトを発信し、会場全体の期待感醸成を目的とする。映像に合わせて照明や音楽で盛り上げる演出が一般的である。

2．キーノートスピーチ（基調講演）

　　主に主催者の代表者が登場し、来場者に向けて最もこのイベントで伝えたいメッセージを発信・発表する演出である。映像やプレゼンテーションソフトを活用しながら、独演もしくは複数名のリレーなどで構成されることが多い。

3．特別講演・外部講演

　　主催者以外の企業や団体から特別ゲストを招聘して行われる講演。イベントコンセプトに沿ったテーマで、第三者視点から主催者のメッセージに厚みや裏づけをもたらすことをねらう。

4．トークショー・パネルディスカッション

　　主催者や外部企業・団体から複数名登場し、イベントコンセプトに沿ったテーマの中で議論を行うコンテンツ。様々な視点から一つの議題にアプローチするため、来場者にも多くの気づきをもたらすことが可能となる。

5．デモンストレーション

　　商品やサービスなどを実演し、より理解を深めてもらうことを目的としたコンテンツ。

6．ライブパフォーマンス

　　参加者を純粋に楽しませることを目的としたエンターテインメントコンテンツ。アーティストライブなどの多様な演目が考えられる。ブランドキャラクターのタレントなどを出演させ、イベントとしての一体感を演出するケースもある。

（4）イベントプログラムを企画するにあたってのポイント

イベントプログラムはイベントの主役であるが、開催目的や時期、時代など様々な要因で求められることが変化するため、企画検討の自由度が高い。毎年開催される同一タイトルのイベントであっても、開催年によってプログラムは新しく検討される。

制作者には、常に主催者や来場者の期待を超えられるよう、企画内容をアップデートしていくことが求められている。

１）プログラム構成のストーリーを考える

イベントプログラム全体を通して来場者に何を感じて、持ち帰ってもらうのかを考えることが重要である。そのため、ただプログラムを並べるのではなく、起承転結含め、そのつながりやメリハリなど、全体を俯瞰して構成することが必要になる。

２）主催者や制作者のエゴを出しすぎない

イベントは主催者の満足だけではなく、来場者の満足が最も重要である。主催者や制作者のやりたいことが本当に来場者に響くものなのかを十分検討し企画を進めることが重要である。

３）双方向性（インタラクション）の検討

主催者からの一方的な発信だけではなく、来場者からのレスポンスや来場者とのコミュニケーションが生まれることでイベントはより充実する。具体的には質疑応答や体験ができるコンテンツ、リアクションやチャット機能などを盛り込み、双方向性のあるイベントプログラムも併せて検討する。

４）プログラム全体の時間配分の検討

イベントとは、来場者を一定時間拘束することでもある。プログラム全てを体験してもらうことが前提である場合は、プログラム全体をコンパクトに収めるなど、時間が参加障壁にならないような工夫が必要である。長時間開催のイベントにおいては、どのタイミングから参加しても楽しめる、あるいは来場者が特に興味をもったコンテンツだけに参加できるようにするなど、柔軟なプログラム企画が求められる。

10 - 2　イベントプログラムの制作推進

　イベントプログラムをつくるにあたって決められたプロセスはない。主催者と制作者が密なコミュニケーションをとり、意思決定を行いながら制作を進めていく。

（1）プログラムの実現性検討

　企画したプログラムの実現性や実施効果などの検討を行う。実施が難しい企画内容でも、方向性の修正や、他のプログラムとの組み合わせなどによって実現することもあるため、臨機応変に検討することが重要である。

（2）企画に適したスタッフィング

　プログラムを実現するためには、プロデューサーやディレクターが各領域の専門スタッフを集めてチームを組成することになる。

　起用基準は経験や信頼を優先することもあるが、メンバーを固定化するのではなく、柔軟にスタッフィングを行う。

　スタッフィングされたチームがプログラムを具体的に詰めていくことになるため、イベント全体の品質にとって重要な作業である。

（3）制約事項の把握と共通認識化

　主催者が求める要件をチーム全体で共通認識にすることはもちろん、実施会場や時期、使用可能な時間、制作に充てられる期間、予算など、イベントを実施するには避けられない制約事項が存在する。それらを詳細に把握し、諸条件の中で制作推進を行う必要がある。

1）会場条件の把握

　イベント実施会場は多くの場合、制約が設けられている。具体的には利用可能時間や指定業者（機材や施工など）、消防法など各法令、条例における演出や施工制約などがある。これらは契約書、仕様書を確認するほか、ロケハンを行い会場担当者と綿密な摺り合わせを行う。

　また、スモークマシンなどの特殊機材や、一般道路などの公共スペースを活用する際は、警察や消防、行政などへの申請が必要となる場合もあり、承認までの時間を考慮したスケジューリングが求められる。

２）実行予算の把握

イベント制作においては、定められた予算の中で制作していくことが必要である。制作者は領域ごとに予算配分し、コストコントロールすることが重要な仕事である。必ず制作前に見積りを提出し、合意の上で制作推進する。

有償型や協賛を募るイベントでは、売上がそのまま実行予算としてカウントされる場合もあるため、この場合も事前に主催者と予算範囲について合意する必要がある。

３）不測の事態への対応

社会情勢の変化やパンデミック、主催者に関わるトラブルなど、イベントの延期や中止の判断が下されかねない事態は、常に起こる可能性がある。

これらのリスクを完全に防ぐことは困難ではあるが、万が一起こってしまった場合にどのようなポリシーで動くかは常に用意しておく必要がある。具体的にはキャンセルポリシーの設定や、バックアッププランの検討などが挙げられ、主催者との共通認識としておくことが重要である。

（4）実施計画の策定

実施計画とは、企画した内容やコンテンツ、諸条件などをまとめ、実際に制作していくための指針となるものである。主催者と制作者は実施計画をもとにイベントプログラムを具体的に決定していくことになる。

１）会場使用計画

会場全体のレイアウトや参加者の動線などを計画する。まず大まかなレイアウト（ゾーニング）を行い、ある程度の配置や配分を検討した後、詳細な平面図を作成する。

2）空間演出計画

　イベントプログラムを実施するステージスペースは、あらゆる視点からデザインやキャパシティ、構造を検討する必要がある。

1．ステージサイズ
　出演者やパフォーマーが登壇するにあたって十分な広さを確保する。

2．キャパシティ
　想定来場者数を十分に収容できるスペースを確保する。

3．オペレーションスペース
　オペレーションスペースは、照明オペレーターや舞台監督などがステージを目視できるよう、設置場所を検討の上で確保する。

4．スクリーンなどの映像装置
　講演資料や演出映像、生カメラ映像などを投映するための映像装置は、多くのイベントで設置される。プロジェクター投射、大型 LED ビジョン、液晶ディスプレイなど、規模やステージデザインによって検討される。

5．音響計画
　会場内に均一に音声を届けるために、専門技術者とともに音響システムを構築する。

6．照明計画
　照明機材を用いてステージの明るさを確保したり、イベントの世界観を演出するために、専門技術者とともに照明計画を策定する。

7．中継・配信計画
　中継カメラでステージを撮影し、スクリーン投映やオンライン配信などに活用する。オンライン配信を行う場合はネットワーク環境が非常に重要であり、会場既設の回線に不安がある場合は、専門業者によるネットワーク環境の整備が必要になる。

8．空間演出・ステージ意匠
　出演者の背景やステージデザインは、マスメディアで報道されたり、来場者が撮影し SNS で拡散する可能性もあるため、イベントの二次波及効果の観点からも重要である。

3）キャスティング

イベントの出演者を決めることをキャスティングという。出演者は、主催者が伝えたいメッセージの代弁者となるため、非常に重要なポジションである。

出演者には、「司会者」「外部ゲスト」「役者」「アーティスト」「モデル」など、多種多様な役割がある。不測の事態（体調不良などのトラブル）によって出演が困難になった場合の代役を事前に検討しておくことも大切である。

司会者や役者、モデルなどを起用する場合、開催趣旨や演出内容との親和性を見極めるために、オーディションを開催するケースもある。

オーディションを行うことで、実力やイベントへの理解度の確認などを判断することができる。オーディションの実施が難しい場合でも、ボイスサンプルやデモ映像によって具体的にイメージすることが重要である。

4）現場スケジュールの検討

イベントは会場使用可能時間の中で、設営、リハーサル、本番、撤去など様々な工程をこなす必要があり、計画している内容をスムーズに進行させるためにも綿密な現場スケジュールを検討することが重要である。

リハーサルは出演者自身の都合や予定によって実施可能なタイミングが限られることも多いため、早めに調整する必要がある。

スケジュールには要所で予備時間を設定し、予定どおりに進行しなかった場合に備えることが大切である。無理なスケジューリングは事故につながりかねないため、各担当者と十分に協議し、会場借用時間の延長なども含め決定する。

5）指示系統の検討

イベントプログラム実行中は、様々な動きが同時並行で展開される。計画どおりに進行している場合であっても、常に担当者間で情報共有や指示伝達を行い、予定外の事象が発生した場合には速やかに対応する必要がある。

① 指示系統の検討

イベント本番中は、現場責任者を中心に、各セクションの担当者がつながり、情報共有が素早く、モレなく、正確に行われることが重要である。情報伝達にはトランシーバーやクリアカムなどが用いられる。複数の系統を展開する場合は、誰がどのグループ系統を使用するのか検討する。

② イレギュラー発生時のエスカレーションルートの明確化

　イベント本番中にトラブルや事故が起こった際には、制作者から主催者に速やかに事象を報告するエスカレーションルートを明確にしておくことが必要である。

　また、あらかじめ管轄の警察署や消防署、最寄りの病院なども明確にし、実施計画書上で全ての関係者の共通認識としておくことも重要である。

（5）進行表・進行台本の策定

1）進行表の作成

　イベント全体の流れや動きをまとめたものが進行表であり、次のような要素を入れる。

1．時間

　　開始時間から終了時間までをひと目でわかるように記載する。オンステージの時間だけではなく、客入れや休憩、客出しの時間なども含める。

2．LAP

　　各コンテンツの所要時間を記載する。コンテンツごとにどれくらいの時間をかけるか検討する。

3．コンテンツ

　　コンテンツのタイトルや、その中でどのような動きが発生するかを概略的に記載する。

4．出演者

　　対象のコンテンツでプレゼンテーションやパフォーマンスなどを行う出演者を記載する。

➤ 図表 10-1　進行表の作成例

時間	LAP		コンテンツ	出演者
13:00	30'	S-00. 開場〜客入れ（配信開始）	・受付開始、順次お客さま入場。オンラインも配信開始 ・適宜司会者より影ナレアナウンス。スクリーンでは客入れ映像とスライドを展開	司会○○
13:30	5'	S-01. オープニング	・会場暗転〜オープニング映像の上映と照明による演出 ・映像後、司会者登場〜ご挨拶	司会○○
13:35	40'	S-02. 基調講演	・司会からの呼び込みで○○社長が登壇しご講演 ・○○社長からバトンタッチで○○会長が登壇しご講演	○○株式会社 ○○社長 株式会社▲▲ ○○会長
14:15	30'	S-03. 特別講演	・司会からの呼び込みで○○社長が登壇しご講演	■■株式会社 ○○社長
14:45	30'	休憩	・司会から休憩中の諸注意案内。オンラインは休憩中の蓋画を表示 ・ネットワーキングスペース＆ドリンクサーブ開始 ・ステージ上はパネルディスカッションに向けて転換	司会○○
15:15	40'	S-04. パネルディスカッション	・再開アテンションののち、モデレーター○○様登壇 ・出演者3名を呼び込み、各社の取り組みを紹介いただいたのち、3つのテーマでディスカッション	○○株式会社 ○○本部長 △△株式会社 ○○様 株式会社▲▲ ○○様 モデレーター ○○様
15:55	20'	S-05. タレントトークセッション	・CMキャラクターの○○様と○○部長を司会から呼び込み、トークセッションを実施 ・メイキングや撮影の裏側の映像を表示しながら進行 ・最後にイベントオリジナルグッズを賞品とした抽選会を実施（オンライン視聴者も参加）	タレント ○○様 ○○株式会社 ○○部長 司会○○
16:15	5'	S-06. クロージング	・進行MCよりクロージングコメント	司会○○
16:20	10'	客出し	終了〜ブロック退場 （配信も合わせて終了）	

2）進行台本の作成

　進行台本とは、策定した実施計画や進行表をもとに、詳細なイベントプログラムの流れを書類化したものである。イベントは進行台本に沿って実施されるため、全ての情報を盛り込む必要がある。

　進行台本は、主催者と制作者の共通認識を視覚化することや、全体の進行内容を合意するためにも用いられるが、出演者や進行スタッフ、テクニカルスタッフなどの認識レベルを合わせるためにも非常に重要なものである。そのため、初見のスタッフにも理解できるように詳細に作成することが大切である。

　また、実施計画どおりに作成した場合でも、台本化した際に想定以上に時間がかかったり無理な動きとなっている場合もあるため、現場の専門のスタッフとともに、より実現可能なものへと調整することが求められる。

➤ 図表 10-2　進行台本の作成例

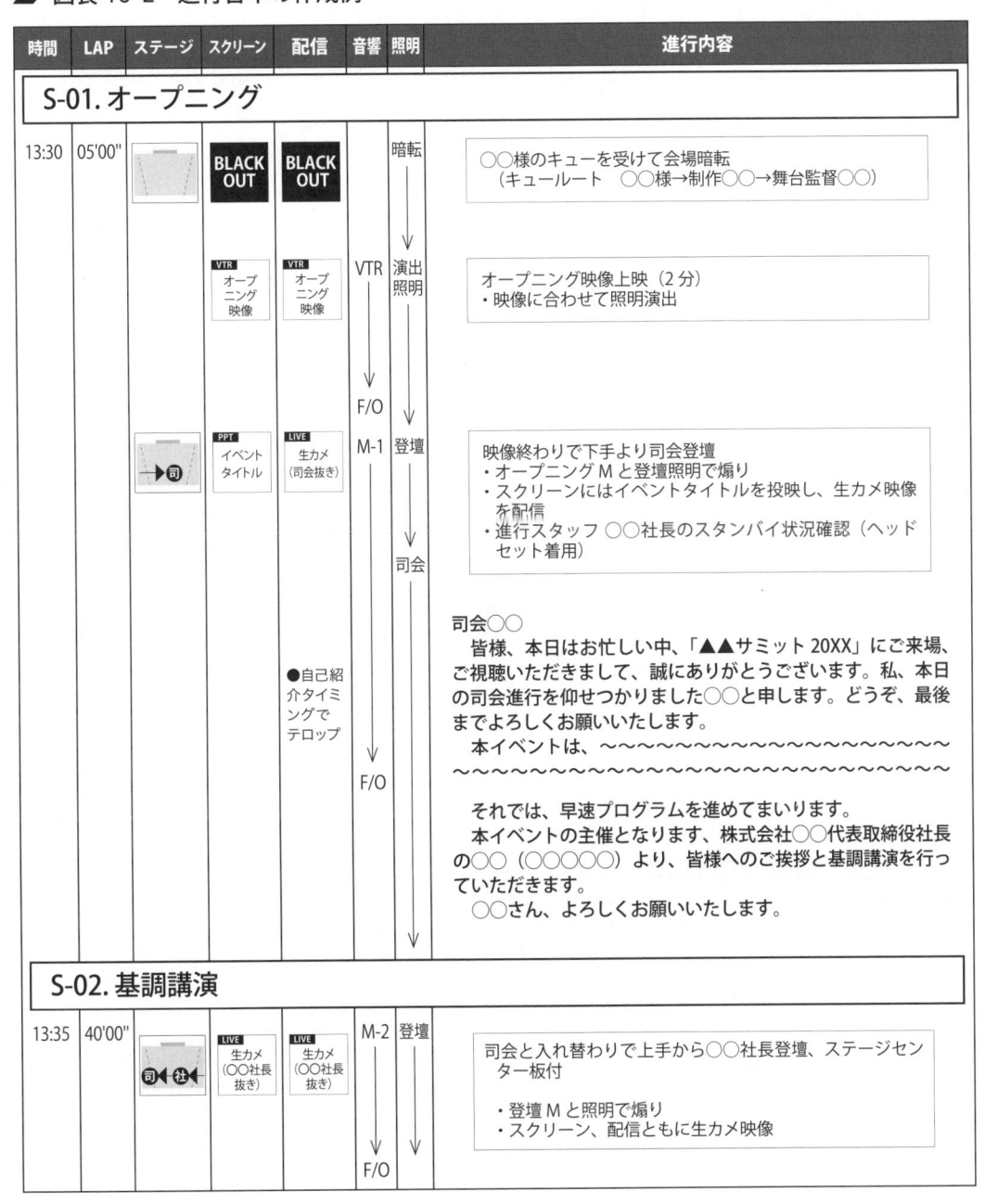

時間	LAP	ステージ	スクリーン	配信	音響	照明	進行内容
S-01. オープニング							
13:30	05'00"		BLACK OUT	BLACK OUT		暗転 ↓	○○様のキューを受けて会場暗転 （キュールート　○○様→制作○○→舞台監督○○）
			VTR オープニング映像	VTR オープニング映像	VTR ↓ F/O	演出照明 ↓	オープニング映像上映（2分） ・映像に合わせて照明演出
		▶司	PPT イベントタイトル	LIVE 生カメ（司会抜き）	M-1 ↓	登壇 ↓ 司会	映像終わりで下手より司会登壇 ・オープニング M と登壇照明で煽り ・スクリーンにはイベントタイトルを投映し、生カメ映像を配信 ・進行スタッフ ○○社長のスタンバイ状況確認（ヘッドセット着用）
				●自己紹介タイミングでテロップ	↓ F/O		司会○○ 　皆様、本日はお忙しい中、「▲▲サミット 20XX」にご来場、ご視聴いただきまして、誠にありがとうございます。私、本日の司会進行を仰せつかりました○○と申します。どうぞ、最後までよろしくお願いいたします。 　本イベントは、〜〜〜〜〜〜〜〜〜〜〜〜〜〜〜〜〜〜〜〜〜〜〜〜〜〜〜〜〜〜〜〜〜〜〜〜〜〜〜 　それでは、早速プログラムを進めてまいります。 　本イベントの主催となります、株式会社○○代表取締役社長の○○（○○○○○）より、皆様へのご挨拶と基調講演を行っていただきます。 　○○さん、よろしくお願いいたします。
S-02. 基調講演							
13:35	40'00"	司◀◀社	LIVE 生カメ（○○社長抜き）	LIVE 生カメ（○○社長抜き）	M-2 ↓ F/O	登壇 ↓	司会と入れ替わりで上手から○○社長登壇、ステージセンター板付 ・登壇 M と照明で煽り ・スクリーン、配信ともに生カメ映像

10−3　イベントプログラムの実行

　イベントプログラムは、実施計画や進行台本をもとに実行される。どんなに万全に準備をしても、予期せぬことが起きるのがイベントでもある。制作者は計画どおりに実行するとともに、イレギュラーな事態が起きても柔軟かつ臨機応変に対応していくことが求められる。

（1）設営

　設営とは、イベント会場を構成する全ての機能を調達し整えることである。制作者は計画どおりに各所の準備が進んでいるかを随時確認しながら、リハーサルや本番に向けて準備する。

1）会場環境の確認

　事前の打ち合わせやロケハン時の情報どおりに会場が準備されているかを確認する。会場既存の設備がそれぞれ正常に準備され、動作しているかを確認する。

2）スケジュールと進捗の確認

　持ち込んだ施工物や機材などの設置がスケジュールどおりの順序、時間で行われているかを常に確認する。設営順序が守られていない場合、遅延や組み直しの原因になることもあるため注意する。テクニカル機材は設置後に動作確認や調整を行う。

3）進行段取りの確認

　当日の進行を現場担当者間で摺り合わせ、未決定事項や変更事項などがあれば周知する。ステージを使用する場合は、出演者の立ち位置への「バミリ*¹」、プロンプター*²の見え方、出演者が照明で眩しくないかなどの確認も行う。

4）運営との連携

　控室や動線、客席や受付の環境などの確認を行う。運営チームとも、受付開始のタイミングや客入れの順番、出演者やVIPのアテンドを誰が行うかなど、役割分担の最終確認を行う。

　＊1　バミリ：ステージなどにおいて、出演者の立ち位置やセットを置く位置を示した目印。目印をつけることを「バミる」といい、「場を見る」が語源といわれている。
　＊2　プロンプター：話者を補助するため、原稿などを表示するモニター装置。「カンペ」（カンニングペーパー）と同様の役割をもつ。

5）素材の確認

テクニカルチームの設営が落ち着いたタイミングで、映像素材や音楽素材などの確認を行う。事前受け渡しができていない場合はリハーサルまでに受け渡しを済ませる。全ての映像素材は、必ず再生チェックを行う。

6）設営時のリスク管理

設営時は、最も多くのスタッフが同時多発的に作業を行うタイミングとなる。会場備品などの破損防止や、動線上の配線の必要な部分には丁寧な養生を行う。施工中や高所作業中は危険も伴うため、ヘルメットの着用や安全帯の着用など、主催者や制作チームで定めた安全規則に則り作業しているかを注視することが重要である。

（2）リハーサル

リハーサルとは、本番同様の環境と流れを再現し、イベントプログラムが問題なく進行できるかを確認する作業である。リハーサルは出演者のみならず、スタッフの動きやテクニカルオペレーションの確認も兼ねる重要な行為であり、次のような種類がある。

> **1．テクニカルリハーサル**
> 　各シーンの動きをスタッフ間で確認するリハーサル。出演者の動きや、照明や音楽、映像のタイミングを調整する。この他のリハーサルは出演者優先となることが多いため、スタッフ関連の調整事項はここで確認を済ませる。
>
> **2．司会者リハーサル**
> 　司会者を中心として行うリハーサル。段取り、ナレーションのトーン、固有名詞の読み方などを細かく確認する。併せてイレギュラーな事態が起きた際の対応についても司会者と共通認識をもつ。
>
> **3．出演者リハーサル**
> 　出演者を交えて行うリハーサル。出演者の登場動線やプロンプターの見え方など最低限の段取りを確認する「場当たり」、登壇者に関係するパートのみ本番同様の流れで行う「ブロックリハーサル」、楽器や機材の音量・音質を調整する「サウンドチェック」など、全体スケジュールや登壇者の都合によって、いくつかの形式で実施される。

> **4．配信リハーサル**
>
> 　オンライン配信を行う場合、配信が問題なく行われるかのチェック。バックアップ回線の確認や、音ズレが起こっていないかなど細かく確認する。
>
> **5．転換リハーサル**
>
> 　セットを活用した場面転換や、コンテンツ中に来場者への配布物がある場合など、施工チームや運営チームとの連携が必要となる場合に行うリハーサル。

（3）本番

　本番は、事前準備やリハーサルで決めた段取りを確実に実行することが求められる。本番中もスタッフ間では常に情報共有し、ケアレスミスや人的トラブルが起こらないようにコントロールする。

1）開場、開演タイミングの連携

　会場オープンや、イベントプログラムの開演タイミングなどは各セクションの準備を確認し、主催者に最終判断を仰ぐ。予定時間よりも押してスタートさせる場合は、何分後に再判断するのかも併せてスタッフに周知を行う。

2）タイムマネジメント

　本番中は、各コンテンツが計画どおりに進行しているかを常に確認する。コンテンツごとに「オシ」「マキ」が起こることもあるため、次のコンテンツの準備状況の確認や、カンペなどで登壇者に状況伝達を行う。

3）トラブルシューティング

　本番中に想定外のトラブルが起こった場合は、即座に対応を図るとともに、事前に定めたエスカレーションルートに沿って主催者との協議を行う必要がある。落ち着いて対応し、参加者・来場者に不安感を抱かせないようにすることも重要である。

　本番でのトラブルの種類と対応方法としては、次のようなことが考えられる。

1．進行上のトラブル

　登壇者が台本とは違う行動をしてしまった場合などは、司会から訂正のアナウンスを入れたり、カンペで登壇者に修正を促すなどの軌道修正を行う。

2．機材トラブル

　プロジェクターやマイクなど、機材にトラブルが起こった場合は、速やかにバックアップへの切り替えを行う。時間がかかる場合は司会からもフォローを行う。復旧が不可能な場合は主催者と協議し、判断を仰ぐ。

3．配信トラブル

　配信上のトラブルが起こった場合は、トラブル用の画面に切り替え、機材や回線などトラブルの原因になっている箇所を検証の上、バックアップに切り替えを行う。復旧後は司会からのアナウンスやテロップなどでフォローを行う。

（4）本番終了後

　本番が終わった後は、撤去やアフターフォローを行う。最後のスタッフが撤収して初めてイベント本番が終了となる。

1）ゲストや来場者のアフターフォロー

　出演者やゲストを控室へ誘導するなど、お帰りのケアを行う。主催者が挨拶を行う場合もあるため、本番終了後の動態についても対応する。

　来場者は集中退場によって事故や危険が起こらないよう、運営チームと連携しながら計画的な退場を促す。

2）撤去

　撤去開始は必ず主催者や責任者の指示を待ってから行う。設営同様、撤去にも順序やスケジュールがあるため、計画に沿って撤去を行う。

イベント会場の設営・施工

イベント会場の設営・施工は、空間造形で来場者の五感（視覚・聴覚・嗅覚・味覚・触覚）を直接刺激し、非日常的体験、視認、理解、感動を与え、開催の目的や趣旨を可視化する役割がある。

その業務は、「多数の専門家の協働によるプロジェクトワーク」であり、専門的知見が求められるだけでなく、様々な規制を遵守し、一定条件で最大限の効果をあげる必要がある。

また、2016年の障害者差別解消法施行以降、ユニバーサルイベントの4条件のうち、特にアクセシビリティとサステナビリティへの施工面での配慮は今や必須の要件となっている。

イベント会場の設営・施工においては、4大管理（品質管理、工程管理、予算管理、安全管理）が重要であるが、その制作過程では工場制作や現場施工など常に危険がつきまとうため、「安全管理」が最も優先される業務である。

▌11－1 制作と製作、設営と施工 ～ 用語の区別と理解

イベント会場の設営・施工の解説の前に、設営と施工に関する用語で特に混同しやすい「制作と製作」「設営と施工」のそれぞれの言葉の意味を理解、区別、整理する。

（1）制作

一般的に「制作」は作品をつくることを意味するが、本書ではイベントの「制作」を次のように定義し、「製作」と区別して扱う。

> 「制作」の定義
> イベントを実現するための工程およびその作業。

イベントを趣旨やテーマといった開催目的を可視化して伝える作品として捉え、その作業の流れ全般を指す定義である。

イベント実務は全て「制作」であり、「企画立案・基本計画の策定」「実施計画の策定」「制作推進」「実施・運営」などがある。

（2）製作

「**製作**」の一般的な意味は、物品をつくることである。

> **「製作」の定義**
> 　イベント制作の機能の一部として、同一のものを大量に作製すること。

「製作」とは専門家がモノをつくる作業を意味し、イベント制作の機能の一部として「制作」に包含されるものである。例として、「造作物（木工、金物など）」「販促物（ノベルティなど）」「各種サイン」などがある。

（3）設営

「**設営**」は一般的には、ある目的をもった施設や建造物を調達することを意味する。本書では「設営」を次のように定義する。

> **「設営」の定義**
> 　イベント会場を構成する全ての機能を調達し整えること。

（4）施工

「**施工**」は一般的に、工事する行為そのものを意味する。したがって、イベントでは「設営」の一つの手段である工事として「設営」に包含される作業といえ、次のように定義する。

> **「施工」の定義**
> 　イベント会場の設営のために現地で組み立て完成させる工事。

■ 11－2　構成要素・6W2Hの共有の重要性

　イベント会場の設営・施工の業務は、直接イベントと関わりのない業種も含む多数の専門職の協働による業務である。発注では各々が細分化された部分（パーツ）を扱うことになるが、専門職の高度な技術や成果物の精度を十分に引き出すためにも、6W2Hの情報共有は重要である。

　設営・施工における6W2H各々のポイントは、次のとおりである。

（1）「Who」……主催者・実施主体の把握

　主催者や実施主体：Who（だれが）を把握することは、イベントの社会的役割や波及効果、そして収支など、達成すべき成果を推し量るために重要である。したがって、全ての設営・施工の制作者へあらかじめ主催者の周知を図り、達成すべき成果の実現を目指すべきである。

（2）「Why」……目的の共有

　目的：Why（なぜ）を共有することは、専門職各々が成果物の最適な材料や手法を具体的にイメージすることに役立ち、特にデザイン・設計業務に方向性を与え、ムダな試行錯誤を回避する一助となる。

（3）「What」……行・催事プログラム内容の理解

　行・催事プログラム内容：What（なにを）は、突き詰めれば5つの基本形式（「演技・競技」「展示」「会議・集会」「式典」「宴会」）に収束する。

　設営・施工においても行・催事プログラムの5つの基本形式で整理することは、それぞれの形式で必要とされる制作物を絞り込むのに役立つ。

（4）「Whom」……対象者の把握

　対象者：Whom（だれに）には、参加者（出演者・出展者）と来場者という異なる2つの立場があり、この2つの立場の違いを踏まえた対応が必要である。

　ここでは、設営・施工における2つの対象者それぞれへの業務内容の例を挙げる。

> **参加者（出演者・出展者）への主たる業務内容例**
>
> 1．設営・施工する参加者関連の制作物概要の事前周知
> 2．会場アクセス、物品搬入・搬出要領の事前説明
> 3．必要な会場備品および設備の事前説明と調達
> 4．宿泊、飲食および移動手段の幹旋ならびに調達
> 5．各種規制の事前周知ならびに許認可手続きの代行

> **来場者への主たる業務内容例**
>
> 1．ユニバーサルデザインが配慮された会場計画
> 2．スムーズな会場アクセスを促す会場周辺のサイン計画
> 3．スムーズな入退場のための動線確保
> 4．非常時の避難誘導に有効な幅員が十分確保された動線計画
> 5．視認性のよい会場内サイン計画
> 6．危険箇所の想定とチェックならびに安全確保

（5）「Where」……開催地の確認

　開催地：Where（どこで）は現地の専門職の選定、物資の調達、搬入・搬出計画の策定ならびにその原価（費用）に大きな影響を与える重要な要素である。

　配慮すべき点としては、国、都道府県、市区町村といった開催地域の距離の違いによる準備期間の長短や、制作物の輸送原価の多寡、人件費の地域間格差、特に国外においてはユニバーサルイベントに配慮したサインの表記などに注意が必要である。

（6）「When」……開催日時の確認

　開催日時：When（いつ）は、前項の開催地とともに関係者とまず共有すべき重要な要素であり、共有すべき情報は次の3つに分類される。

> **1．開催期間**
>
> 　開催期間とは内覧日を含め開催してから最終日までの期間を指し、会場選定では会場構造を決める判断基準となる。また、制作物の耐用日数の基準になり、長期にわたる場合はメンテナンスを行う施設を要するなど会場設営計画にも影響する。

> **2．開催時期**
>
> 　開催期間の季節は、イベントを特色づける重要な要素である。暑い、寒い、雨、風など様々な環境への対策は、開催中止の判断を含め、リスクマネジメント全般に多大な影響を及ぼす。
>
> 　特に昨今の異常気象に対する情報収集と注意、そして迅速な判断と行動は重要である。
>
> **3．準備期間（施工期間）**
>
> 　設営・施工の準備期間とは、本来、企画・デザインから現場施工、そして開催直前までの全工程を指す。ただし、構成要素 When（いつ）で共有すべき準備期間は、その時間的制限を施工条件と捉え、会場で作業が可能な施工期間を準備期間として扱う。この時間的制限は、事前に行う工場制作の完成度合いの判断基準となる。

（7）「How」……構成方法・「How much」……予算

　構成方法：How（どのように）は上記 6W の構成方法と手段、予算：How much（いくらで）は上記 6W の収入と支出である。

　イベント会場の設営・施工は、この H の 2 項目が制作業務の実務そのものといえる。

11 – 3　デザイン・設計

　デザインとは、企画・計画された意図を可視化するための空間や形を創造する作業であり、設計とは、実際に現出させるための手順や手段を示した解説図書の制作である。

（1）メインビジュアルの策定

　会場内の各種施設、モニュメントやサインなどを個別にデザインすると、一貫性を欠き、開催趣旨が伝わりにくくなる。

　まず、企画段階で策定された開催テーマとそのコンセプトを二次元もしくは三次元で可視化し、メインビジュアルとして策定し、これをデザインの基本形と定め、共通指針とする。

　特に大規模イベントなど、デザイン発注が多岐にわたり業務を各々のデザイナー

に委ねる場合など、メインビジュアルの策定は必要不可欠であり、会場設営・施工における成果物の判断基準となる。

（2）会場のデザイン

　イベント会場は来場者に非日常的な体験を提供する「ハレ」の場である。

　会場のデザインとはその非日常的で意味のある空間を、メインビジュアルをもとに目に見える形で表現することである。

　デザインというと美しくて豪華なものを連想しがちだが、本来のデザインとは機能美や使いやすさ、そして使う喜び（感動）を創造することである。

　したがって、その業務は企画・計画で想定した**「ねらいの品質」**を、決められた日程内に決められた予算で安全に**「できばえの品質」**として実現させる具体的な形を創造することであり、あらかじめ計画された品質に合致させなくてはならない。

1）会場構成

① 会場の選定

　会場構成を策定する前に、開催趣旨に見合った最適な会場を選定する。会場の選定にあたっては、企画・計画された内容にどのような会場が最も適しているかを、品質、日程、予算、安全、会場特性から検討する。その際に候補となる会場条件は、次の3つに分類することができる。

> **1．空地型会場用地**
> 　新たに仮設会場の設営を要する空き地や広場
> **2．専用型会場施設**
> 　イベント専用に設けられた展示場、コンベンションセンター、ホールなどの施設
> **3．他用途施設活用型（ユニークベニューなど）**
> 　本来は他の目的で設けられている公園、神社仏閣、ショッピングモールなどの多様な施設

② ロケーション・ハンティング

　選定した同種類の候補施設について、複数箇所現地へ赴き**ロケーション・ハンティング（ロケハン）**を行う。その際、確認すべき施設の機能、設備、条件として次の事項が挙げられる。

1．**イメージ**
　施設の基本的性格、施設の経年数、周辺環境　など
2．**交通アクセス**
　利用交通機関、最寄り発着点からの距離　など
3．**規模**
　会場面積、天井高、収容人数　など
4．**構造**
　形状、階数、入退場経路、搬入・搬出経路、床耐荷重、ユニバーサルデザイン対応の有無　など
5．**設備**
　上下水道、トイレ、空調、電気容量、昇降設備、駐車場、トラックヤード、ネット環境、同時通訳室　など
6．**付帯施設**
　主催者室（事務局）、控室、会議室、多目的室、楽屋、飲食施設、祈祷室、その他サービス施設　など

③ 会場構成の考え方

　イベント会場の人の移動経路（流れ）を「**動線**」と呼ぶ。イベントの会場構成とは、来場者の動線を主軸に、「**人**」「**モノ**」「**情報**」の流れを「**効果的**」「**効率的**」「**安全**」に確保し、来場者にねらった効果を体感させるのに最適な会場構成をデザイン・設計することである。

　特に安全の確保においては、特定の閉じられた空間に多くの人が集中するイベント会場では、混雑によるトラブル、炎天下での熱中症、長時間の待ち列による過度のストレスなどの事故、傷病につながる会場機能上の不備の排除に努める。万が一事故等が発生した場合の救護施設の設置や関係各署への通報体制の確立など、安全性確保への配慮が重要である。

　「人」「モノ」「情報」の流れは、次のとおりである。

1．**「人の流れ」：来場者、参加者、運営スタッフ、制作者　など**
　　来場者の人の流れはイベント会場の "表の流れ"、その他関係者の人の流れは "裏の流れ" といえ、その分離はイベント会場の非日常性の醸成に重要な要素である。
2．**「モノの流れ」：配布物、飲食料、販売物品、演出関連品　など**
　　モノの流れは、物資の補充や各種プログラムの関連資材の調達など会

場運営に関わる "裏の流れ" であり、その分離は来場者の安全確保、非
日常性の醸成、供給の効率化、合理化のために重要な要素である。

3．「情報の流れ」：情報伝達、情報受信・収集

情報伝達とは、来場者への案内・誘導、事務局からの指示や命令、ス
タッフ間の運営連絡などであり、情報受信・収集とは、迷子・拾得物の
連絡、通報、クレームなど、来場者に直接関わる情報を受信・収集する
ことである。

④ 会場構成で留意すべき主催者・来場者の視点

会場構成には留意すべき 2 つの視点がある。それは、開催目的が十分達成できて、
なおかつサステナビリティを意識した「主催者の視点」であり、もう一つは、快適
性、安全性が確保され充実した非日常的イベント空間が体験できるという「来場者
の視点」である。特に来場者の視点においては、今やユニバーサルデザインは欠か
せない。

デザイナーには、この 2 つの視点による会場構成能力が求められる。

2）ゾーニング計画

ゾーニングとは、各施設をその優先順位に配慮しながら大まかに配置し、施設間
のおおよその「人の流れ」「モノの流れ」「情報の流れ」と最適な会場構成を模索す
る作業である。ゾーニングの目的は平面配置計画のシミュレーション作業であり、
効果、効率、安全などの各方面から複数案の試案を繰り返し分析することにある。

ゾーニングを試案する際のポイントは、次のとおりである。

1．最適な動線の模索

来場者とスタッフの動きを十分に考慮して施設、設備を配置する。

2．「明快性」「合理性」の実現

どこに何があるかがわかりやすく、来場者が快適に観覧、体験できて、
かつスタッフが効率よく動ける動線と配置とする。

3．「回遊性」「選択性」「迷路性」の強調

イベントのねらいによっては、会場の演出効果を高め充実した非日常
的なイベント体験を提供するために、あえて非合理的な動線をとる場合
もある。

4．「安全性」の確保

安全性は最も優先され、非常時の避難通路の確保は不可欠である。

　ゾーニングのシミュレーション作業を行うことで、「**明快性**」「**合理性**」と時として相反する「**回遊性**」「**選択性**」、同じく「**迷路性**」と相反する「**安全性**」について、バランスのとれた魅力的な会場構成として構築することができる。

3）会場平面配置計画

　会場平面配置計画とは、実際に施設、設備の機能や収容人数から必要な面積を割り出し、平面的に配置して会場内にどのように収まるか、また会場の通路幅は計画した来場者数が通行するのに十分な幅員が確保できるかなどを吟味しながら、平面図として設計していくものである。

　会場平面配置計画におけるポイントは、次のとおりである。

1．計画規模に見合った空間の広さと通路幅の確保
　　空間の広さと通路幅を効果、効率、安全の追求のため、予想来場者数と運営スタッフ数、そして運営資材の量を考慮して決定する。

2．「表」と「裏」の明確な分離
　　来場者が目にする配置や機能の見せ方を「**表の構造**」といい、運営スタッフなどのイベント関係者が専用に使用する通路や設備を「**裏の構造**」という。これらを互いに支障が生じないよう分離して配置することにより、運営効率の向上、安全性の確保、非日常的イベント体験の提供などの効果をねらう。

3．供給・処理系統の敷設の考慮
　　電気系統、上下水系統、ごみ処理系統、交通・運搬路系統、案内・誘導情報提供系統などを供給・処理系統といい、敷設レイアウトの良否は施工費用や運営費用に大きく影響する。

（3）イベント会場におけるデザイン・設計の役割

　デザイン・設計の役割とは、イベントと認識させるための必須要件「非日常性」「目的・理由の存在」「場の創出」「コミュニケーション表現・行為」「計画性」の5つを空間演出表現技術で満たし、イベント空間を実現させることにある。イベント会場は非日常的な体験を提供するハレの場であり、その造形表現でメッセージを発信し、**豊かな表情**を創出しなければならない。

　また、イベントはその社会的機能の中に**実験的機能**を有する。強く印象に残る**見せ場づくり**という観点からも、常に新しい構造や工法、そして様々な素材の活用を試み、積極的に採用すべきである。

　ただし、デザイン・設計上の資材選定や工法選定に際しては、CO_2 削減や、プラスチック製品の排除など環境保全とサステナビリティに十分配慮しなくてはならない。

（4）デザイン・設計のポイント

1．会場特性の考慮

　空地型会場用地利用の場合は、周辺の道路や他施設の状況から最適なアクセス経路、人・モノ・情報の流れを十分考慮する。**既存施設利用**の場合は、元々の施設動線を取り入れた計画を行う。

2．各種規制の遵守

　法的規制は、会場所在地や会場の用途によって規制の内容が異なる。既存会場は独自の会場規制があり必ず事前確認が必要である。また、ユニバーサルデザインはもはや必須の会場条件であり、デザイン・設計に十分に反映させる必要がある。

3．使用素材の選定

　素材のもつ表情や見栄えが開催趣旨に見合うか、コストパフォーマンス（費用対効果）、法的規制や会場規制に適合するか、環境保全やサステナビリティへの配慮など、多方面から検討する。

4．照明、音響、映像、特殊効果による演出効果の採用

　照明機材の様々な効果、プロジェクションマッピングなどの映像表現、音響による聴覚への刺激、スモークなどの特殊効果といった演出効果を採用する。

5．運営に配慮

　デザイン・設計においても、来場者対応の利便性はもちろん、運営スタッフの作業効率や安全性への配慮が必要である。

6．コストパフォーマンス（費用対効果）の追求

　設定した予算内で最大限の効果をあげるというコストパフォーマンスの追求と工夫が、デザイン・設計の役割である。

7．SNS による間接波及効果への配慮

　会場のデザインは、来場者の印象を大きく左右する。現代においては、来場者から SNS を通して発信される情報が好印象のものとなるよう、特に「映える」記念撮影スポットなど、デザイン・設計段階から配慮しなくてはならない。

11－4 施工計画

　施工計画は、計画を実現させるために各種専門分野への発注作業の準備をする過程である。この過程は、発注者の意図を正確に伝え、さらに不確定要素や不安材料を排除もしくは解決していく段階といえる。

（1）現地事前調査（現調）

　施工計画において、まず初めに会場現地へ赴き設営・施工するために必要な条件や設備の状況を調査することを**現地事前調査（現調）**という。現調は、会場選定を総合的に検討するロケハンとは異なるので区別が必要である。

　現調で調査する内容は、概ね次のとおりである。

> 1．搬入・搬出経路の詳細
> 2．会場床耐荷重
> 3．各種設備の状況（電気、水道、ガス、空調、ネット環境　など）
> 4．既存防災設備
> 5．所轄諸官庁の法的規制
> 6．清掃ならびに廃棄物処理の方法

（2）工程計画と施工図面の作成

1）工程計画表（工程表）の作成

　施工計画における**工程計画**とは、工程管理において、発注する全ての専門分野の項目を縦軸に列挙し、時間の流れを横軸に日程表示して、各制作項目に要する制作期間と関連し合う制作項目の日程的関わり合いを視覚的、時系列的に一覧表示した計画表である。関係者全員で共有し、確認し合う必要がある。

2）施工図面の作成

　施工図面は決定したデザイン案を実現させるために、各制作項目の専門職の解説がなくても工場制作できるようにしたものである。したがって、施工図面とは細部にわたり説明機能の行き届いたものであり、表現手法も多岐にわたる。簡単なものは仕上げ表などの一覧表から、複雑な場合には原寸図面、または拡大詳細図面などが必要となる。

（3）施工計画の手順

1）仮設計画

　イベント会場は、イベントの構造的特性である「一過性」の要素から、原則的に仮設建造物である。仮設性で考慮すべきことは**「設営時からの合理的な撤去方法の追求」**であり、半永久的に使用する建造物とは別のノウハウと特殊な技術が必要となる。

2）調達計画

　既存施設利用で会場に各種備品や設備が完備されている場合には、会場規定の申請方法に則ってあらかじめ調査して割り出した利用総数を申込期日までに申請し、調達する。既存施設の各種備品や設備は、会場内施設保全と安全性の確保に留意して、次のポイントを押さえて調達する。

> 1．材料、資材の調達
> 2．搬入・搬出車両の手配、搬入・搬出計画の策定
> 3．専門職および雑工事などの作業員の調達
> 4．使用設備（電気、水道、ガス、空調、ネット環境　など）の確保

3）各種発注先の検討と下請法の遵守

　発注先の検討では、複数社の候補による競争入札などの方法で、最も適した企業を選抜し決定する。**下請法**（※第 15 節参照）による受発注関係の健全化の観点からも、**工事委託契約書、工事請負契約書**、発注者側からの**発注書**の発行などを行う。ただし、昨今の資材ならびに人材不足を踏まえて、発注の際にはコストと納期を必ず確認し、十分なリードタイムをとるなど、調達の確実性を担保しなくてはならない。

11－5　設営・施工の4大管理（制作進行管理）

イベントの4大管理は第5節で詳しく学習したが、設営・施工の4大管理もイベントの4大管理と同様に、「**品質管理**」「**工程管理**」「**予算管理**」「**安全管理**」となる。

（1）設営・施工の品質管理

設営・施工の品質管理は、「**企画品質**」「**制作品質**」「**運営品質**」のうちの「**制作品質**」の管理にあたる。

設営・施工における品質管理とは、ソフトワークとハードワークの両面を併せもつ制作プロセスを、定められた工程内に、限られた原価以内で、安全性の確保を優先しながら最大限の結果を出すよう調整することである。

1）段階別に見る品質管理のポイント

設計・施工における品質管理は、デザイン・設計 ➡ 各種専門分野への発注 ➡ 質疑応答 ➡ 工場制作 ➡ 検収 ➡ 現場施工 ➡ 変更・追加事項への対応 ➡ 運営との連携、の8つの作業段階を順に行う。その管理のポイントは次のとおりである。

設計・施工における品質管理のポイント

1．デザイン・設計

デザイン・設計は、主催者、来場者の視点に配慮した印象的で効率的なものであり、さらにユニバーサルデザインに配慮したものである必要がある。

2．各種専門分野への発注

発注内容は納期だけでなく、主催者規制や会場規制ならびに法的規制の遵守を前提として、「ねらいの品質」の十分な共通認識をもって発注する。

3．質疑応答

受注者から制作内容についての質疑があった場合は、速やかに明快な回答をする。

4．工場制作

工場制作では、施工図面や発注書の記載内容を受注者独自の解釈が入らないものにするため、施工図面はモレのないよう詳細に説明を施す。

5．検収（工場制作物の事前チェック）

検収とは、工場でつくられた制作物が施工図面や発注書どおりの品質かどうかを会場搬入前に工場で確認することで、工場検収とも呼ぶ。特に什器などの数量ものの場合には不可欠な品質管理段階である。

６．現場施工

　設営・施工では「段取り八分」という言葉があるように、現場施工に入る前にはほとんどの準備を終えておく必要がある。現場施工時には不測の事態への素早い対応が品質管理の要となる。

７．変更・追加事項への対応

　「変更・追加」は工場制作から現場施工に至るまでほぼ必ず発生する。「変更・追加」では、対処の可否、納期、費用、そして対処不能の場合にはその代替案を提示する。

８．運営との連携

　施工は完了しても、各リハーサルや運営の実地訓練に立ち会い、運営上の不具合や危険箇所の抽出とその修正に努める。

（2）設営・施工の工程管理

　設営・施工における工程管理とは、同時進行する各種専門分野による制作各々の納期を明確にすることである。

1）工程管理の考え方

　イベントの工程管理では、**大日程・中日程・小日程**に分けるのが合理的である。**大日程管理**で常に全体の進行具合を把握し、**中日程管理**ではどこの制作に問題があるかを判断し、解決する。さらに問題が深刻な場合に、**小日程管理**でデザイン・設計を簡素化するなどの対応策を模索していく。

2）工程管理のポイント

　工程管理の具体的な要点としては、次のことが挙げられる。

1．作業項目のモレのないリストアップ
2．最終発注期限（マイルストーン）の把握
3．納期の確認
4．各作業間の連携状況の把握
5．工場検収時期の選定
6．追加・変更事項への対応
7．社会環境の変化や天変地異への対処
8．工程会議の実施

（3）設営・施工の予算管理

　設営・施工における予算管理は、要する様々な費用の総額を算出し、必要な原価が確保できるよう調整することである。

1）予算管理と原価管理の考え方

　イベント会場の設営・施工における原価とは、発注した各種専門分野から請求される調達したモノやサービスの対価のことである。

　すなわち、原価管理とは、支出金額の管理であり、仕入れるモノの単価と数量の調整である。無理な単価や工程を強いると工場や現場における労働環境の悪化を招き、安全管理にも悪影響を及ぼすので品質管理上にも注意が必要である。

2）原価として計上される主な項目

　原価として計上される主な項目としては、次のものが挙げられる。

> 1. **デザイン費**：グラフィックデザイン、造形デザイン、パース作成　など
> 2. **設計、図面作成費**：意匠図面作成、構造計算、施工図面作成　など
> 3. **作業人件費**：システム部材組立作業人件費、雑工事作業人件費　など
> 4. **材料費と加工費**：木工、金物、仕上げ材、樹脂成型物　など
> 5. **運搬費**：資材運搬、各種発送ならびに同アッセンブリー[*1]　など
> 6. **レンタル費**：家具、備品、観葉植物、厨房用品、テント類　など
> 7. **施工費**：大工、経師、金物加工などの専門職作業人件費　など
> 8. **設備費**：電気、水道、ガス、空調、ネット環境　など
> 9. **清掃費**：清掃、ごみ処理、ごみステーション設置　など
> 10. **廃棄物処理費**：産業廃棄物処理、生ごみ処理　など

＊1　アッセンブリー：assembly。第4節の「会議・集会系イベント」の分類の一つと同じ言葉だが、ここでは「組み立て」「封入」「セッティング」などの工程を意味する。

（4）設営・施工の安全管理

　設営・施工における安全管理は、デザイン・設計において計画的に確保される来場者に対する安全はもちろん、危険と隣り合わせの作業を行う専門分野の造作物の工場作業や現場施工など、制作者側の安全にとっても重要な管理業務である。

1）人的構成要素別の安全管理の考え方

① 来場者の安全管理

　来場者の安全管理とは、企画・計画された告知・集客活動による来場者誘致の規模とイベント会場規模との調和が基本である。また、限られた空間と時間内に不特定多数が集うイベント会場には**法的規制**や**会場規制**、**主催者規制**があり、安全管理には、この規制の遵守が不可欠である。法的ならびに会場規制の主なものとして、次の項目が挙げられる。

来場者の安全管理における法的規制

- 主要避難通路の定められた配置と最低幅員の確保
- ２方向避難通路の確保
- 非常口の確保と表示
- 消火器の設置
- 裸火（はだかび）の使用禁止
- 危険物、準危険物の持ち込み禁止
- 不燃材、防炎材料の使用の義務化
- 自衛消防隊の組織と役割分担の周知と徹底

来場者の安全管理における会場規制

- 電源や給排水の床露出配管：養生カバー＋注意喚起
- 制作物の角や突起物：柔らかい材料の養生カバー
- 床の段差：スロープやサインによる注意喚起
- 滑りやすい床材：滑らない床材に取り替える
- 強風による造作物の飛散：風速のイベント中止基準設定
- 重量落下物：予備の吊具設置

---

② 主催者・参加者の安全管理

　主催者はイベントの実施主体であり、**安全管理の最高責任者**として来場者はもちろん、制作者や出展者などの参加者の安全管理にも絶えず**主体**でなくてはならないが、参加者もまた主催者に準ずる立場といえる。

　主催者・参加者の安全管理においては、災害時対応についての事前準備として次が挙げられる。

- ・参加者マニュアルの周知徹底
- ・関係諸官庁への開催届出書の提出
- ・自衛消防隊の組織
- ・会場管理計画の提出
- ・主催者、参加者合同による避難訓練の実施

---

③ 制作者の安全管理

　制作者の安全管理とは、主に現場作業者の安全確保である。現場作業者がイベントの準備〜開催期間中に起こす事故は、就業中のみならず就業時間以外の事故においても、イベント主催者の社会的信用を著しく損ない、当該イベントに関わる全てのステークホルダーにも多大なる損害を及ぼす。現場作業者の安全管理のポイントとして、次の事項の徹底が挙げられる。

- ・発注時における、安全管理項目の事前指導と受・発注者双方の相互理解
- ・作業時の装備、工具の使用細目の規定のマニュアル策定と周知
- ・作業上の禁止行為、ならびに各種規制のマニュアル策定と周知
- ・現場作業者本人の体調管理と、管理者による毎日の体調チェックの実施
- ・現場作業者への安全管理項目の教育と現場訓練の実施
- ・事故発生時の緊急連絡網の確立と周知

　特に法的規制においては、**労働安全衛生法**によって作業者の安全と健康を確保して適正な作業環境を形成することが定められており、建設業の現場などで**50人以上の作業員**が作業する場合は**安全管理者**を置くことが義務づけられている。

　具体的な安全管理業務の確認事項としては、次のようなことが挙げられる。

制作者の具体的な安全管理業務の確認事項
- ・ 施工現場の安全確認パトロール
- ・ 消火器と防火用水の確保
- ・ 喫煙場所の制限指定
- ・ 危険物などへの保護柵設置
- ・ 安全目標の設定と関係者への徹底
- ・ 工程確認、安全確認の周知徹底

第12節 イベントの運営

12-1 運営によって実現するイベント

「運営」とは、「組織や関係者などを統合し機能を発揮させていくこと」である。

企画だけではイベントの実現に至らないので、実施における「イベント運営」とはイベントそのものといえる。企画の段階であっても、「いかにイベントを実現し運営するか」が大きな課題であるといえる。

（1）広義の運営と狭義の運営

「イベントの運営」という言葉は、一般的には会場での現場運営を意味することが多い。しかし運営という言葉を大きく捉えて、企画の立案から制作、推進、実施、さらにはイベント終了報告書の提出まで、イベントづくり全体が含まれる場合もある。このように運営という言葉は、適宜使い分けて整理し理解する必要がある。すなわち、イベントの運営には、イベント全体をマネジメントする**「広義の運営」**と、イベント会場で来場者に接する場面で会場運営をコントロールする**「狭義の運営」**の２つがある。

▶ 図表 12-1　イベントの「広義の運営」と「狭義の運営」

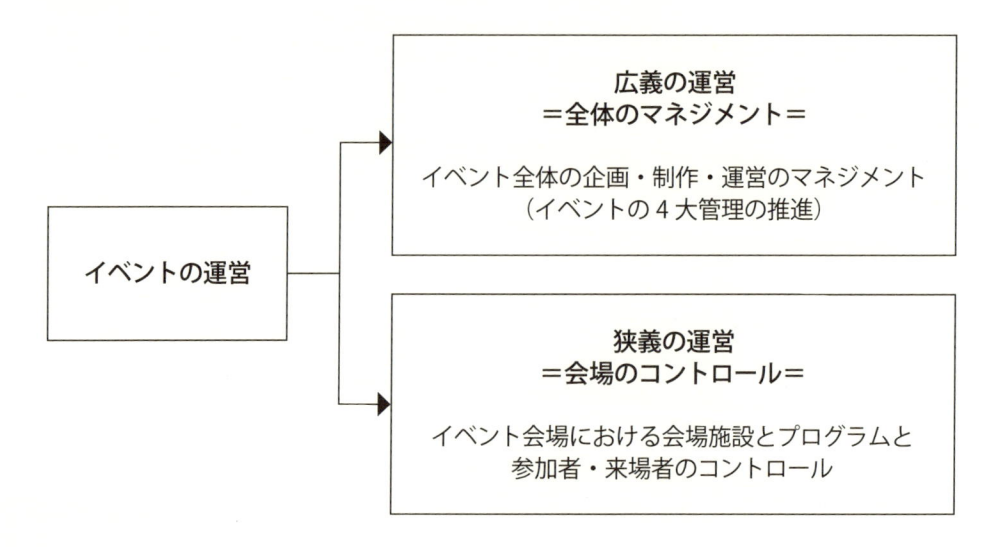

（2）大規模イベントの「広義の運営」

1）大規模イベントの「広義の運営」とは

　「広義の運営」とは、イベント全体の企画・制作・会場運営の各段階を、トータルに管理し、**推進・調整・管理**するイベントマネジメント業務を意味している。

　大規模イベントでは、主催者組織のもと、いわゆる「**イベント事務局**」がつくられ、情報等を集約し調整していくこととなる。

　「広義の運営」は、そのイベントに必要な要素である「会場施工・展示・催事プログラム・キャスティング・参加者出演・出店管理・来場者想定関連業務・来場者募集関連業務・広報宣伝・会場運営・会場サービス・スタッフ管理・予算管理」など多種多様な業務の、推進・調整・管理を行うことであり、イベントの背骨のような業務であるといえる。

2）大規模イベントの「広義の運営」の業務例

　大規模イベントでは、多種多様な「広義の運営」業務を推進していくが、その多くは限られた条件のもとで、主催者のイベント開催目的をいかに達成するかという「戦略的な意思決定業務」となっている。

　「広義の運営」の主な業務例は、次のとおりである。

```
1．主催者組織との調整業務
2．4大管理を中心とした統合管理業務
3．会場構成、参加者構成、来場者想定関連業務
4．外部スタッフ構成、調整管理業務
5．広報宣伝推進業務
6．会場運営方針の策定、運営計画、運営組織の管理業務
7．庶務、人事、経理などの総務的管理業務
8．イベント終了後の報告、記録、清算、管理業務
```

　多くの場合「広義の運営」は、行政、企業、専門家など、多種多様な人々によって行われるため、情報の偏在、意思決定の遅れなどに課題が残る場合がある。

　そのため大規模イベント全体を「プロジェクト」として捉え、プロジェクトマネジメントの手法を駆使した丁寧な組織づくり、迅速な意思決定が望まれる。

3）「イベント制作者」にとって「広義の運営」は必須知識

　大規模イベントは、多段階で複雑な工程によってつくられる。企画・計画段階だけでも、「基本構想 ➡ 基本計画 ➡ 実施計画」の3段階を経る必要があり、制作段階ではさらに多くの業務とその工程が絡み合っている。

　イベントの制作者が「広義の運営」を理解することは、「今は、イベントづくりのどの段階にあるのか」を理解し、「自分の業務はどうあるべきか」を理解することである。

　大切なのは、**自分の担当分野だけでなく、イベント全体の「広義の運営」の状況を理解**し、常に調和しながら、自らの業務を推進していくことである。

（3）大規模イベントの「狭義の運営」

1）大規模イベントの「狭義の運営」とは

　「狭義の運営」とは、主として「イベント開催時の会場での運営業務」のことであり、その目的は、来場者に「**安全・安心**」「**快適**」「**円滑**」にイベントを体験してもらうことである。

　運営関係者は、運営方針のもと、詳細な運営計画、運営マニュアルを策定し、人員配置まで示した実施運営組織をつくり、リハーサルなどを通して調整、改善、管理を行う。

2）大規模イベントの「狭義の運営」の業務例

　イベント会場での主役である来場者が、イベントを体験する場面に直結するのが「狭義の運営」である点からも極めて重要な業務といえる。

　「狭義の運営」の主な業務例は、次のとおりである。

> 1．会場運営本部・事務局業務（庶務、渉外、経理、スタッフ管理など）
> 2．展示、植栽などの会場施設管理業務
> 3．警備、通門、清掃などの会場安全管理業務
> 4．来場者の入退場の動向などの来場者管理業務
> 5．催事プログラム管理業務
> 6．出店、出展などの営業管理業務
> 7．市民参加、ボランティアなどの市民参加管理業務

　博覧会のような大規模で長期の会期の場合、シフト勤務となる運営スタッフは、「ルーティンワーク化」とともに「慣れ」によるヒューマンエラーを起こすことがある。常に来場者目線で情報の共有、リスクの抽出などを行い、「安全・安心」「快適」「円滑」な運営を目指していかなければならない。

12 − 2　大規模イベントと「イベント事務局」

（1）イベント事務局とは

　大規模イベントの「**全体の運営**」を、イベントの実施に向けて推進するのが「**イベント事務局**」である。

　イベント事務局は、主催者や支援者と意思疎通を図りながらイベント全体を統合的に管理し、制作責任者や運営責任者、関連部署との調整を行う。

　大規模イベントではイベント事務局に多くのスタッフが従事するが、イベントの進捗状況に合わせて拡大・縮小する組織であり、設置期間も数年にわたることもある。

　また、イベント事務局は「**協働組織**」であり、行政機関、支援機関、出展・協賛企業、専門会社・直接雇用者など、多様な人員で編成される。

　イベント事務局の組織的特性は、次のようにまとめることができる。

> 1．**非定型組織**：イベントごとに組織的性格、機能が異なる非定型組織
> 2．**プロジェクト組織**：設置期間が限定される有期的プロジェクト組織
> 3．**可変型組織**：設置期間内であっても規模が変わる可変型組織
> 4．**協働組織**：多様な人員編成から成る協働組織

（2）イベント事務局の業務上リスクの留意点

　イベント事務局では、イベント全体のリスクを抽出し、リスクをコントロールする「リスクマネジメント」が重要な業務となる。近年はイベント全体、イベント会場のリスクだけではなく、「**イベント事務局そのものがリスク因子**」となるケースがあるので注意しなければならない。

　イベント事務局のリスクとしては、次のようなものがある。

1．サイバーセキュリティのリスク

　イベント事務局は有期的、可変的であり、事務局の人員、設備が「仮設的」要素を含んでいる。その中でのコンピュータ使用は必須であるが、サイバーセキュリティのリスクがあり、コンピュータウイルス対策の徹底などが求められる。

2．情報管理のリスク

　イベント事務局は運用方法が異なる多様な事務局員で編成されているため、「個人情報管理」や「マイナンバー管理」、重要文書などの情報管理のリスクがある。アクセス制限の管理など、情報の管理方法は重要な課題である。

3．労務管理のリスク

　イベントは期間限定のプロジェクトワークであるため、「労働集中型」業務が必然的に多くなり、労働時間超過、深夜残業など、労務管理のリスクがある。「パワハラ」「セクハラ」などのハラスメントについても、多様な人員編成であるイベント事務局では特に留意すべきである。

12-3　イベント会場運営の実務

（1）大規模イベントの会場運営の全体像

1）会場運営実務の組織

　大規模イベントの会場運営は、「会場管理」「会場サービス」「プログラム制作」に大別できる。

　一般的には、イベントの企画・推進をしてきた**「主催者本部事務局」**（イベント事務局）が会期前にイベント会場に移り、**「会場運営本部事務局」**として会場全体の本部機能を担う。

　実行組織として役割を明確にし、組織下に「安全管理・安全監査部門」「ユニバーサルイベント推進部門」を設置、「安全管理会議」を開催し、「会場管理部門」「会場サービス部門」「プログラム制作・進行部門」および、「市民参加・ボランティア管理部門」「営業出店管理部門」などの調整会議を通してコントロールしていく。

　会場運営管理組織のイメージは、次のとおりである。

▶ 図表 12-2　会場運営管理組織 (例)

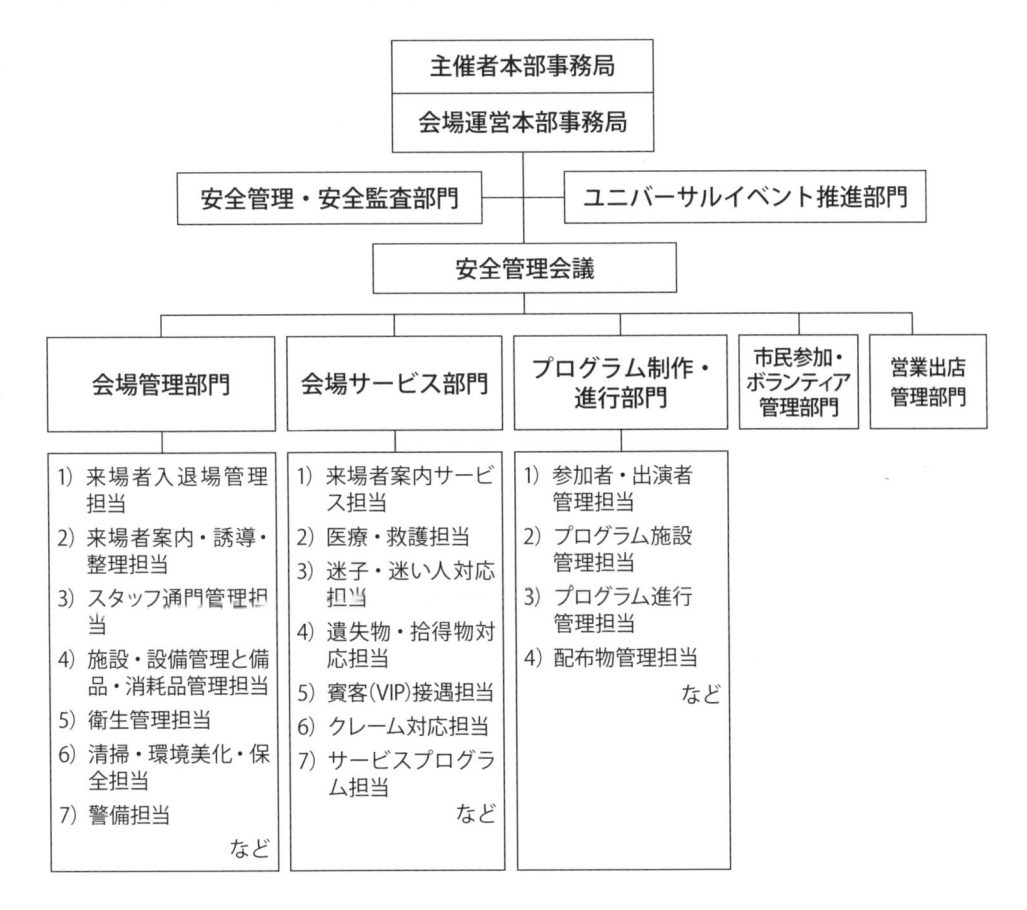

2) イベント会場の会場管理業務

① 安全管理の組織と「安全管理会議」

　イベント会場運営では、台風・豪雨などの予測可能な事案だけでなく、地震や会場内外での事件・事故などの予測できない緊急事案に対して、想定準備や対応策を策定し、マニュアル化することが必要である。ここで重要となるのが、**「意思決定システム」**と**「指揮命令システム」**であり、組織体制が明確で機能的に対応できる組織づくりである。

　大規模イベントでは、「主催者本部事務局」のもとで**「安全管理会議」**が設置され、また、事案発生時には**「緊急対策会議」**が開催され**「危機管理体制」**を組むこととなる。「安全管理会議」は、イベントの直接関係者のみならず、地元行政・警察・消防・交通機関なども参加し、連携して安全管理に臨むことになる。**「危機管理マニュアル」**を作成し、関係者全員に認識させることが重要である。

② 安全管理と「危機管理マニュアル」

危機管理マニュアルの記載項目は、次のとおりである。

1．イベント会場閉場およびイベント開催・中止・中断の判断基準

　　大雨、台風、地震などの自然災害、事件・事故などを要因とする会場閉場および開催中止・中断の判断基準、判断時の連絡、広報、対応計画　など

2．防犯・防災機器運用計画

　　イベント会場内の防犯・防災対策のための監視カメラや火災報知器、煙探知機、消火設備の機器運用計画　など

3．事案別対応要項

　　大雨、強風、雷、地震などの自然災害の防災対策と発生時の対応要項ほか、防火対策と火災発生時の対応要項、防犯対策と発生時の対応要項、交通機関トラブルの対応要項　など

4．避難計画

　　基本避難動線、避難場所、避難誘導時の伝達方法　など

5．医療・救護計画

　　救護班の編成、救護室の設置、救急搬送体制　など

6．会場衛生対策

　　食品衛生体制、食中毒防止対策　など

7．警備対策

　　テロ対策、防犯対策、警備配置・規則計画　など

8．教育研修・訓練対策

　　避難訓練や応急対策訓練、救急搬送訓練計画　など

　以上の項目を機能させ、関係者に認識、理解させるために教育研修を経て「**個別訓練**」「**総合訓練**」を実施することが重要である。

③ 危機管理体制

　緊急事案発生時には、危機管理マニュアルで策定されたとおり「**危機管理体制**」がとられる。会場警備本部や各部門を包括し、「**緊急対策本部**」として関連機関と連携をとり対応する。緊急事案発生時には、本部事務局員によって編成された「**本部自衛消防隊**」と出展・出店参加者などで編成される「**施設自衛消防隊**」が危機管理体制として機能する。「本部自衛消防隊」は、施設自衛消防隊と連携・協力するとともに、会場全体の来場者の避難誘導を実施する。「施設自衛消防隊」は、自ら管理する施設での緊急事案発生時に来場者を施設外へ避難誘導する。いずれにせよ、緊急事案発生時の最優先事項は、「来場者の安全の確保」である。

　大規模イベントにおける来場者の「避難誘導」の一般的な留意点は、次のとおりである。

> **1．任務と責任**
> 　主催者本部事務局は、緊急事案発生時、もしくは発生が予測されるときに、警備本部などと緊急対策本部を設置し、自らの「本部自衛消防隊」を指揮し、来場者の避難誘導にあたる任務と責任がある。
>
> **2．避難の種別**
> 　避難には、会場の一部で避難誘導を必要とする「部分避難」と、会場全体の避難誘導を必要とする「全体避難」がある。避難の種別は緊急対策本部の判断による。
>
> **3．避難誘導に関する緊急伝達方法**
> 　無秩序、不正確な情報は、大きな混乱を招きかねない。まず場内放送で関係者向けの「シグナル放送」を行い、次に「非常放送」を来場者ほか会場内の全員に対して行う。「自衛消防隊」は、ハンドマイクなどにより「避難すべき理由」「避難経路」「避難場所」を簡潔、明確に指示する。

④ イベント会場閉場およびイベント中止

　緊急事案発生時もしくは発生が予測される場合の、イベント会場閉場およびイベント中止の判断基準を「危機管理マニュアル」に明記しておかなければならない。

　イベントの中止判断の考え方は次のとおりであり、いずれも速やかな判断が重要である。

> **1．大型地震発生の場合**
> 　地震は予測が不可能で、発生した後に速やかに判断する。
>
> **2．台風・豪雨の場合**
> 　台風・豪雨は、直前であるが予測可能なので、緊急対策会議を経て判断する。
>
> **3．その他の場合**
> 　事件・事故、テロ、犯罪、社会情勢の急変など様々な場合が考えられるが、緊急対策会議を経て判断する。

12−4　会場運営業務の実務

（1）会場内・会場外安全管理業務

　「**安全は全てに優先する**」の言葉どおり、「**来場者の安全の確保**」は、運営全体の最大のテーマであるといってよい。安全管理業務は、担当個別の業務ではなく、全ての関係者が対応していく**普遍的な業務**である。

　会場内では、スムーズな案内・誘導、警備・清掃との連携による廃棄物や危険物の確認撤去、来場者の休憩場所・トイレの十分な確保、暑さ寒さ対策、展示施工物の確認、緊急時避難誘導などがある。会場外では、駐車場の案内・誘導、わかりやすい案内サインの配置、歩く動線の明確化、会場までの案内・誘導などがあり、安全管理の業務は数限りなく存在する。

（2）会場管理業務

　会場管理業務は、イベント会場に必須の基本的な運営業務で、次のようなものがある。

1）来場者入退場管理業務

　来場者の入退場が行われる場所は、来場者の人数や属性を把握するだけでなく、会場内の安全を目的として、持ち込み制限などの行動規制や入場制限を行う重要な場所である。

　また、来場者にとってもイベント会場に初めて接する場所であり、イベントへの期待感を高めるとともに、規制や禁止事項を最初に知るエリアである。したがって、来場者のイベントに対する印象を左右する意味でも重要な場所だといえる。

　来場者入退場管理業務は、次の3つの業務に分かれる。

> **1．来場者出札業務**
> 　当日入場券の発券・販売業務とその管理業務、および来場者数・属性の調査業務　など
> **2．来場者改札業務**
> 　入場券チェック、不正入場券の発見と入場不適格者の排除業務、危険物等の「持ち込み禁止物」のチェックと対応業務、団体入場および特別割引該当者などへの対応業務　など
> **3．分散退場管理業務**
> 　閉場時に、来場者が会場出口や最寄り駅に集中しないようにコントロールし、安全な退場を図る業務

２）来場者案内・誘導・整理業務

　イベント会場内外での案内・誘導・整理業務は、会場運営の基本業務である。来場者が戸惑うことのないように、わかりやすく、スムーズな案内業務が求められる。業務内容もイベントごとに異なり、展示映像施設の受付案内や座席案内、混雑緩和のための整理券の配布など、多様な業務が発生することがある。

　案内・誘導・整理業務のポイントは、次のとおりである。

１．来場者の安全を第一に考えた行動視点
　運営関係者全員が、来場者の安全を最優先とした視点で行動する。

２．制服警備の適切な配置
　「制服警備」は、「警備が行われている」ということを認識させる効果があり、事故防止に役立つ。ただし、「重々しい」イメージも与えるため、適切な配置計画が必要となる。

３．「入場待ち列」の案内・整理
　「入場待ち列」を事前に予測し、整理要員の配置や備品準備を行う。「公平性の確保」が大切である。

４．案内サインの効果的な配置
　来場者にわかりやすいサイン看板を配置する。また、来場者が滞留する場所には速やかに追加設置するなど、来場者視点に立って、臨機応変に対応する。案内サインはユニバーサルデザインで作成することが原則である。

５．避難誘導計画の実行
　緊急時の来場者避難経路、緊急車両動線の確保などを計画した「避難誘導計画」の実行に向けた、誘導人員配置、連絡網の整備が重要である。

3）スタッフ通門管理業務

イベント開催の関係者や会場運営スタッフの入退場は、来場者の入退場と明確に分離し、専用の通用門を設けて管理される。これを「スタッフ通門管理」という。
スタッフ通門管理の業務ポイントは、次のとおりである。

1．通門管理システムの策定

イベントには様々な関係者・スタッフがおり、それぞれに入退場の形態が違っている。スタッフの種別にあった通門管理システムを策定し管理する必要がある。

2．IDカードや入門証の発行・管理

スタッフは、毎日入退場する「日勤スタッフ」と、必要に応じて入退場する「随時スタッフ」に分けられるが、日勤スタッフにはIDカードを、随時スタッフには入門証を発行する。それぞれ発行基準と管理規定を策定し管理する。

3．物品搬入車両と工事車両

通門管理の対象は「人」だけではない。搬入・搬出される物品やその運搬車両、工事車両も管理対象となる。それぞれ入退場規則（入退場時間、駐停車場所、駐車時間、作業内容など）と申請・届出方法を策定して管理する。

4）施設・設備管理と備品・消耗品管理業務

大規模イベントの施設・設備には、駐車場、案内所、パビリオン、休憩所、トイレ、水飲み場などがあり、それぞれに運営備品が用意されている。これらの施設・設備の保守メンテナンスは、会場運営本部の業務であり、重要な運営業務になっている。

保守メンテナンスの計画策定と実施にあたっては、作業内容、必要なスタッフ数と機器・用具などを明確にした計画を立て、実行していくことが必要である。また、作業の詳細な記録書類を残し、次のメンテナンスに役立てることも重要である。

備品・消耗品管理のポイントには「計画に則した準備」「リスト管理」「ストック場所の管理」などがある。備品・消耗品の効率的管理は、運営業務そのものの効率にも影響を及ぼす重要な業務であるといえる。

5）衛生管理業務

イベントの開催期間中に「パンデミック」が発生したり、「食中毒」や「感染症」が発生した場合は、イベント開催そのものに大きな影響を及ぼす。衛生管理業務は、図表 12-3 のように、空気や細菌などの環境管理に関する「環境衛生管理」と、「食中毒」の予防に関する「食品衛生管理」に分けることができる。

▶ **図表 12-3　衛生管理業務の内容**

区分		主な業務内容
環境衛生管理	インフルエンザや新型コロナウイルス、ノロウイルスなどの感染症対策	・手洗いやうがいなどの徹底指導 ・洗浄剤や消毒薬の手配、準備 ・関係機関との調整
	トイレやゴミ集積所などの施設における衛生維持管理	・「清掃に関する遵守事項」の作成 ・清掃およびゴミ処理の実施 ・害虫駆除の実施
食品衛生管理	飲食物に対する食品衛生管理	・「食品衛生に関する遵守事項」の作成 ・営業出店者への指導 ・衛生講習会の実施

6）清掃・環境美化・保全業務

会場を清潔に保つには、**自主清掃**を徹底し、運営関係者全員が「会場の環境美化・保全」の意識をもつことが重要である。

大規模イベントでは、清掃業務を清掃専門会社に委託し、清掃計画を策定し、実施するのが一般的である。

会場内清掃における留意点は、次のとおりである。

> **1．種類別に分けて清掃業務を実施**
> 大規模イベントでは清掃業務を「**一斉清掃**」「**巡回清掃**」「**定期清掃**」「**特別清掃**」の４種類に分けて実施する。一斉清掃は、深夜などに行う機材による清掃。巡回清掃は、毎日清掃場所をローテーションして行う清掃。定期清掃は、窓ガラスなど毎日清掃する必要のない箇所の定期清掃。特別清掃は、臨時に行う清掃である。
>
> **2．責任区分の明確化と「ゴミの分別」**
> 運営事務局、出展・出店者などとの責任区分を明確にし、「ゴミの分別」についても周知徹底する。

3.「ゴミ減量」の推進

　来場者への「ゴミ持ち帰り」の周知徹底だけではなく、出展・出店者のゴミについても、容器回収など持ち帰りを原則とする。

4.「ゴミ集積所」の管理

　ゴミ集積所は目立たない場所に設置されるため、カラス対策やにおい対策など衛生に注意して管理する。

7）警備業務

　会場の円滑な運営、来場者の安全確保の視点から、警備体制を万全にしておく必要がある。警備員の配置は、防犯だけでなく会場の安全確保に役立つ。

　会場運営本部事務局内に「警備本部」を設置し、警備会社の警備員により編成するのが一般的である。事件・事故の未然防止、事件・事故の発生時の迅速な第一次的処置を行うことなどが重要である。

　運営関係者と連携し、様々な「自主警備」を実施し、監視カメラの機械警備を活用することも効果的である。主な警備業務には**「会場内外の警備」「設備・展示物の警備」「来場者誘導・警備」「要人警備」**がある。

（3）会場サービス業務

来場者に対する会場内での各種サービスは、イベントの価値を高めるものである。

1）来場者案内サービス業務

会場での「情報提供窓口」としてタイムリーで正確な情報を収集し、来場者への案内サービスを行う。案内サービス所は「インフォメーションセンター」と表現される。来場者に対する丁寧なサービスは好印象を与え、イベントの価値を高めるものである。

近年では、会場内での案内サービス業務とは別に、ホームページでの案内、スマートフォンアプリでの案内・対応、コールセンターの設置など様々な工夫がされている。

大規模イベントの来場者案内対応業務は、次のように多岐にわたる業務があるため、細やかな準備が必要である。

> 1. ユニバーサルサービスに関する案内・対応
> 2. 施設、展示物に関する案内
> 3. 営業出店案内
> 4. 貸し出し物に関する案内・対応
> 5. 各種プログラムに関する案内
> 6. 医療・救護案内
> 7. 迷子・迷い人対応
> 8. 遺失物・拾得物対応
> 9. 来場者クレーム対応
> 10. 宅配、手荷物預かりなどに関する案内
> 11. 周辺関連に関する案内（交通、宿泊、観光、周辺イベントなど）
>
> など

2）医療・救護業務

医療・救護業務として、運営関係者全員に対し、傷病者を発見した場合の対応方法を理解させておくことは重要である。計画段階から「安全管理業務」として、行政、消防・警察、医療機関などと連携をとり、万全な体制で臨むことが必要である。

大規模イベントでの医療・救護業務には、次のようなポイントがある。

1．救護室の設置

　　会場内に「救護室」を設置し、医師・看護師を常駐させる。イベントによっては、救急車を常時待機させるケースもある。

2．AEDの設置と取り扱い

　　AED（自動体外式除細動器）については、設置場所の明確化、運営関係者全員に対しての使用訓練を行う。

3．熱中症予防対策

　　「熱中症予防対策」は、日陰の設置など、施設関係者などと連携して行う。また、発症時の応急処置対応について、運営スタッフに指導しておくことが必要である。

4．救護用品、消耗品

　　応急処置用の救急箱の設置をする。救護備品としては担架や車いすが代表的である。経口補水液などの消耗品も準備しておく。

3）迷子・迷い人対応業務

　会場内に、「迷子センター」などを設置し、運営関係者全員に迷子・迷い人の対処方法を徹底する。一般的には、氏名、服装の特徴などの情報を収集して「登録・照会用紙」に記録し、場内アナウンスなどで伝達する。保護者や同伴者に引き渡すときには、住所・氏名の記入を求めるなど、慎重な対応が必要となる。

4）遺失物・拾得物対応業務

　遺失物・拾得物の取り扱いは、法的には警察の専任事項であり、勝手に処理することはできない。大規模イベントの場合は、警察署の指導を受け、取り扱いルールを設定する。会場内に「遺失物センター」を設置するケースもある。

　遺失物・拾得物は、個々に「申請書」を作成し「遺失物・拾得物台帳」に記入し保管する。拾得物は一定期間保管の後、警察に移管する。また、持ち主が現れたときの引き渡しは慎重に行う必要がある。

5）賓客（VIP）接遇業務

　大規模イベントでは、国内外から招待者を含め多数の賓客の来場が予想される。賓客の接遇には、一般来場者とともにご観覧いただき接遇する場合と、一般来場者を遮断して接遇する場合の2通りがある。

　海外の来賓の場合は、**プロトコール（国際儀礼）**、生活慣習などを調査し準備す

る必要があり、警察とも連携する。

　賓客接遇業務のポイントとしては「賓客の等級と接遇内容の明確化」「接遇担当者の明確化と内容の確認」「来場記念品や記念写真などの準備」などがある。

6）クレーム対応業務

　イベント開催時には、様々な問い合わせや「クレーム」が発生する。各クレームについては、即時対応すること、また新たなクレームを発生させないために原因究明を行い、情報を一元管理し、運営関係者に周知徹底することが必要である。

　大切なのは、「**クレームは来場者のアドバイス**」と捉えることである。

　基本的なクレーム対応の姿勢は、次のとおりである。

> **1．話を聞く**
> 　現場スタッフは、相手の話を中断することなく、最後まで親身になって聞く。
> **2．その場では議論しない**
> 　現場スタッフは、その場での議論は避ける。
> **3．担当責任者が対応する**
> 　スタッフが明確に回答できない場合は、担当責任者が対応する。
> **4．最後は本部事務局が対応する**
> 　担当責任者で対応困難な場合は、本部事務局が対応する。

7）サービスプログラム業務

　大規模イベントでは、様々なサービスプログラムが提供される。「託児所サービス」「ペット預かりサービス」「手荷物預かりサービス」「郵便サービス」「配送サービス」などがあり、来場者の利便性に大きく影響するサービスプログラムをしっかり運営管理する必要がある。

　サービスプログラムは、来場者のニーズに応えるものであり、それは社会の変化とともに常に新しく生まれるものである。社会の動向と来場者のニーズを的確に把握したサービスプログラムが求められる。

（4）プログラム制作業務

　プログラム制作業務とは、「演技・競技」「展示」「会議・集会」「式典」「宴会」などのプログラムを実行するための制作・進行業務である。最終台本、進行表に基づく演出方法やリハーサルを行い、タイムスケジュールどおりに制作、進行していくことが重要である。

１）参加者・出演者管理業務

　参加者・出演者管理業務とは、プログラムに関わる参加者・出演者が、集合し、プログラムを実施し、解散するまでサポートし管理する業務のことである。プログラムの進行内容や会場・ステージの使用ルールなどの説明、控室の快適な環境づくりなど、参加者・出演者の立場に立ったきめ細かな配慮が必要である。

２）プログラム施設管理業務

　プログラム施設とは、プログラムを実施するステージ、会議施設などの施設全体のことである。プログラム施設管理では、ステージ施設、音響・照明・映像機器、出演者控室、客席、各種備品および保管施設などの運営・管理を行う。専門性の高い設備・機材も多くあり、専門スタッフと連携しメンテナンスにも配慮する。

３）プログラム進行管理業務

　プログラム進行管理とは、プログラムの実施・上演時間および回数をコントロールすることである。プログラムはしばしば、予定の時間どおりには進まないことがある。運営状況に応じて実施・上演回数の増減も必要となるが、プログラム進行の変更は、イベント運営全体に影響を及ぼすので慎重に対応する。

４）配布物管理業務

　配布物管理業務とは、プログラムに関わるノベルティ、パンフレット、チラシ、記念品などの配布物を管理する業務である。管理にあたっては、イベント会場への搬入日時、ストック場所、配布場所、配布日時、必要なスタッフ数などの配布計画を立てる。配布物によっては、来場者が殺到し混乱を来す場合もあり、整理券や引換券の配布など、安全管理も必要である。

（5）市民参加・ボランティア管理業務

　国際博覧会やオリンピック・パラリンピックのような大規模イベントでは、企画・計画段階からの市民参加や、運営のためのボランティアは不可欠のものとなっている。

　今や、大規模イベントは行政、産業、市民の協働でつくるものであり、市民参加・ボランティアはその象徴的な姿である。例えば、「2020 年東京オリンピック・パラリンピック」では、8 万人以上のボランティアが参加し、大会実施のために重要な役割を果たした。

1）イベントにおける市民参加

　イベントにおける「市民参加」は、企画段階でのアイデア募集やキャラクター募集、ワークショップへの参加などが一般的である。また、広報 PR 活動への参加や会場のシンボル造形の制作参加、花壇や修景施設の造営とメンテナンス、**催事出演**など、制作・運営の段階でも市民参加は欠かせない要素となっている。

2）イベントにおけるボランティア

　ボランティア（volunteer）という言葉には、もともと「志願兵・義勇兵」という意味があり、「人の嫌がる仕事を引き受ける者」が本来の意味である。現代では、「無償で働く者」という意味で盛んに使われている。

　イベントの場合、「自分も役に立てそうだ」というイメージをもたれがちで、ボランティア希望者は多い。しかし、現実は厳しいことも多く、ボランティア募集の際には、丁寧に説明し募集する必要がある。

　市民参加・ボランティア管理業務のポイントには、次の点が挙げられる。

1．意義や趣旨の明確化

　なぜ、市民参加やボランティア協力を求めるのか、その意義や趣旨（目的・理由）を明確にする。

　曖昧な考えでの募集・実施は、混乱のもととなる。

2．業務内容の明確化と適材適所の募集

　業務ごとに「いつ、どこで何をするのか」を明確にし、適材適所の人材募集を行う。

3．公正・公平な審査

　希望者が多い場合は選考方法・条件を公開し、公正・公平な選考を行う。人材の質の確保は重要な課題である。

4．マニュアルの策定と研修の実施

　詳細なマニュアルを策定し、十分な座学研修と現場研修を実施する。

（6）営業出店管理業務

　イベント会場での営業出店は、**飲食営業出店**、**物販営業出店**、**サービス営業出店**の３つに分けられる。出店にあたっては、事前に出店条件を決め、公募を経て出店者を決定する。

　大規模イベントでは、出店数やその来店客数・売上金額は多大なものとなり、売上一括管理（現金・キャッシュレス）などの合理的な管理業務が必要となる。また予測より来場者数が少なく、売上目標に大幅に達しないときなどは、本部事務局に相談・クレームが寄せられることもある。

１）飲食営業出店の管理業務

　レストランや屋台、キッチンカーによる飲食営業は、イベント会場に必須のサービスであり、また、会場に花を添えるものとして人気が高い。このような飲食を扱う店を出す場合には、期間限定といえども食品衛生法に基づき保健所への事前申請が必要になる。

　飲食営業出店の管理業務のポイントは、次のとおりである。

> **１．イベントのイメージに合った出店**
> 　レストランやファストフードにするか、屋台、キッチンカーにするか、出店数も含め、会場イメージに合った出店構成を行う。
> **２．法規の遵守**
> 　営業許可を取得し、営業資格をもって出店を行う。保健所の指導を遵守する。
> **３．食品衛生、環境衛生の徹底**
> 　食中毒や感染症を防ぐため、調理スタッフはもとより、調理施設や調理スペースの衛生管理を徹底する。

２）物販営業出店の管理業務

　記念品やお土産などの販売店、コンビニエンスストアなどと出店契約（販売品目・価格・営業時間などの取り決め）を結び、その管理が主たる業務となる。

　最近、注目されているのが、アーティストのコンサートにおけるグッズの売上であり、チケット販売に匹敵する売上をあげる場合もある。人気グッズであれば売り場が混乱することもあり、安全な管理のもとで販売する必要がある。

12−5　多様な特性を理解する

イベント会場には、外国人、高齢者、障がい者、ベビーカー利用者、妊婦、LGBTQ+ の人など、多様な人が来場する。「誰もが取り残されないイベント」を提供するには、それぞれの特性を理解する必要がある。

（1）海外からの来訪者の理解

世界的にコロナ禍も落ち着きを見せ、海外からの来訪者は再び増加しており、祭りや名勝だけでなく、小さな村や各地の様々なイベントに参加することを目的とする人も増えている。

▶▶ **図表 12-4　訪日外客数の推移**

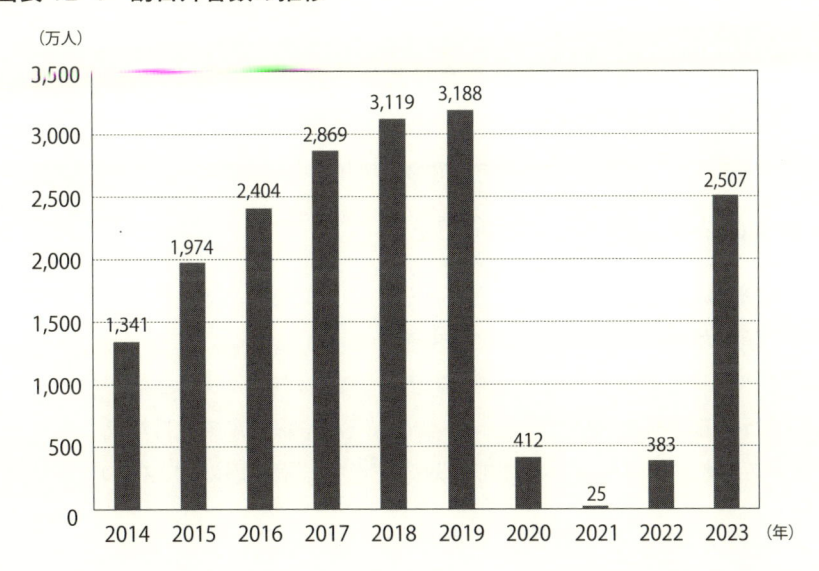

海外からの来訪者は、それぞれの国や人種によって文化が異なる。豚肉や牛肉を食べない文化もあれば、タトゥーが神聖な信仰を表す文化もある。同じアジア圏でも、それぞれ文化が異なる。

海外からの来訪者を理解する上で特に大事なこととして、次の 3 つがある。

- ・食べられないものがあることを知る
- ・信仰の決まりがあることを知る
- ・楽しみ方が様々であることを知る

図表 12-4　引用：JNTO（日本政府観光局）HP「訪日外客統計」
https://www.jnto.go.jp/statistics/data/visitors-statistics/（2024 年 8 月現在）※グラフは作成

1）食べられないものがあることを知る

　日本人は、個人的理由以外には食べられるものの規制が少ない国民といえるだろう。しかしグローバルな視点で見れば、食べものに関して禁忌がある人は多い。

　主な「食べられない」理由には次のようなものがあり、イベントによっては食べものの禁忌について事前に調査し、対応策を講じておくことが必要である。

> **1．文化的なもの**
> 　国や地域によって食文化は異なる。例えば、卵を生で食べる文化は海外にはほとんどなく、生卵を苦手と感じる外国人は多い。
>
> **2．宗教的なもの**
> 　**ムスリム**（イスラム教徒）は豚やアルコールの摂取が禁忌[*1]となり、ヒンズー教徒は牛肉が禁忌となるなど、宗教による食事の禁忌は多い。
>
> **3．信条などによるもの**
> 　動物性食品を食べない**ベジタリアン**[*2]など、食に関する信条をもつ人が近年増加している。

2）信仰の決まりがあることを知る

　日本は宗教に関して寛容だといえる。しかし、だからこそ他国の宗教に関して認識が浅い傾向があり、知るべきことは多くある。

　例えば、ムスリムは1日5回の礼拝を行うことが義務づけられており、これを安心して行える場所を求めている。日本でも空港やホテルで礼拝場所などを設ける例が増えてきたが、イベント会場でも対応できれば満足感の向上につながる。

3）楽しみ方が様々であることを知る

　訪日外国人の日本の楽しみ方は様々であり、盆踊りに参加するために日本に来る人、バッティングセンターに行きたくて日本に来る人など、日本人の感覚のままでは驚かされることも多い。

　イベントにおいても来場者の楽しみ方の多様性を認め、柔軟に対応していくことが大切である。

---

　*1　ムスリムにとって「禁じられた」ものや行為を「ハラーム（ハラム）」といい、逆に「許された」ものを「ハラール（ハラル）」という。「ハラール認証」は、食品などが「ハラール」であることの認証で、これがあるとムスリムにも安心してもらいやすい。
　*2　ベジタリアン：ベジタリアンは、一般に動物性食品を食べない人と解釈されるが、実際は、卵や乳製品は食べる「オボ・ラクト・ベジタリアン」や、鰹節などの出汁（だし）や革製品なども避ける「ビーガン」など、多くのタイプがある。

（2）様々な障がいの理解

　障がい者に対応するとき、最も留意する点は「**障がいがあっても自立した尊厳の
ある個人である**」という認識をもって接することである。障がい者は、障がいの不
便さはあるが、その他は十分に能力があるのだという理解が必要である。

　障がい者に対し「何でもサポートしなければならないかわいそうな人」という間
違った認識で接することはあってはならない。特に本人が話しかけてきているのに
同伴者に対して答える、などという対応は大変失礼である。

　この前提を踏まえ、様々な障がいの主な特性と対応例を次に挙げる。

1）肢体障がいや歩行障がいのある人

　手動または電動の車いすを利用している人のほか、松葉杖を利用している人や義
足の人もいる。また、自分の意思と関係なく手足が動いてしまう**不随意運動**（アテ
トーゼ）や発語の不便さを伴う人、手にも麻痺のある人などがいる。

　車いす利用者にとっては、段差や階段、手動ドアなどが大きなバリアになりやす
い。

主な対応例

1．できるだけ段差をなくしたフラットな会場設計とし、段差にはス
　ロープを設置する。

2．車いす利用者に対しては必要に応じてサポートする。

3．不随意運動などに驚かず、落ち着いて丁寧に対応する。言葉が聞
　き取れなかった場合は、わかるまで聞き返す。

4．書くことに不便がある人に対しては、了解を得て代筆をする場合
　がある。ただし個人情報に関係することは、十分に配慮する。

5．車いす利用者が使えるトイレ（多機能トイレなど）を用意する。

２）聴覚障がいのある人

全く聞こえない「**ろう**」の人や、聞こえにくい「**難聴**」の人、「**聴覚過敏**」の人など、様々な聴覚のレベルの人がいる。

コミュニケーションの手段として、手話のほか、話し手の口の動きを見て言葉を読み取る「読話（どくわ）」を行う人もいる。また自分の声を自分で確認できないため、発音が明瞭でない人もいる。

主な対応例

1．手話でコミュニケーションを図る。

2．手話ができない場合、身振り手振り、筆談、読話、コミュニケーションボード、音声認識ソフト、携帯電話のメール機能などを活用してコミュニケーションを図る。「手話ができないからコミュニケーションを図れない」と思ってはならない。

3．視覚情報（サイン、文字、イラスト、写真、光、手話、音声認識ソフトなど）を整備する。

4．話すときは、口の動きを見せるために正面から話す。

5．必要があれば手話通訳者を手配する。

３）視覚障がいのある人

全く見えない「**全盲**」の人、見えにくい「**弱視**」（**ロービジョン**）の人、色の見え方が一般と異なる「**色覚障がい**」の人など、様々な見え方の人がいる。

白杖（はくじょう）を持っている人や、**盲導犬**を同伴している人もいる。

主な対応例

1．**補助犬**である盲導犬の同伴を断ることは、法律で禁じられていることを知る（※他の補助犬である聴導犬、介助犬も同様）。

2．点字ブロックなどを設置する。またその上に物を置かない。

3．情報保障として、文書などを音声読み上げするためテキストデータ化することや、点字の設置などを行う。

4．聴覚情報（案内・誘導・注意などのアナウンス）を整備する。

5．文字の記入は、了解を得て代筆する。ただし個人情報に関係することは、十分に配慮する。

6．サインや広告、Webなどの色使いについて、色覚障がいに配慮する。

4）内部障がいのある人

　身体の内部に障がいのある人で、心臓、腎臓、呼吸器、膀胱・直腸、小腸、肝臓の機能障がいと、HIV による免疫機能障がいの 7 種類に分類される。

　疲れやすい人が多く、身体的負担を伴う行動が制限されやすい。人工膀胱や人工肛門を使用している人（**オストメイト**）には、装具などを洗浄できる設備のあるトイレが必要である。内部障がいは、見た目では特性がわからない点に留意したい。

> **主な対応例**
> 　1．オストメイト対応のトイレ（多機能トイレなど）を設置する。
> 　2．外からは見えない特性であるだけに、それぞれの特性の知識をもっておき、配慮するよう心がける。

オストメイト用設備／オストメイトのピクトグラム[*3]

5）知的障がい・発達障がい・精神疾患のある人

　知的障がいの人は、記憶力や理解力に知的な遅れがある。複雑な話や抽象的な概念の理解は苦手な人が多く、一つの行動に執着する人もいる。

　発達障がいには、ADHD（注意欠如・多動症）、自閉スペクトラム症（ASD）、学習障がい（限局性学習症、LD）等の種類がある。年齢相応の社会性が身についていない人や、関心のあることばかり一方的に話す人などがいる。

　精神疾患とは、うつ病、統合失調症、双極性感情障がいといった精神の疾患をいう。適切な治療・服薬や配慮があれば多くは安定した日常生活を送ることができるが、環境の変化などによって精神的に不安定になる場合がある。

> **主な対応例**
> 　1．どのような人に対しても「**人としての礼儀と尊厳**」を尊ぶ対応をすることが大前提であり、特に知的障がいや発達障がいのある人に対して、子どもに対するような対応をしないことを周知徹底する。
> 　2．言葉が聞き取れなかった場合は、わかるまで聞き返す。
> 　3．知的障がいの人への説明が理解されにくいときは、絵や図を示したり、実物を指差したりするなど、目に見える形で説明する。

＊3　引用：交通エコロジー・モビリティ財団 HP「バリアフリー推進事業」
　　https://www.ecomo.or.jp/barrierfree/pictogram/picto_009%E3%80%802021.html
　　（2024 年 8 月現在）

（3）その他の不便さがある人の理解

1）高齢者

　高齢者は、身体機能が若い時に比べ少しずつ衰えてきて、疲れやすくなっている。また物覚えが悪くなったり、物忘れが多くなったりするなどの傾向がある。

主な対応例

　1．年寄り扱いや必要以上の介助をしない。高齢者は長年社会に貢献してきたという自負もあり、強い自尊心をもっていることを理解する。

　2．段差や階段、スロープでは、つまずきやすく転びやすいため、手すりなどを設置する。

　3．視力に配慮したサイン表示（文字の大きさなどの調整）や、聴力に配慮した案内・誘導（音量とスピードなどの調整）を行う。

　4．新しい言葉や外来語を理解しにくい人が多いため、わかりやすい言葉で案内する。

2）アレルギーのある人

　アレルギーは、特定の物質に対する過敏な反応である。アレルギー反応を引き起こす物質を**アレルゲン**といい、何がアレルゲンかは人によって異なる。

　アレルゲンには、食物[*4]、ダニ、カビ、花粉など多くのものがあり、症状も軽微なものから**アナフィラキシーショック**[*5]のような重篤なものまで様々ある。

主な対応例

　1．アレルギー症状をもった人は自覚している人が多く、事前に申し出があった場合の対応方法を用意しておく。

　2．**特定原材料**以外においても、食品の原材料の情報提供を積極的に行う。

＊4　食物によるアレルギーを「食物アレルギー」という。原因となる食物は多岐にわたるが、食品表示法では重篤度・症例数の多い「えび、かに、くるみ、小麦、そば、卵、乳、落花生（ピーナッツ）」の8品目を「特定原材料」と定義し、容器包装された加工食品に表示を義務づけるほか、対面販売などにおいても情報提供を促している。

＊5　アナフィラキシーショック：アレルゲンなどの侵入により、複数の臓器にわたって全身にアレルギー症状が現れて生命に危機を与え得る過敏反応を「アナフィラキシー」といい、このうち血圧低下や意識障害を伴う場合を「アナフィラキシーショック」という。一刻も早い医療機関での治療が必要とされる。

3）LGBTQ+ の人

　LGBTQ+とは、いわゆるセクシュアルマイノリティの総称の一つである。当事者は、周囲の偏見や誤解から不愉快な思いをすることも多い。

　性の多様性は、本人の嗜好（趣味や好み）ではなく、**脳の機能の違いから起こる**とされる。LGBTQ+ 当事者層の割合は 9.7% という調査[6]もあり、これによれば日本において約 10 人に 1 人が当事者ということになる。

　LGBTQ+ とは、次のセクシュアリティの略称である。

> L ＝ レズビアン（女性同士が恋愛対象）
> G ＝ ゲイ（男性同士が恋愛対象）
> B ＝ バイセクシュアル（男性も女性も恋愛対象になる）
> T ＝ トランスジェンダー（生まれた性と異なる性で生きる人）
> Q ＝ クエスチョニング（性自認や性的指向が定まっていない、定めていない人）
> 　　　あるいは　クィア（性的少数者の総称）
> ＋ ＝ その他の多様なセクシュアリティ

> **主な対応例**
> 1．外見で人同士の関係を決めつけない。
> 2．性は基本的に多様であるということを受け入れ、特別視せず、当たり前に他の人と同様に接する。
> 3．トイレのサイン表示への配慮が求められる。特にトランスジェンダーの人などは、男女の別しかないトイレではどちらのトイレに入ってよいか困惑することが多いため、施設の計画・施工段階から、トイレの多様性、サイン表示について考え、課題を共有しておくことが重要である。

---

[6]　引用：電通 HP「電通グループ、『LGBTQ+ 調査 2023』を実施」
https://www.group.dentsu.com/jp/news/release/001046.html （2024 年 8 月現在）

４）ベビーカー利用者、妊婦

　小さな子どもを連れてベビーカーを利用している人がいる。また、妊婦の参加・来場もある。

　ベビーカー利用者にとっては、車いす利用者同様、段差や階段がバリアになる。妊婦は急な体調の変化があり得るほか、妊娠後期になると足元が見えにくくなり、小さな段差につまずきやすい。

> **主な対応例**
>
> 　１．会場内への「赤ちゃん休憩室」の設置や、多機能トイレにおむつ交換台の設置を行う。なお、「赤ちゃん休憩室」などは男女ともに利用できるよう配慮する。
> 　２．休憩室がどこにあるかなどサイン表示に配慮する。また、できるだけフラットな会場設計とする。
> 　３．多機能トイレがどこにあるか、どのような機能があるかなどのサイン表示に配慮する。

（４）多様性の理解の重要性

　様々な特性のポイントを挙げてきたが、気をつけなければならないのは、同じ特性のある人でも、**不便さは人によって異なる**ということである。不便さが異なれば、必要な配慮・不要な配慮も異なってくる。そのため、「この特性のある方にはこの対応」という決めつけた配慮では、人によっては差別と感じたり、不快感を覚えたりする。

　一般的な知識をもった上で、一人ひとりの特性や不便さがどのようなものであるか、理解しようと努めることが大切である。

　（詳しくは、ユニバーサルイベント検定公式テキスト『いま、求められるユニバーサルイベント』参照）

12 − 6　合理的配慮

（1）障害者差別解消法と合理的配慮

　障害者差別解消法（2016 年施行）は、「共生社会」の実現を目指すため、「**合理的配慮**」の提供を国や地方自治体に対して義務づけ、2024 年からは民間事業者にも義務づけた。合理的配慮とは、障がいのある人から、社会の中にあるバリアを取り除くために何らかの対応を必要としているとの意思を伝えられたときに、負担が重すぎない範囲で対応することをいう。

　合理的配慮の提供にあたっては、障がいのある人と建設的対話を通じてお互いに理解し合いながら、ともに対応案を検討していくことが重要である。対話を一方的に拒むことは、合理的配慮の提供義務違反になり得る点に留意しなければならない。

（2）DE&I と公平性の考え方

　「D&I」（ダイバーシティ＆インクルージョン）は、「性別や年齢、障がいの有無、国籍や価値観の異なる多様な人材を活用し、組織を活性化させる」という考え方であり、多くの企業・組織が推進してきた。近年は、活性化をより効果的なものにするため、これに「**公平性**」の考えを加味した「**DE&I**」（**ダイバーシティ・エクイティ＆インクルージョン**）として推進する企業・組織が多くなっている。ダイバーシティ（Diversity）は多様性、エクイティ（Equity）は公平性、インクルージョン（Inclusion）は包摂性といった意味である。

　公平性とは、人を単に平等に扱うのではなく、個々の状況に合わせた調整を行い、誰もが機会を得られるようにすることを意味する。図表 12-5 は、「EQUITY（公平性）」の考え方について、「EQUALITY（平等）」と比較して表したものである。

▶ **図表 12-5　「EQUALITY（平等）」と「EQUITY（公平性）」**

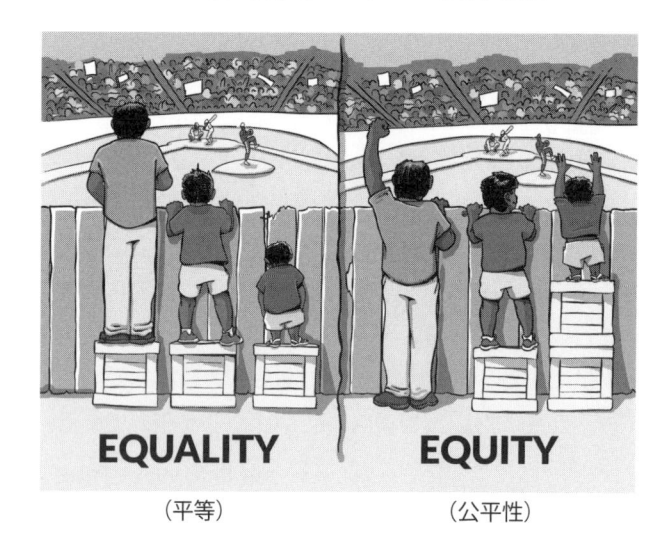

（平等）　　　　　　　　　（公平性）

　塀の向こうの野球を観るための配慮として、左の絵のように、一律に同じ台を用意しているのが「EQUALITY（平等）」の状況である。しかしこの絵の場合、結果として野球を観ることができない人が出てきてしまっている。これに対し、右の絵のように、それぞれの身長（特性）に合わせた台を用意し、皆が野球を観られるようにしているのが「EQUITY（公平性）」の状況である。

（3）公平性と合理的配慮

　「DE&I」の公平性（Equity）は、合理的配慮を考える際のポイントともなる考え方である。図表 12-5 の右の絵で、塀というバリアを取り除くため人によって台の数を変えているように、合理的配慮は一人ひとりの特性に合わせて**行う配慮を変える必要がある**ことがポイントである。「建設的対話」の重要性も踏まえれば、合理的配慮の提供とは、一人ひとりの特性によってできないことに対し、どのようにしたらよいかを本人と一緒に考え、実現可能な方法を編み出して対応することだといえる。

　的確な対応方法を編み出すためには、まずはそれぞれの特性の一般的な不便さや、対応方法を知っておくことが基本となる。その上で、個々の本人の不便さを考慮していくことが大切である。

図表 12-5　引用：Interaction Institute for Social Change | Artist: Angus Maguire.
http://madewithangus.com/portfolio/equality-vs-equity/（2024 年 8 月現在）

Column

合理的配慮の実現に必要なこと

　2024 年 3 月、車いすを利用する女性がある映画館を訪れた。女性が観たい映画が上映される会場には階段があったため、スタッフが車いすを持ち上げて席までの上り下りを手伝った。しかし上映終了後、スタッフから「この会場は段差があって危険で、スタッフにも時間があるわけではない。今後はここ以外で観ていただいたほうがお互いによいのでは」という旨の発言があった。この顛末を女性が「悲しかった」と SNS に投稿したところ、大きな議論を呼んだ。映画館は対応が不適切であったと謝罪文を公表した一方、Web 上では「現実的に対応は難しい」という声や、女性に対する「クレーマーだ」といった批判が少なからず見られた。

　この一件は、民間事業者に対して合理的配慮が義務化される直前に起こっただけに、合理的配慮をどのように実現していくかが改めて問われる一件となった。

　イベント関係者にとっても合理的配慮の実現は喫緊の課題であるが、まず大切なのは、**「誰もが公平に機会を得られるのは、当たり前のこと」**という認識に立つことである。そして、多様な特性を理解した上で、どうすればより効果的に、かつ労力をかけず安全に配慮を行えるか、日頃から考える習慣をつけることが重要である。

当ページコラム　参考
　東京新聞 HP「『別の映画館で見てと言われた』車いす利用者の投稿にバッシング　『合理的配慮』どう実現していくか考えた」https://www.tokyo-np.co.jp/article/316131
　AERA dot.「映画館での "介助" をめぐり炎上した『車椅子インフルエンサー』が明かす、"騒動への思い" と驚きの "後日談"」https://dot.asahi.com/articles/-/218316?
　ITmedia ビジネスオンライン「4 月から義務化　イオンシネマ問題が示唆する『障害者への合理的配慮』の難しさ」https://www.itmedia.co.jp/business/articles/2403/27/news040.html
　（URL はいずれも 2024 年 8 月現在）

第4章

イベントマネジメント

第13節 プロジェクトマネジメント

13 – 1 プロジェクトマネジメント

　プロジェクトの定義について、米国のプロジェクトマネジメント協会は「独自の成果物、またはサービスを創出させるための期限のある活動」としている。この定義によれば、イベントの制作およびその業務は「プロジェクト」である。

　「プロジェクトマネジメント[*1]」とは、プロジェクトを成功裏に完了させることを目指して行われる活動を指す。プロジェクトマネジメントには、プロジェクトを構成する各活動の計画立案、日程表の作成および進捗管理が含まれる。

（1）プロジェクトワークとルーティンワーク

　プロジェクトワークとは、「**期限のある、複数の専門業務の協働による、新しい物事の創出業務**」である。これに相対する業務として**ルーティンワーク**があるが、これは「**日々の定常的業務**」のことである。

　その基本的な違いは、次の3つの相違点にある。

プロジェクトワークとルーティンワークの基本的な違い

　1．業務の「**有期性**」と「**定常性**」

　　　プロジェクトワークは、完成・完了期日を設定し、完成させなければならない**有期性**があるが、ルーティンワークは、期限がなく**定常性**がある。

　2．協働の「**変動性**」と「**固定性**」

　　　プロジェクトワークもルーティンワークも、様々な専門家による**協働（チームワーク）**によって行われる。しかしプロジェクトワークは、プロジェクトごとにチーム編成や相手が移り変わる**変動性**があるのに対し、ルーティンワークは、常に一定グループで継続的に行い、相手も変わらない**固定性**がある。

　3．業務の「**一回性・創造性**」と「**反復性**」

　　　プロジェクトワークは、新たに物事を創り出す一回限りの業務のため**一回性・創造性**があるのに対し、ルーティンワークは、同じ業務を繰り返す**反復性**がある。

▶ 図表 13-1　プロジェクトワークとルーティンワークの違い

プロジェクトワーク	ルーティンワーク
有期性：開始時点と終了時点があり、業務の期限が最初に設定される。	**定常性**：いつもと同じ業務の継続で、業務全体の期限はない。
変動性：プロジェクトごとに、また、業務の進展によって相手が変わる。	**固定性**：協働する相手が固定され、原則として変わらない。
一回性・創造性：今までにない業務とその創造性が求められる。	**反復性**：効率性・正確性が求められる。

（2）プロジェクトマネジメントの基本

　プロジェクトマネジメントとは、プロジェクト管理のための体系的な手法である。プロジェクトワーク全体の展望（見通し）であるスコープ[*2]、時間、資源などのバランスをとりながら目標を達成する活動全般を指す。

1）プロジェクトマネジメントの基本的な考え方

① 目標管理志向

　目標管理志向とは、プロジェクト全体で達成すべき品質、時間（日程）、コスト（経費）などの目標を明確に掲げ、共有し、業務目標の達成度合いや進捗状況を管理し、成果を獲得しようという考え方である。

② プロセス志向

　プロジェクト全体をどのような業務プロセス（業務の手順や処理方法）で遂行すべきか計画し、業務のプロセス（下位プロセス）を明確にして、監視し、コントロールする考え方である。そのために、業務プロセスの「**始まりと過程と終わり**」を規定し、プロセスごとに次の 3 点を実行する。

> 1．**入力（Inputs）**：必要な情報を入手する
> 2．**ツールと技法（Tools and Techniques）**：必要なツールと技法を用意する
> 3．**出力（Outputs）**：業務の成果を可視化し保存する

＊1　引用：日本イベント産業振興協会、新版スポーツイベント検定公式テキスト制作委員会 監修『スポーツイベント検定公式テキスト』日本イベント産業振興協会　2021 年
＊2　スコープ：プロジェクトの範囲の見通しのこと。プロジェクトの作業や成果物について、何をどこまで行うかなどの設定。

③ WBS 志向とフェーズ志向

WBS（Work Breakdown Structure）は、プロジェクトを細分化することによって、業務全体を体系化して、効果的・効率的なプロジェクトを実現しようとする考え方である。

一方、**フェーズ志向**は、プロジェクトの全期間をいくつかの**フェーズ（段階・局面）**に分け、フェーズごとに業務の成果や達成度合いを確認し、次に進む考え方である。

④ PDCA サイクル志向

PDCA サイクルとは、「<u>Plan（計画）➡ Do（実行）➡ Check（評価）➡ Action（改善）</u>」の4段階を繰り返すことにより、業務を継続的に改善していく考え方である。

PDCA サイクル志向とは、計画と実行の結果を評価し、改善点を見つけ、次の業務に反映していく考え方である。一つの業務プロセスを PDCA サイクルで遂行したら、最後の Action（改善）が次の業務プロセスの Plan（計画）に反映され、この連環をスパイラル状に発展させる。

➤ 図表 13-2　PDCA サイクルとプロジェクト・フェーズ

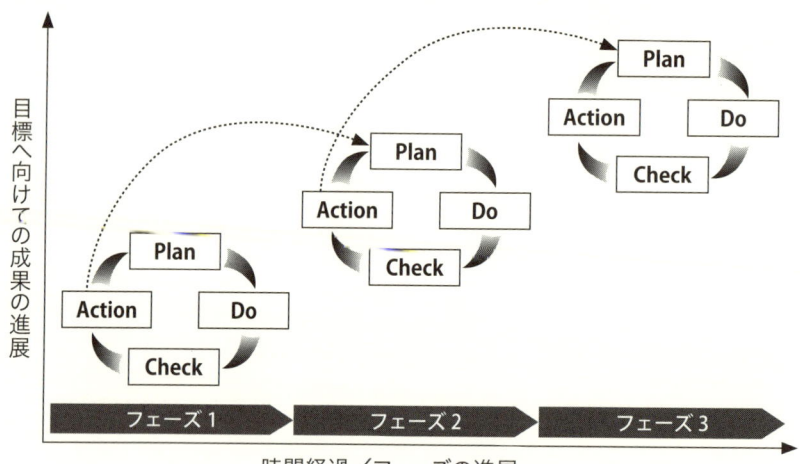

⑤ プロジェクト・ライフサイクル

「<u>誕生 ➡ 成長 ➡ 拡大 ➡ 縮小 ➡ 終結</u>」という**プロジェクト・ライフサイクル**に応じて、スタッフ編成や資金投入をタイミングよくコントロールする考え方である。

⑥ 標準化と可視化

管理手法の標準化とは、知識や技能を解説書やマニュアルで表現し、図解やフローチャート図を使って可視化することである。

2）プロジェクト・ステークホルダー

プロジェクト・ステークホルダーとは、プロジェクトの利害関係者全てをいう。ステークホルダーは内部と外部に分けられるが、プロジェクトマネジメントでは内部だけでなく、外部のステークホルダーとの関係性の確立も重視されている。イベントプロジェクトのステークホルダーは、図表 13-3 のようになる。

▶ 図表 13-3　イベントプロジェクトのステークホルダー（例）

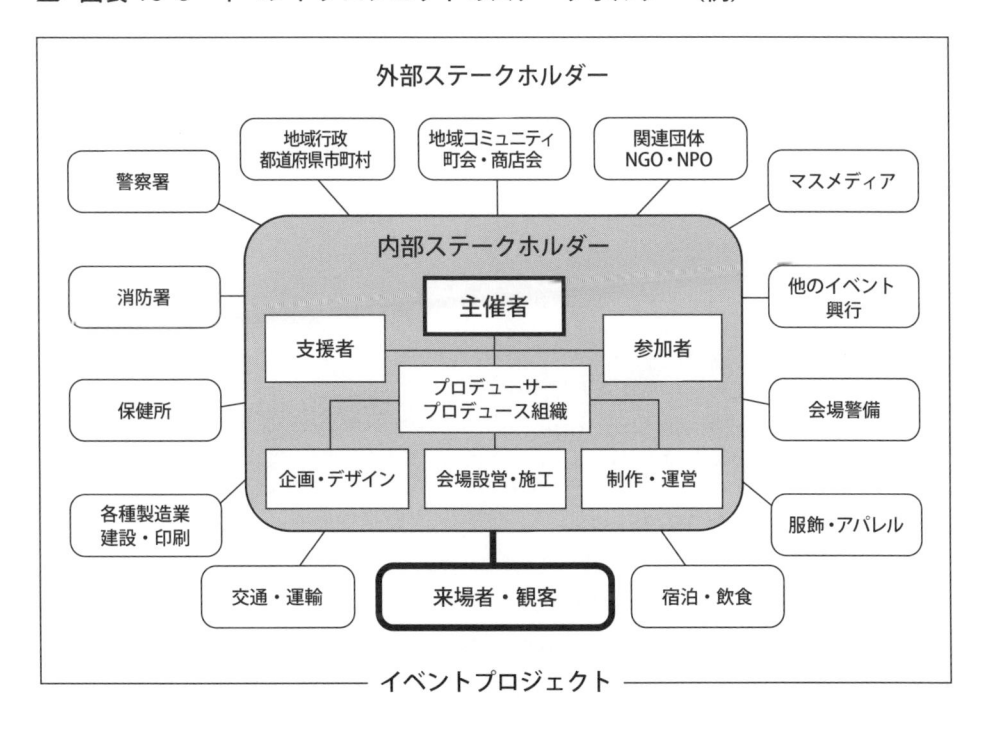

13−2　イベント計画の基本構造

（1）計画の基本構造

　企画と計画は一対のもので、計画があって初めて企画が実現する。計画は企画を実現させるために必要な作業の手順を策定したものであり、時間と費用と品質と空間で構成されている。特に空間は、どこで、どのような空間をつくるかによって、時間と費用と品質に大きく関係し、重要な意味をもっている。

1）作業と計画の構造特性

① トレードオフの関係

　一方が増えれば他方は減るというような、両立できない関係をトレードオフの関係という。例えば、品質が一定のとき、作業時間を減らすためには人手を多くかけなければならず、費用は増えるという関係である。常に作業も計画もトレードオフの関係に注意し、コントロールする必要がある。

② WBS（Work Breakdown Structure）

　WBS（Work Breakdown Structure）は、一つの仕事を業務・作業に細分化し、それぞれと全体との関係を明確にして、仕事の計画全体を体系的に組み立てるという考え方である。計画を策定する上で、必ず行う必要がある。

③ プロジェクトマネジメント志向

　前項で学んだとおり、**プロジェクトワーク**とは「期限のある、複数の専門業務の協働による、新しい物事の創出業務」であり、イベントは典型的なプロジェクトワークである。イベント全体を調整しコントロールするというプロジェクトマネジメント志向である。

（2）イベント計画の基本構造と留意点

　イベントの計画は、「<u>1.業務・作業</u> ➡ <u>2.人材・組織</u> ➡ <u>3.日程</u> ➡ <u>4.予算</u>」の策定であり、これらを合理的・効率的に組み立てることである。複数の異なる業務・作業によってつくられる計画は、極めて重要な役割を果たす。策定は、制作分野ごとに専門家との協働作業となる。また、計画は単なるスケジュールづくりではなく、実現可能な手段や方法を示すことであり、問題点や課題点の解決策を示すものでもある。

計画の基本構造の留意点には、次のようなものがある。

> **1．業務・作業の抽出**
> 　「モレなく、ダブりのない抽出」が基本であるが、同時に業務・作業のバランスを考え、ムダを省いた計画策定が必要となる。
>
> **2．人材・組織の編成**
> 　「適材適所」を基本に、人材・組織のスペシャリスト（専門性）とゼネラリスト（総合性）を見極めた編成を行う。高度な技術が必要な場合は専門性をもった人材・組織を編成する。それ以外の場合には、複数の業務・作業を担当できる、総合性のある人材・組織を編成すると、日程と費用の削減となる。
>
> **3．日程（スケジュール）の策定**
> 　日程は、イベント全体の企画から制作までを通した**全体運営日程**（広義の運営日程）と、**会期中の運営日程**（狭義の運営日程）の２つに分けられる。日程には、大日程・中日程・小日程がある。
>
> **4．予算の策定**
> 　予算計画の策定は、プロデューサーやプランナーの重要な業務である。大きな項目の予算（収入・支出）と、その詳細項目の予算を提示し、明細を明記する。

（3）イベント計画の策定項目

1）イベント計画の6W2H

　イベント計画を策定していく上で、数多くの作業項目を効率的に整理するためには、作業項目を 6W2H で整理するのが有効であり、チェックリストとしても活用できるだろう。

　イベント計画の策定内容を作業項目ごとに 6W2H で整理した例は、図表 13-4 のとおりである。

▶ 図表 13-4　イベント計画の 6W2H

6W	① **Who** だれが	・主催者（正式名称） ・共催・協賛・協力の構成 ・主催者事務局組織の編成 ・企画・制作・運営組織の編成
	② **Why** なぜ	・開催目的・目標の明確化 ・開催の背景（社会・市場環境）の明確化
	③ **What** なにを	・行・催事プログラム内容構成 ・出演者・展示物・参加者構成
	④ **Whom** だれに	・参加者（出演者・出展者）の構成 ・来場者（観客・観戦者）の構成
	⑤ **Where** どこで	・会場立地の構成 ・会場施設の構成
	⑥ **When** いつ	・会期の構成 ・行・催事プログラム進行の構成 ・企画・制作・運営スケジュール
2H	⑦ **How** どのように	・適材適所の組織体制 ・テーマワード、スローガン ・全体プログラム構成 ・参加対象層の選定 ・立地・施設の選定・下見 ・開催時期・時間の策定 など
	⑧ **How much** いくらで	・人件費 ・企画費・調査費 ・出演・出展経費 ・告知・集客経費 ・会場使用料 ・制作費 など

2）イベント計画の策定ポイント

　イベント計画を策定するには、企画の意図は何で、どのような目的で立案されて、実行できる背景は何か、ということを把握した上で推進していく必要がある。
　イベント計画の策定ポイントには、次のような点がある。

1．与件（前提条件）を十分に確認する
　企画内容はもとより、イベント主催者の予算や方針などの与件や、社会・市場環境などにも配慮する必要がある。

> **2．計画策定の基本的な考え方を明確にする**
>
> 　計画の課題に対して、どういった考え方や意図で策定し、推進していくのかなどを明確にする。明確な考え方のもとで、人材・組織の編成、日程、予算の策定を行う。
>
> **3．業務・作業の合理的な整合性をとる**
>
> 　全ての業務・作業の相関関係を明確にし、時間的、予算的に無理やムダがないかを点検し、全体見積書を作成する。外部に依頼した作業の見積書は、業務・作業内容、人工数(にんく)・人件費、作業期間・納品場所など、必要な情報が明記されているものを入手する。

13 – 3　イベントの企画・計画の3段階

　イベントは大小様々あるが、特に国際博覧会やオリンピック・パラリンピックなど、関係する団体、スタッフの数、開催予算などが大規模なものは、より長い期間をかけて綿密に企画・計画を練る必要がある。このため、次の3段階に分けて策定していくのが通例である。

（与件）→　　基本構想　▶　基本計画　▶　実施計画　　→（実施）

（1）基本構想……「仕掛け」づくり

　大規模イベントの主催者は、イベントの基本的な開催目的や規模、効果などの概要案を起案し、その基本的な考え方や方針のもとに、イベントの全体概要の策定を行う。これが**基本構想**である。

　基本構想の策定は、基本的には「企画」の策定であるが、イベント実施に向けて、開催テーマや開催規模、内容の綿密な論理構成、推進体制、予算概要などの具体的な提示を必要とする。

　基本構想の策定にあたって、特に重要なのは次の点である。

> ・社会的な価値や理念をもった開催目的・趣旨が明確にされているか
> ・時代に合った開催コンセプトやテーマになっているか
> ・主たるプログラムに斬新性があり、期待感が感じられるか
> ・時間的・空間的・技術的・予算的な実現性があるか

　大規模イベントを例にした基本構想の具体的な策定内容は、図表 13-5 のとおりである。

➤➤ 図表 13-5　基本構想の策定内容（大規模イベントの例）

策定項目	策定内容
与件・前提事項の確認	① 起案の与件・諸条件の確認 ② 社会・市場環境要因の考察
開催趣旨・開催目的の設定	① 開催趣旨・開催目的の簡潔な文章化（箇条書きも可）
基本理念・テーマ設定	① イベントの基本的方向性と理念 ② 開催テーマの簡潔な文章化
名称・タイトル案	① 正式名称案と愛称・キャッチフレーズ案 ② デザイン化・ロゴタイプ化
来場者の属性と目標数	① 主たる来場者の属性・目標数とその根拠
開催の時期と期間	① 開催の時期と期間の設定 ② 設定理由の提示
会場の選定と構成内容・規模	① 会場予定地の選定と、その概要（面積・交通輸送・施設内容等）の解説 ② 会場全体イメージ ③ 基本的な会場構成（ゾーニング案）
参加企業・団体と参加形態	① 参加形態（出展参加・施設参加・営業参加・催事参加等）と数量の構想 ② 主たる参加可能な団体・企業・市民グループの候補
テーマの展開と演出構成	① テーマの表現コンセプトとテーマ展示・上演プログラム案の例示 ② 空間構成イメージと時間構成イメージ
広報・広告展開案	① 広報・広告・Web 展開の基本戦略案 ② 告知表現案の例示
主催者組織の構成	① 主催者団体の組織構成 ② 業務執行体制（事務局体制）と要員計画 ③ 後援・協賛・協力等の団体・企業の提示
制作体制の構成	① 会場制作体制 ② プログラム制作体制 ③ 会場運営体制
日程計画	① 準備・制作日程（大日程）案
予算計画	① 入場料金体系と入場料収入の概算 ② 収支予想 ③ 財政計画概要

（2）基本計画……「仕組み」づくり

　基本計画は、基本構想が承認された上で、それに基づいて策定される。基本計画で重要なのは、基本構想を実現するための具体的な方法や手段を策定するにあたって発見される、問題や課題（必要な**費用**と**時間**と**技術**など）を、どのように解決するかを提示することにある。工夫された工法や技術、素材、プログラム演出内容などを具体的に示す必要がある。

　基本計画の策定で特に重要なのは、次の点である。

> **1．正確な図面と工法**
> 　　会場レイアウトや制作物の構造についての数値を伴う図面、および使用する素材の材質・色・形と工法についての提示
> **2．工程・工期**
> 　　全体の制作プロセスのスケジュール表（大日程・中日程）
> **3．プログラム内容**
> 　　ラフな進行表（シノプシス）と出演者、演出プラン、制作スケジュール
> **4．会場運営プラン**
> 　　運営項目とスタッフ体制、運営スケジュール
> **5．制作体制**
> 　　制作推進体制と専門会社などの明記
> **6．具体的な予算案**
> 　　精度の高い収支計画

（3）実施計画……「仕切り」づくり

　実施計画は、基本計画に基づいて実際に制作を請け負う企業などによって策定される。それは、計画業務というよりは制作業務の一部であり、実施計画で策定される詳細図面や、仕様書、台本や進行表などのシナリオ、実施マニュアル等は、極めて専門性の高いものである。一方で、実施計画を策定した制作部門ごとの担当者は、イベント開催の理念やコンセプト、テーマ、および制作に必要な費用と時間の整合性を、主催者とともに確認する必要がある。

▶ 図表 13-6　イベントの企画・計画の 3 段階（基本構想 ➡ 基本計画 ➡ 実施計画）

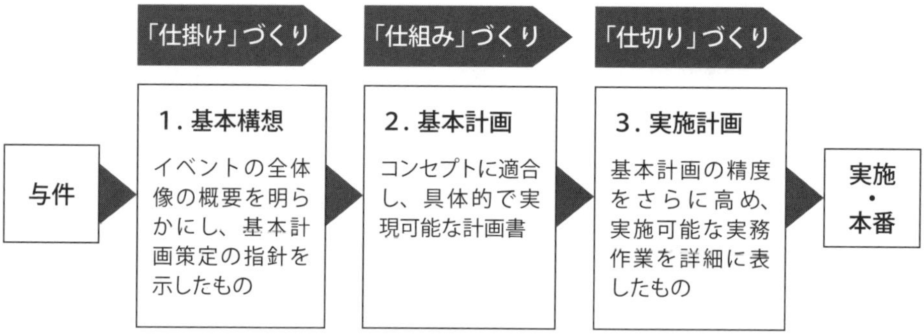

「仕掛け」づくり	「仕組み」づくり	「仕切り」づくり

与件 ➡

1. 基本構想
イベントの全体像の概要を明らかにし、基本計画策定の指針を示したもの

2. 基本計画
コンセプトに適合し、具体的で実現可能な計画書

3. 実施計画
基本計画の精度をさらに高め、実施可能な実務作業を詳細に表したもの

➡ **実施・本番**

第14節 リスクマネジメント

14－1 リスクマネジメント

　近年は台風や地震などの自然災害だけでなく、社会の複雑化などによる「不確実性」というリスクに直面することが多くなった。

　リスクマネジメントは、日頃からこうしたリスクに備え、発生を未然に防ぎ、また最小限に抑え、コントロールするための手法である。

（1）リスクマネジメントの基本的理解

1）リスクとは何か

① リスクの定義とリスクマネジメントの価値

　リスクとは、個人や組織に損害を生じさせる事態（危険や危機）のことであるが、2001 年の日本工業規格 JIS Q 2001 では**「事態の発生確率とその結果の組合せ」**と定義している。

　その後、2010 年の JIS Q 31000：2010 では、**リスクを「目的に対する不確かさの影響」**と定義し、リスクには「好ましくない方向」だけでなく「好ましい方向」もあるとしている。これは、ポジティブな考え方を加えることによって、リスクに対処する**リスクマネジメントの価値**への理解を深め、リスクマネジメントに積極的に取り組む必要性を強調したものである。JIS Q 31000：2010 は、2018 年に発行された ISO31000 をもとに、JIS Q 31000：2019 に改正された。

② リスクの特徴

　リスクには次の 2 つの特徴があり、リスクマネジメントはこれらを考慮した対策手法をプログラム化している。

> 1．リスクの大きさは、その結果の受け手によって異なる
> 2．リスクは、時間経過や環境の変化に伴い常に変化する

　２）リスクに対する態度と対策

① リスクに対する４種類の態度
　人がリスクを認識したときにとる態度には、「**リスクからの逃避**」「**リスクの無視**」「**他者への便乗**」、そして、唯一リスクマネジメントの考え方である「**リスクを認め、合理的に対処する**」の４種類のパターンがある。リスクマネジメントは、未来は不確実と考え、リスクの発生と結果を冷静に客観的に予測し、合理的に対処しようとする態度である。

② リスクに対する基本的な考え方と対策
　リスクへの基本的な考え方と対策は、役割や機能によって次のように分類できる。

> **１．リスク回避**：リスクの発生要素をなくすこと。火災を回避するために、裸火を禁止したり燃えるものを撤去するなど。
>
> **２．リスク低減**：対策を講じることによって損害を低減させること。火災の損害を低減させるために、消火器や防火壁を設置するなど。
>
> **３．リスク保有**：リスク対策費用とリスク発生による損害費用負担を比較するなど、様々な条件を勘案し、あえてリスクをそのままにしておくこと。
>
> **４．リスク移転**：リスクによる損害負担を他者と分担すること。火災が起こったときに備え、保険をかけるなど。

（２）リスクマネジメントの構造

１）リスクマネジメントの考え方と構造（JIS Q 31000：2019）

　JIS Q 31000：2019では、リスクマネジメントの基本的な考え方として「原則」を示し、実行方法として「枠組み」と「プロセス」を示している。

① リスクマネジメントの原則

　リスクマネジメントは、「価値の創出および保護」という意義のために行うもので、図の 8 つの要素が要求される。

▶ **図表 14-1　リスクマネジメントの原則（JIS Q 31000：2019）**

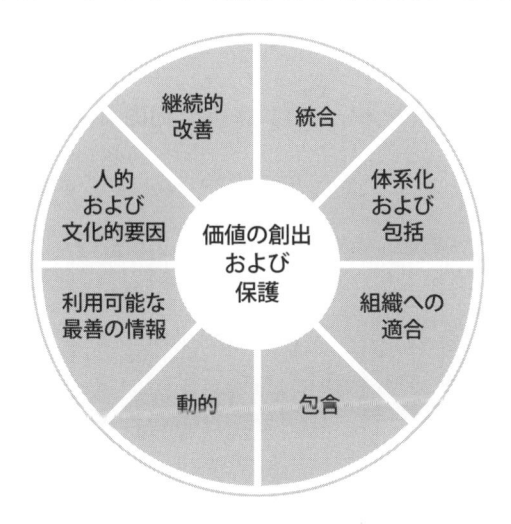

② リスクマネジメントの枠組み

　リスクマネジメントを有効なものとするためには、特に組織のトップの支援が欠かせない。組織のトップは、リスクマネジメントが組織の全ての活動に統合されるように図り、リーダーシップおよびコミットメントを示すことが必要となる。その上で、設計➡実施➡評価➡改善の PDCA サイクルを実行していく。

▶ **図表 14-2　リスクマネジメントの枠組み（JIS Q 31000：2019）**

図表 14-1、14-2、14-3　参考：日本規格協会『JIS Q 31000:2019 リスクマネジメント―指針』2019 年
※図表は再作成

③ リスクマネジメントのプロセス

　リスクマネジメントのプロセスは、「**適用範囲、状況、基準の確定** ➡ **リスクアセスメント（リスク特定** ➡ **リスク分析** ➡ **リスク評価）** ➡ **リスク対応**」である。その各々のステップで「**モニタリングおよびレビュー**」と「**コミュニケーションおよび協議**」が実行される。そしてプロセスとその結末は文書化して、報告することが望ましい。

➤ **図表 14-3　リスクマネジメントのプロセス**（JIS Q 31000：2019）

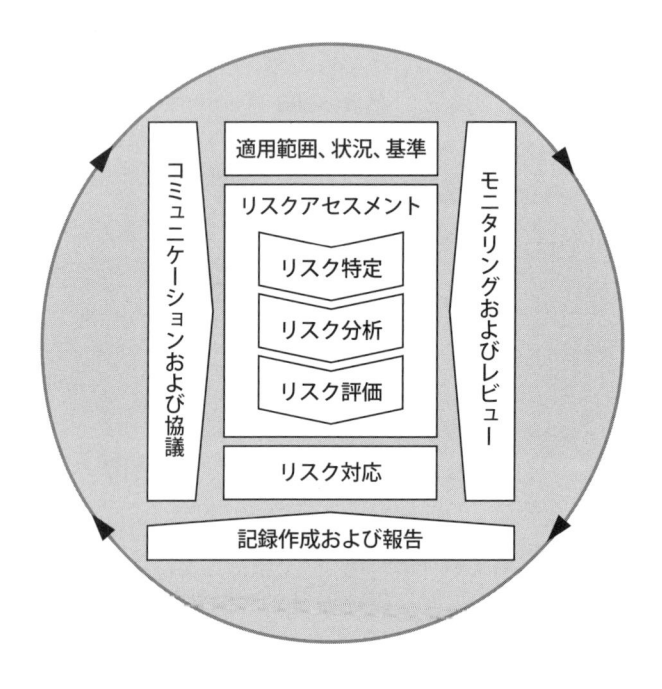

14 - 2　イベントのリスクマネジメント

イベントのリスクの中で危険・危機要因は、テロや経済混乱、自然災害や事件・事故だけではない。会期に間に合わない、チケットの売れ残り、演出機器や遊具施設の不具合、参加者・出演者の遅刻などもリスクである。

（1）イベントのリスク要因とリスクマネジメント

1）イベントの基本的リスク要因

イベントの基本的リスク要因には、**自然災害要因、人的事故要因、特殊事件・事故要因**があり、人的事故要因は**内部人的要因**と**外部人的要因**に分けられる。

▶ 図表 14-4　イベントの基本的リスク要因

イベントの基本的リスク要因	自然災害要因	地震・津波・台風・竜巻 水害・雪害・落雷・渇水 など	施設・設備の倒壊 停電・断水・空調不備 交通機関の不通 通信機関の不通
	人的事故要因 ・内部人的要因 ・外部人的要因	火災（失火、放火）	
		危険物（爆発性、可燃性、有毒性）	
		構造物整備不良・欠落（遊戯施設事故　など）	
		設備機器操作ミス・運用ミス	
		環境衛生上の欠陥（食中毒、害虫　など）	
		疾病（感染症、熱中症、日射病　など）	
		群集心理（誘導・整理ミス　など）	
		犯罪（盗難、傷害、脅迫、テロ　など）	
		輸送機関の遅延や事故	
		その他、インフラ不調、運営・安全管理ミス	
	特殊事件・事故要因	テロ、戦争・国際紛争、クーデター	
		急激な経済混乱・為替変動	

2）イベント業務に伴うリスク要因

イベントの基本的リスク要因を業務ごとに細分化したものが、次の図表 14-5 である。一つひとつに着実に対応しておくことがリスクマネジメントの基本となる。

➤ **図表 14-5　イベント業務に伴うリスク要因**

業務内容		リスク要因（危険・危機要因）	
企画・計画業務	①基本構想策定 ②基本計画策定	＊会期日程や開催時間の設定ミス ＊立地や会場施設の負要因（交通アクセス、認知度、会場イメージ　など） ＊経営計画の不備や資金不足 ＊プログラム内容の魅力不足 ＊主催・後援・協力等の過去のマイナス実績や信頼感の不足 ＊地元社会環境の負要因（反社会勢力関係）	
会場設営・施工業務	①会場用地・施設の下見・ロケハン ②会場構成・墨出し ③会場施設設営 ④会場施設施工	＊会場施設設営・施工の工程管理ミス⇒遅延 ＊会場施設・設備、使用機材の不備・不調 ＊会場施設用途と設営・施工内容の不一致、用途外使用に関わる諸問題 ＊会場周辺環境への悪影響（騒音、悪臭、煙、景観　など） ＊雨天、酷暑、寒冷などへの対策ミス・不足 ＊標識・サイン計画の不備 ＊ユニバーサルデザインの配慮不足 ＊安全な設営・施工工事への対策の不備	
会場運営業務	①事務局総務	＊主催者の経験不足 ＊運営担当者の経験不足 ＊社会問題・動向への配慮不足 ＊地元の協力体制の不備 ＊組合、雇用問題への配慮不足 ＊ボランティアへの配慮不足 ＊保険の不備	＊財務管理・会計管理のミス ＊チケット販売のミス（不足・過剰） ＊各種許認可手続きや法規違反 ＊指揮命令系統の不整備・機能不全 ＊契約の不備（会場・参加者・出演者） ＊著作権手続きの不備（音楽・意匠） ＊主催者規制の不徹底
	②来場者管理・案内誘導	＊スタッフの経験不足 ＊来場者案内・誘導のミス・不足 ＊来場者の不満への対処ミス（行列、待ち時間、定員オーバー）	＊来場者の傷病対応ミス ＊迷子（迷い人）への対応ミス ＊遺失物・拾得物への対応ミス ＊過剰入場への対応ミス
	③交通・輸送・宿泊	＊来場者輸送手段の手配ミス ＊駐車場対策ミス（設定、警備、整理・誘導、事前広報などのミス） ＊路上交通整理・誘導ミス	＊輸送・搬出入対策ミス（資材・機材、展示品、販売品　など） ＊主催者やスタッフの宿泊確保ミス
	④会場安全管理	＊スタッフへの指導・教育不足 ＊施設・設備、展示物、装飾物の欠陥 ＊防災対策（地震、台風、火災）の不備	＊飲食物の衛生管理の不備 ＊防犯対策の不備 ＊警備業務との連動の不備
	⑤プログラム運営	＊演出機材・設備の不備・不具合 ＊予備機材の準備・整備不足	＊出演者の遅刻・キャンセル対応 ＊観客の予定外行動への対応不備
	⑥会場施設管理	＊スタッフへの教育不足 ＊メンテナンス体制の不備	＊予備機材、メンテナンス機材の不備 ＊施設利用時間超過への対応策不備
	⑦清掃	＊清掃体制の未整備 ＊ゴミの分別収集の未整備	＊環境衛生問題の未チェック ＊産業廃棄物処理の未チェック
	⑧警備	＊警備計画の未整備 ＊警備専門会社への業務委託不備 ＊所轄警察への連絡・連携の不備 ＊雑踏警備対策の不備・不足 ＊出入口ゲート管理の不徹底	＊スタッフ通門管理の不徹底 ＊巡回警備の不徹底 ＊火災発生時の対応の不備 ＊デモ、爆破予告等への対応不備 ＊要人警備の不備
広報業務	①広報計画 ②広報推進 ③広報対応	＊スタッフの経験不足 ＊各種メディアへの連絡・伝達ミス ＊広告と広報の連携ミス（タイミング） ＊広告と広報の予算配分ミス	＊広報活動の公平性のミス ＊情報発信の一元化のミス ＊事故発生後の広報対応のミス（対応混乱、不信感醸成、活動遅れ）

3）イベントのリスクマネジメントプロセス

イベントのリスクマネジメントの基本的プロセスは、「<u>①法的基準や規制の遵守</u>
➡ <u>②リスクの抽出（予知・予測）</u> ➡ <u>③リスク対策（予防）</u> ➡ <u>④緊急時対応</u> ➡
<u>⑤事後対応</u>」である。

① 法的基準や規制の遵守

会場設営やプログラム内容に関する法的基準や規制は、事故を未然に防ぎ、安全
を確保するために制定されたものであり、企画・計画段階から確認し、遵守する必
要がある。

② リスクの抽出（予知・予測）

考えられるリスクを全て**抽出（予知・予測）**し、損害の大きさを予測することに
よって適切な対策（予防）を講じる。リスクの抽出方法には次のようなものがある。

> **1．順路・シーン別シナリオ法**
> 　来場者の立場で、「<u>交通・道路関係</u> ➡ <u>入口周り</u> ➡ <u>順路・経路</u> ➡ <u>展示・</u>
> <u>ステージ周り</u> ➡ <u>サービス施設周り</u>」と順次「**リスク・事故発生のシナ**
> **リオ**」をつくり、対策を講じる。
> **2．ブレーンストーミング法**
> 　主要スタッフで、リスク・事故に関するブレーンストーミングを実施
> し、モレのない抽出と対策の策定を行う。順路・シーン別に行う方法や、
> 「<u>告知・集客段階</u> ➡ <u>チケット販売段階</u> ➡ <u>改札・レジストレーション段</u>
> <u>階</u> ➡ <u>プログラム上演段階</u>」など、時系列的に行う方法がある。
> **3．チェックリスト法（前例・事例調査把握法）**
> 　類似イベントの安全マニュアル、運営マニュアル、施工マニュアル等
> をチェックリストとして利用し、リスクを抽出する。また、既存のマニュ
> アルをカスタマイズして利用する方法もある。

③ リスク対策（予防）

リスク対策（予防）は、抽出したリスクを重要度に応じて仕分けし、リスクごと
に「回避」「低減」「保有」を決め、次に「共有」を行う。特に重要なのは、来場者
の安全を重視した「**案内・誘導**」であり「**雑踏警備**」である。来場者の数や行動傾
向から案内・誘導方法を変更したり、警備体制を拡充するなど、日々のリスクマネ
ジメント行動が重要である。

イベントのリスク対策には次のようなものがある。

> **1．リスクマネジメント組織体制の確立**
> 　部門ごとに決めたリスク管理責任者が安全を監視・コントロールする。また、「縦の連携による指揮命令系統」と「横の連携によるチームワーク体制」を明確にする。
>
> **2．リスクコミュニケーションの徹底**
> 　会期中の朝礼等は必ず行う。また、現場状況を確認し、素早い対策を講じられるようにする。
>
> **3．教育・訓練の実施とリスクマニュアルの完備**
> 　リスクの発生を防ぐためのマニュアルを使った教育と、現場訓練は必ず行う。
>
> **4．外部との情報の受発信**
> 　消防署や警察署との連携はもとより、会場近辺の異変（火災や交通事故・渋滞・遅延など）や台風・震災などの自然災害の情報を入手できる体制をとっておく。
>
> **5．来場者への情報提供と協力依頼**
> 　来場者の不満と不安解消のため、アナウンスやサイン表示で積極的に情報を提供し、来場者の理解と協力を求める。
>
> **6．会場整備と安全な運営の徹底**
> 　避難経路のサイン表示は明確か、荷物等で塞がれていないかなど、定期的にチェックする。また、救急箱や担架、車いすなどの備品のチェックも行う。

④ 緊急時対応

　緊急時対応は、「救命・救護の最優先 ➡ リスク拡大の防止 ➡ 復旧の手立て」の順で行う。そのため、素早い現場対応に加えて、次の点が重要である。

> 1．「リスクマニュアル」「危機管理マニュアル」の遵守
> 2．チームワークによる対応
> 3．冷静で落ち着いた臨機応変な対応

⑤ 事後対応

　事後対応は、リスクの影響を最小限にとどめ、他に波及させないためにも、また、再発を防ぐ上でも極めて重要である。事後対応には次のようなものがある。

> 1．被害者への丁寧な説明と十分な補償
> 　　誠意ある対応が、リスクによる損害を最小限にとどめる。
> 2．記録を残す
> 　　リスクの発生経緯・原因、対応内容・方法、結果などを詳細に記録し、資料として残す。
> 3．リスク情報の共有
> 　　リスクの記録をもとに検討会を開催し、検討結果を公開し、関係者とリスク情報の共有を図る。

（2）群集警備とパニック防止

1）群集のコントロール

　イベント会場における群集警備とパニック防止は重要なリスクマネジメントである。イベントは来場者の興奮や熱気、開放感を増幅する性格をもっており、計画的・強制的に来場者・群集をコントロールし秩序を維持する必要がある。

　群集の動きに関しては、次のような研究結果[1]がある。

> 人口密度が $1m^2$ あたり　1.8 人以上になると渋滞が発生する
> 　　　　　　　　　　　　　3.75 人以上になると全く動けなくなる
> 　　　　　　　　　　　　　3 ～ 5 人程度になると将棋倒しの危険性がある
> 　　　　　　　　　　　　　10 人になると群集なだれの危険性がある

　群集をコントロールする方法としては、次のようなものが挙げられる。

① 強制コントロール

　安全確保のために強制的に群集をコントロールする。会場構成・レイアウトによる**強制動線**や**誘導ツール**（セーフティコーンやセーフティバーなど）による方法、誘導スタッフ・警備員による方法などがあるが、「強制されている」と感じさせないホスピタリティが求められる。

＊1　参考：JEPC イベント総合研究所「イベント研究第 4 号」2011 年

② 情報提供によるコントロール

　来場者への情報は、**「案内情報」**と**「指示情報」**に分けられる。案内情報とは「混雑状況」「待ち時間」「今、観られるプログラム」など、来場者の不満と不安を取り除く情報である。指示情報とは「並んでください」「走らないでください」「押さないでください」など、協力要請を伴う情報だが、混雑時には強制コントロールも行う。

③ 行・催事プログラムによるコントロール

　行・催事プログラムに次のような対策を施すことで、過度な混雑を回避する。

- プログラム上演時間を短くして上演回数を増やす
- いくつかのプログラムを閉鎖・中止して来場者の流れを速める
- プログラム中の混乱を起こすような刺激の強い部分をカットする
- プログラム終了後にゲームプログラムなどを付加して退場時の集中を分散する
- プログラム全体を中止する

※ただし、このような来場者コントロールは、逆に来場者の反感を買い、かえって混乱を引き起こす場合もあり、慎重に行う。

Column

群集誘導・雑踏整理のポイント

　兵庫県明石市の花火大会（2001年）で起こった群集事故を受けて、新聞記事では、イベント会場の群集誘導・雑踏整理について、次のようなポイントを挙げている。

1．「終わり」の後に仕掛け……分断させる
　閉場時の退場口や交通機関への過度の集中を防ぐためには、アフターイベントによる退場者の分断・分散が有効である。

2．万全の体制で見極め……制止する勇気
　人の流れが詰まれば、青信号でも横断歩道の通行を止める。帰路を急ぐ群集からは苦情も出るが、「制止する勇気」が必要である。

3．音楽が導く観客動線……一方通行と音楽
　対面衝突による群集の圧力を回避するには、一方通行は有効な手段である。また、静かに流れる音楽は、進む群集の圧力を和らげ、群集の緊張を解きほぐす効果がある。

4．警備予算の確保……決め手はやはり警備員
　「いかに人を集めるかは、いかにその安全を守るかと同義」と考え、警備予算を確保する。

5．並び方一つに巧みな工夫……見える
　全体が見えない不安を緩める工夫が必要である。例えばチェーンやロープでつくり出されるジグザグの列は「自分がいる位置を確認できる」「何度も同じ人に会うことで安心感をもたらす」などの効果がある。

6．最後の頼りは「制服の力」……連携する
　イベント主催者は様々な安全対策を講じているが、自主警備には限界があるため、最後は「制服の力」（警察）も必要であり、自主警備と警察の連携こそが重要である。

当ページコラム　参考：神戸新聞「安全の方程式」2001年8月8日

14－3　イベントと保険

イベントのリスクマネジメントにおいて保険は欠かせないものであり、基本的な知識が必要である。

（1）イベントにおける保険の３種類の考え方

イベントに関係する保険には、法によって加入が義務づけられた「**強制保険**」、主催者がリスクの発生頻度と損害額を勘案してかける「**任意保険**」、また「**特別保険**」として、興行そのものの中止を担保する興行中止保険という、大きく３つの種類がある。

1）強制保険

労災保険

仕事や通勤を原因とする労働者の負傷などを補償する保険である。政府（厚生労働省）が管掌しており、労働者を１人でも雇っている事業場に原則加入義務がある。

2）任意保険

① 賠償責任保険（賠責保険）

第三者（来場者など）に生じさせた損害を補償する保険である。主催者が最も重視すべき保険であり、**施設管理賠責**（運営管理ミスによる損害賠償）、**受託者賠責**（クロークなどで預かったものの損害賠償）、**請負賠責**（会場の設営・施工中のミスによる損害賠償）などがある。

② 傷害保険

事故などによる人のケガを補償する保険である。**施設入場者傷害保険**（主催者側の瑕疵ではなく、来場者が自らケガをした場合でも、見舞金などの支払いに充当できる）、**業務関係者傷害保険**（労災保険に加入していなかった場合や、労災保険では充足できない補償が必要な場合に有効）、**海外傷害保険**（国内法の労災保険は海外では有効ではないので、別途かける必要がある）などがある。

③ 財物損害賠償保険

イベント会場施設や展示物の損害を補償する保険である。この保険には、**動産総合保険**（展示物の盗難や破損、運送途中での破損等の損害）、**火災保険**、**建設組立工事保険**（仮設展示施設や建築材料等の工事中の破損、盗難）などがある。

3）特別保険

興行中止保険

　自然災害や不可抗力によって、イベント自体が興行中止になった場合の損害を補償する保険である。屋外イベントと屋内イベントによる保険料の違い、明確で詳細な事業収支計画の提示の必要性、他の保険に比べ保険料が高いことを知っておく。

※イベント主催者指定保険（イベント総合保険／イベント保険）

　主催者がかけるイベント全体を担保した保険。任意保険である賠償責任保険や傷害保険をパッケージ化したもので、イベントの内容に応じて保険会社と協議し、つどオーダーメイドで設計する。

（2）どのような保険をかけておくかの明確化と確認

　イベントは、会場設営・施工期間を含む全日程を通じて多種多様なリスクが発生し得るが、イベントによってリスクの種類や大小は異なる。そのため、「損害をどのように補償するか」「どのような損害について、どの保険で、どの金額でかけるか」「誰が負担するか」などをあらかじめ明確化し、確認しておくことが必要である。
　イベントには「代表的なリスクによる損害を補償する保険」をかけておく。イベントに保険をかける際に保険会社に提示する確認事項には、次のようなものがある。

➤ 図表 14-6　保険会社との確認事項

1．施工請負工事名称と施工請負業者名	6．展示床面積と出展物の内容と評価額
2．施工請負金額	7．アテンダント数と運営スタッフ数
3．設営・施工期間と開催期間	8．出演者の属性と数
4．イベントプログラム内容と制作金額	9．飲食物の提供の有無と内容・数量・金額
5．開催期間中の入場者数（予定概算数）	10．駐車場の有無と駐車可能台数

第15節 イベントのコンプライアンスと関連法規

15−1 イベントとコンプライアンス

「コンプライアンス」という言葉が社会に浸透して久しい。イベントにおいても、コンプライアンス遵守は社会的責任を果たす上で重要である。

（1）コンプライアンスの概念と背景

コンプライアンスとは本来「**法令遵守**」を意味する言葉だが、単に法令を守るだけではなく、「**社会的規範や倫理の遵守**」も含めた幅広い概念をもっている。CSR（企業の社会的責任）の重要性が高まるとともに、企業は法規を守るだけでなく、自らを律しながら、倫理的な視点からも行動することが期待されるようになった。

コンプライアンスが重要視されるようになった時代的背景には、次のようなものがある。

1．社会課題の増加・複雑化

　第1節のサステナビリティの項で説明したように、環境・社会・経済の課題は相互に連関しており、複雑化してきている。また、デジタル技術の進化により個人情報の保護が重要視されるなど、新たな課題も生まれている。小さなミスが重大な問題になることを防ぐための意識が高まっている。

2．グローバリゼーションの進展

　企業活動のグローバル化に伴い、様々な国や地域の法律やグローバルスタンダードに対応していく必要性が高まっている。また、ステークホルダーが多様化しているため、異なる文化・宗教観への配慮が必要になるなど、配慮すべき項目が増えている。

3．社会の価値観の変化

　社会の価値観が変化し、集団・組織の論理を重視することから、個人・コミュニティの権利や平等への配慮を重視する方向になったことで、多様性、平等、差別の防止などに幅広く対応していく必要性が高まった。SNSの普及により、コンプライアンスに欠けた行動が瞬時に広がってしまうことや、キャンセルカルチャー[*1]の過剰な加速も大きく影響している。

＊1　キャンセルカルチャー：特定の人物・企業・団体の言動（過去を含む）を問題視し、主にSNS上での集中的な批判や不買運動により社会から排除しようとすること。

（2）コンプライアンス体制

　社会が発展し複雑化した現代では、コンプライアンス違反が重大な結果をもたらす。予防処置的に組織・団体の中に専任の担当者・部門を置き、全体的なコンプライアンスを底上げし、徹底する必要が生じている。

　コンプライアンス違反を防ぐ体制づくりには、次のようなことが挙げられる。

> **1．基準の設定**
>
> 　方針や内部規定などを策定し、行動・判断の基準を設ける。策定に際しては組織内の意見だけでなく、外部の意見を取り入れることが重要である。
>
> **2．教育・研修の実施**
>
> 　策定した基準を周知するだけでなく、経営者から従業員まで、定期的に教育・研修することで現在のコンプライアンスを常に理解させていく。組織内だけでなく、発注先・取引先にも教育・研修機会を設定し、活動全体でコンプライアンスを徹底していく。
>
> **3．内部監査**
>
> 　内部監査体制を整え、個人・部署単位でコンプライアンス違反が起こっていないかどうかを定期的に確認する。内部監査を行うために独立性と客観性を保つことが必要となる。
>
> **4．相談窓口の設置**
>
> 　組織外に相談窓口を設置し、弁護士や社労士などの専門家に相談できるようにしておくことで、従業員やステークホルダーが気づいたコンプライアンス違反や疑問について、問題点の早期発見・改善につなげることができる。

（3）イベントのコンプライアンス

1）イベントのコンプライアンスの特性

① イベントの関連法規は多種多様に存在する

　イベントのコンプライアンスがマネジメントしにくい理由の一つに、関連する法規を特定しにくいことがある。イベントごとに関連する業種・業態が入れ替わるので、これさえ遵守すればよいという特定の法規はないといえる。

② イベントの関連法規はそのつど新たに調査し、遵守しなければならない

　イベントには、時代の変化に対応すべく、常に創造性や新奇性が求められる。したがって、イベント業務の多くは新技術の開発・利用や特殊な空間利用など、例外事項が発生しやすく、そのつど関連法規の有無を調査し、遵守しなければならない。

③ 社会的規範や倫理の重要性

　イベントは、規模の大小の違いはあっても、全てが「**社会的コミュニケーションの手段**」であり、常に社会的規範や倫理を守る必要がある。大規模なイベント、国際的なイベントは注目度が高いため、より広範な配慮、より高水準な基準が求められる。

２）イベントにおけるコンプライアンス推進の考え方

① 常にコンプライアンスをアップデートしていく

　現代社会では多種多様な法規が存在し、次々に新しい社会的規範や倫理が生まれている。社会の変化を感じ取り、対応をしていくことで、時代に即したイベントを提供していくことが重要である。

② 全ての関係者がコンプライアンス意識をもつ

　コンプライアンス違反があると、その内容の大小を問わず、イベントのイメージは大きく毀損されてしまう。イベントの責任者や部門リーダー、コンプライアンス担当者だけがコンプライアンス意識を徹底しても不十分である。サプライヤーや運営スタッフなど、関係者全員がコンプライアンス意識をもち、コンプライアンスを徹底していく必要がある。

③ 企画段階の重要性

　イベントの企画は、法規や社会的規範や倫理を常に意識しながら行う必要があり、どんなに素晴らしいアイデアでも、それらを無視したものであってはならない。

④ 多様な立場の人の意見を取り入れる

　イベントを開催すると、想定しているターゲット以外からも注目され、自分たちが思ってもいなかった指摘を受ける可能性がある。障がいのある人や外国人など多様な立場の人との対話を通じて、企画・表現・運営などにおける配慮・対応レベルを高めていく。

15 − 2　イベントにおける各種規制と関連法規

イベントの企画・制作・運営に関係する法律や契約、社会倫理に基づく規制は多い。

（1）イベントにおける各種規制

イベントに関係する規制には、法律に基づいて行政が規制する**法的規制**、契約によって定められた**契約規制**、社会的規範や倫理に基づく**社会慣習規制**がある。

▶ **図表 15-1　イベントにおける各種規制**

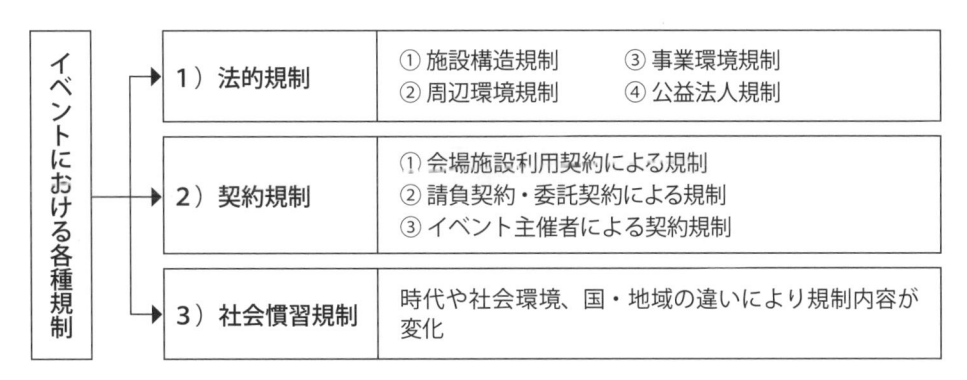

1）法的規制

法的規制には、国民の生命や財産を守り、公共の福祉を実現するために、施設や商品・サービスの安全基準と利用基準を定めた「**社会的規制**」と、産業の育成と消費者などの利益保護を図る「**経済的規制**」とがある。

「社会的規制」は、事故や災害の防止、環境の保全などを目的としており、イベント業務のほとんどが、社会的規制に関係している。また、「経済的規制」も、販売促進イベントの景品提供に関わる金額規制（**不当景品類及び不当表示防止法**）や、**著作権法**、**意匠法**など、イベントと密接に関係している。

法的規制には、法律に基づく**許認可**と、違反に対する罰則を科す**法的権限**とがある。代表的な規制には次のようなものがある。

① 施設構造規制

イベント会場の建造物・建築物・工作物などの**安全基準**に関する規制で、施設の構造と強度や使用素材などが規制対象となる。代表的なものに**建築基準法**、**消防法**、**環境衛生法**、**都市計画法**、**バリアフリー法**などがある。

② 周辺環境規制

　イベントが会場周辺環境に及ぼす影響に関する規制で、建築基準法の**用途地域規制**、公害防止条例の**騒音規制**、道路交通法による**道路交通規制**、屋外広告物条例による**広告物規制**などがある。

③ 事業環境規制

　事業とは、不特定多数の人を集めて行う映画、演劇、演芸、コンサート、スポーツ競技などの興行や飲食店業のことである。そのための施設・店舗などの**営業設備**に関して、**興行場法**や**食品衛生法**などによる規制がある。営業設備は事業環境の環境衛生を保ち、都道府県知事などの許可を得る必要がある。

④ 公益法人規制

　公益法人に関連するイベントで、主催者や参加者に対して課している規制で、**スポーツ競技団体**が選手やチームとの契約に基づいて行う規制や、**著作権管理団体**が法律に基づいて行う規制などがある。

　スポーツの場合、チームや選手は原則として、それらが加入している協会（競技団体）の協会規約に従わなければならない。また、（一社）日本音楽著作権協会（JASRAC）などの著作権管理団体に加入している音楽家の作品を使用する場合には、著作権管理契約に基づき、一定の使用料を支払わなければならない。

２）契約規制

　当事者同士の任意の合意に基づく契約による規制であり、代表的な規制には次のようなものがある。

① 会場施設利用契約による規制

　会場施設所有者（管理者）と使用者（主催者）との施設使用契約に基づく規制。法規と行政指導による**公的会場規制**と、会場が独自に作成している**会場使用者規則**などに分けられる。公的会場規制の例としては、消防法による**裸火の使用禁止**がある。これは消防署の管轄であるが、会場管理者は裸火の使用禁止を会場独自の使用者規則として設けている。その他、**施設整備上の規制**（エレベーターの荷重制限など）、**管理運営上の規制**（使用時間制限など）、**権益保護**（物販の禁止など）、**会場使用の種類**（業種の限定など）といった営業上の規制がある。

② 請負契約・委託契約による規制

　イベント開催業務に関する受発注者同士の任意の契約だが、民法や商法、建設業法、警備業法、下請法、労働者派遣法、著作権法など、多くの法規が関係しており、

これらの法規に従わなければならない。

③ イベント主催者による契約規制

　イベントへの参加申込みや来場申込み（入場券購入）も契約と考えられるため、主催者は参加者や来場者に対して契約規制を課しているといえる。多くは安全確保と円滑な運営を目的として、次のような規制を行っている。

- 参加者（出展者）の展示ブースやパビリオンの構造の規制（高さ、幅、材質　など）
- 参加者（出展者）の営業行為の制限
- 来場者の会場内への持ち込み制限（カメラ、ビデオ　など）
- 観客属性・行動に関わる規制（未就学児童や泥酔者の入場制限　など）
- 周辺環境の保全に関わる規制（人や車の混雑・騒音　など）
- 安全に関わる規制（来場者の入場制限、会場整理　など）

など

3）社会慣習規制

　社会的規範や倫理に基づく規制である。この規制は、時代の変化や社会環境によって常に変化していることに注意しなければならない。

　イベントの場合、前回は問題ではなかったことが今回は問題になることがある。また、国や地域が違えば社会慣習も違ってくることを認識しておく必要がある。

（2）代表的な法的規制の内容と各種申請手続き

1）警察署によるイベント関連の主な規制

　イベントにおける警察署に関係する規制としては、主に**道路法**と**道路交通法**による規制がある。

　道路を特別な目的のために使用する場合、**道路法**では「**道路の占用**」といい、工作物や物件、施設そのものを対象としている。**道路交通法**では「**道路の使用**」といい、パレードやマラソンなどの行為を主な対象としている。

　イベントで道路を使用する場合、道路法では**道路管理者**（政令指定国道は国土交通大臣、都道府県道は各知事、市町村道は市町村長）、道路交通法では所轄の**警察署**に対し、手続き・申請が必要になる。具体的には、**道路占用許可**と**道路使用許可**

の両方の手続きが必要になるが、許可申請は道路管理者、所轄の警察署のいずれか一方に提出すればよく、窓口は一本化されている。

　イベントで道路を使用することについては、行政（都道府県・市町村）の積極的な支援・協力がない限り、警察署の許可を得ることは難しいといえる。

　私有地内で実施するイベントの場合は規制の対象外だが、私有地から人々が溢れ、滞留・混雑する場合は、**人寄せ行為**として規制の対象になる。

① 道路使用許可の種類

　許可の前提として、道路交通法では「交通の妨害」などを一般的な**禁止行為**として定めているが、警察署は、イベントに関わる事項について、次のようなものに許可を出している。

> ・放送宣伝（一般、選挙、政治関係など）　・仮設店舗
> ・広場の使用（パレード、人寄せなど）　　・ロケ（撮影など）
> ・チラシ配布、募金運動、署名運動　　　　・消防訓練
> ・祭礼（神輿渡御、踊り行列など）　　　　・献血車、検診車
>
> 　　　　　　　　　　　　　　　　　　　　　　　　　　など

② 道路使用許可の手続き

　申請書を所轄の警察署長宛に提出する。道路使用許可申請の流れは、次のとおりである。

> **1．所轄の警察署との事前相談**
> 　　マラソンやパレードなどの大規模イベントでは、半年ほど前から警察署と十分打ち合わせをしておくことが必要である。
> **2．道路使用許可申請書類の提出**
> 　　所轄警察署に申請書類と添付書類を提出する。添付書類の内容は「イベント企画書」「開催場所の図面」「参加人数」「通行の形態」などである。
> **3．許可証の発行**
> 　　道路使用許可申請書が許可証として戻される。
> **4．イベント開催中の警察による審査・巡回**
> 　　イベント開催中に、警察署によるイベント内容の検査（審査）と会場内の巡回行動がある。

2）消防署によるイベント関連の主な規制

　消防法は、「火災を予防し、警戒しおよび鎮圧し、国民の生命、身体および財産を火災から保護するとともに、火災または地震等の災害による被害を軽減する」ことを目的としている。

　イベントや興行場・飲食店などには厳しい「消防規制」があるが、イベントに関わるのは、主に「**建築規制**」などで、火災を未然に防ぐための**消火設備**や**非常口**、**避難通路**の確保を義務づけ、火災の誘因となる**裸火**などの使用を制限するものである。また、イベントの開催申請にあたっては、消火設備数、消火設備の位置、非常灯、禁煙サイン、非常口、避難通路、観客席、通路幅や建築物の構造などを確認・指導される。

① イベントを開催する場合の手続き

　一般的に、イベントの場合、「**催物開催届出書**」、催物開催中における「**会場管理計画書**」などの申請書類を所轄の消防署長に提出する。

　「催物開催届出書」申請の基本的な流れは、次のとおりである。

> **1．所轄の消防署との事前相談**
> 　事前に所轄の消防署に相談することが必要である。
>
> **2．申請書類（「催物開催届出書」）の提出**
> 　所轄の消防署長宛に申請書類を 2 通提出する（提出部数は消防署により異なる）。添付書類は「イベント企画書」「建築物略図」「会場平面図、断面図、客席図」「避難通路図」「電気設備図面」「舞台大道具図面」などである。
>
> **3．開催前の事前検査（消防検査）**
> 　開催前に所轄消防署から会場内の装飾物の素材・仕様、電気配線、防火設備、消火器位置などについて確認・検査がある。
>
> **4．開催中の検査**
> 　イベント開催中に事前の検査から違反していないか、再度消防検査が入り、場合によってはイベントの中断を求められることもある。

② 会場内で裸火や危険物を使用する場合の手続き

　一般的に「危険物規制」の対象となるのは、ロウソク・薪能のかがり火等の裸火の使用、ガソリン等の危険物の持ち込みといったことがある。これらを使用する場合、「**禁止行為の解除承認申請書**」などを提出し、許可を受ける必要がある。

3）保健所によるイベント関連の主な規制

① 興行場法による規制

　「興行場」とは、「映画、演劇、音楽、スポーツ、演芸または観せ物を、公衆に見せ、または聞かせる施設」である。これらの営業を行う場合には、公衆衛生上、**興行場法**に基づき都道府県知事の許可を得なければならない。都道府県知事は、興行場の営業者に対し報告を求め、立ち入り検査をすることができる。

　興行場法については、次のような点を知っておく必要がある。

1．興行場法の対象とならないイベント

　1カ月に4日以内の興行しか行わない場合（定期興行は除く）や、家族や友人のみを対象としたイベント、販売を目的としたイベント、飲食が主なサービスであるディナーショーなどは、興行場法の対象外である。

2．規制緩和

　仮設施設による野外イベントなどで規制の基準を満たせない場合は、保健所の指導を受けることによって、代用案でイベント用仮設施設の設営が可能となっている。

3．トイレの数の基準例

　トイレは、床面積に応じて、次のように設置個数が定められている。

　床面積が　300m² 以下　　　　　　　　　　＝ 15m² ごとに1個
　　　　　　300m² 超～ 600m² 以下の部分 ＝ 20m² ごとに1個
　　　　　　600m² 超～ 900m² 以下の部分 ＝ 30m² ごとに1個
　　　　　　900m² 超の部分　　　　　　　＝ 60m² ごとに1個

---

② 食品衛生法による規制

　食品衛生法は、「食品の安全性確保のために、必要な規制・措置を講ずることにより、飲食に起因する衛生上の危害の発生を防止し、国民の健康の保護を図ること」を目的とした法律である。

　イベント会場内で飲食店、フードコートなどの仮設飲食施設を営業する場合には、食品衛生法に基づき、保健所から**営業許可**を取得する必要がある。また「**移動式飲食店**」に関しても営業許可を必要とし、仮設施設と同等の設備が義務づけられている。

　ただし、常温で長期保存が可能なカップ麺や包装されたスナック菓子の提供などのように食品衛生法に基づく営業許可を取得する必要がない場合もあり、制度の詳細をよく確認することが大切である。

4）働き方改革関連法

働き方改革とは、「働く方々が、個々の事情に応じた多様で柔軟な働き方を、自分で『選択』できるようにするための改革」（厚生労働省）と定義づけられている改革で、働き方改革関連法とはそれを企業に対して促すための法律の総称である。

イベント業界においても人手不足、長時間労働は重大な課題であり、これに取り組むことが求められる。働き方改革の主な内容として、次のことが挙げられる。

> **1．時間外労働の上限設定（労働基準法・労働安全衛生法）**
> 　　時間外労働の上限は月 45 時間、年 360 時間を原則とし、臨時的な特別な事情がある場合でも年 720 時間、単月 100 時間未満（休日労働含む）、複数月平均 80 時間（休日労働含む）を限度としなければならない。
>
> **2．勤務間インターバル制度の普及促進（労働時間等設定改善法）**
> 　　事業主は、前日の終業時刻と翌日の始業時刻の間に一定時間の休息の確保に努めなければならない。
>
> ※事業主の責務として、短納期発注や発注の内容の頻繁な変更を行わないよう配慮する努力義務規定も創設されている。

（3）イベントの主たる関連法規

イベントの企画・制作・運営で、常に注意しなければならない法規の主たるものを次に挙げる。

1）知的財産権に関連する法規

知的財産権とは、**著作権**、**意匠権**、**商標権**、**特許権**、**実用新案権**など、幅広く人間の知的創作活動について与えられる権利を総称した**概念**である。創作の成果に対しては**財産権**（経済的利益の享受を目的とする権利）が認められており、法律によって保護されている。

国際的にも知的財産権の重要性が認識されており、知的財産権を統一的に保護するために、国連の専門機関である WIPO（世界知的所有権機関）や WTO（世界貿易機関）、TRIPS（知的所有権の貿易関連の側面に関する協定）など、様々な国際機関や条約によって、各国の知的財産権の保護制度を統一するための活動が行われている。

① 著作権法とその関連法規

著作権法は、文芸、美術、学術、または音楽に関する作品（著作物）の創作者（著作者）の権利について定めた法律である。著作物を第三者が無断で利用することを禁じ、著作者だけが独占的に利用できる権利を保護している。第三者が著作物を利用する際は、原則として、著作権使用料を支払うなど著作権者の許諾を得る必要がある。

著作権に関わる利用の種類としては、著作物の複製、上演、演奏、放送、口述、展示、翻訳などがある。著作者には**著作者人格権**があり、著作物の内容や題名を勝手に改変されない権利（同一性保持権）などをもつ。権利は、著作者の死後一定期間保護される。

著作隣接権とは、ミュージシャンなどの音楽関係の実演者（歌唱者を含む）、漫才、落語、奇術等の演者およびレコード制作者、放送事業者、有線放送事業者など、作品の創作者ではないが、その伝達に重要な役割を果たしている者に認められた権利である。

なお、著作権法は原則として創作された1作品を対象とするが、後述の意匠法は量産できるものを対象としている。

② 意匠法と商標法

意匠法は、製品・商品などの外形的なデザインについての保護を、**商標法**は、自己の商品やサービスを表現する標識である**商標**の保護を目的としている。商標と同様に企業の営業上の標識を保護するものとして**商号**があるが、これは、事業活動を行うときに使われる企業名称の登録を認めたもので、**商法**や**会社法**により保護されている。加えて、企業独自の技術や**顧客リスト**などの**営業秘密**の不正取得や**偽物商品**、生産地や内容の虚偽表示、ブランド商品の商標を模倣するなどの不正行為・不正使用は**不正競争防止法**などにより規制されている。

Column

AI生成物の著作権は…？

近年、AIにより生成された作品（AI生成物）が増えている。2023年7月の文化庁の発表では、AI生成物においても通常の作品と同様に、既存の著作物との「類似性」「依拠性」が認められる場合は著作権の侵害にあたるとされた。また、基本的にAI生成物については、AIが自律的に生成した場合は著作物性がなく、人が思想感情を創作的に表現するための道具としてAIを使用した場合は著作物性があるとされている。

AI生成物はこれからも増え、その位置づけも変化していくことが予想される。著作権制度上の扱いについては随時最新の情報や事例を確認する必要がある。

2）肖像権

　肖像権は、自己の顔や姿（肖像）を無断で描かれたり撮影されたり、一般に公表されたりすることを拒否する権利で、**人格権**の一つとされる。無断利用に対しては、それが受忍限度を超えるものであれば損害賠償を請求できる。特に、広告表現や出版・放送表現として肖像を利用する場合に注意が必要である。

　また、特に著名人には、自己の肖像や氏名から得られる経済的価値を独占できる権利（**パブリシティ権**）があるとされる。

　イベントの場合、出演者はもちろんのこと、来場者（観客・観戦者）の肖像が明確に写っている写真の利用や転用には、写っている人の了解を得るなど、十分な配慮が必要である。

3）個人情報保護法

　個人情報保護法とは、**個人情報**の適切な取り扱いについて定めた法律である。個人情報とは、「**生存する個人に関する情報であって、氏名、生年月日その他の記述等により特定の個人を識別することができるもの**（他の情報と容易に照合することができ、それにより特定の個人を識別することができることとなるものを含む）」と定義されている。

　個人情報保護法は定期的に見直すことが定められている。2017 年の改正法施行により「個人識別符号[*2] が含まれるもの」も個人情報であるとされ、2022 年の改正法施行では本人の権利保護が強化され、事業者の責務として、情報漏えい時の報告義務や不適正な利用の禁止が追加されるなど、時代を反映したものとなっている。

　イベントでは、招待客リストや来場者リストを作成する。リストの取り扱いの基本は、**適正な取得**、**適正な作成**、**目的外使用の禁止**、**厳重な保管**、業務終了後における**確実な廃棄**などが挙げられる。また、あらかじめ個人情報の取り扱いについても告知しておく必要がある。

　＊2　個人識別符号：顔、指紋、虹彩、DNA などの「特定の個人の身体の一部の特徴を電子的に利用するために変換した符号」と、マイナンバー、旅券番号、免許証番号などの「サービス利用や書類において対象者ごとに割り振られる公的な番号」をいう。これらは単体でも個人情報となる。

4）警備業法

　イベント会場では、警備を警備会社に委託することが多い。**警備業法**により、警備業は各都道府県の**公安委員会の認定**を受けた会社でなければ業務を行うことができない。また、認定を受けた警備会社は**警備員指導教育責任者**の資格者を置き、警備員の指導および教育を行わなければならない。

　警備業法では警備業務を、次の4種類に分類している。

---

1. 警備業務対象施設（事務所、住宅、興行場、駐車場、遊園地等）における盗難等の事故の発生を警戒し、防止する業務。
2. 人もしくは車両の雑踏する場所、またはこれらの通行に危険のある場所における負傷等の事故の発生を警戒し、防止する業務。
3. 運搬中の現金、貴金属、美術品等に関わる盗難等の発生を警戒し、防止する業務。
4. 人の身体に対する危害の発生を、その身辺において警戒し、防止する業務。

　これら警備業務はイベントの会場運営と密接に関係しており、その業務には専門的な知識が必要となる。特に雑踏警備や交通整理は不備があれば重大な人身事故につながる恐れがあり、十分な対応をしなければならない。

5）労働者派遣法（人材派遣法）

　イベントの企画・制作・運営は期間限定の業務であり、一定期間に集中的にスタッフが必要となる業務であるため、多くの派遣スタッフが働いている。

① 請負と派遣の違い

　「**請負**」とは、ある業務を自社の責任で一括して受注し、自社の社員（雇用者）を業務現場に常駐させることであり、業務現場での指揮命令権は受注者側にある。これに対し「**派遣**」とは、**労働者派遣法**では「自己の雇用する労働者を、派遣先の指揮命令のもとで、派遣先のために労働させること」とされている。

　例えば、イベント会場の運営を主催者から請け負った運営会社が、自社の社員を会場に常駐させることは「請負」であり、主催者が受付担当者などを人材派遣会社から調達した場合は「派遣」ということになる。

　イベント業界では、イベントが一過性であり、業務期間も短い場合が多いため、請負と派遣の区別が曖昧な傾向にある。しかし、会場運営における指揮命令系統や

責任所在の明確化のためにも、また運営スタッフの事故の補償のためにも、請負と派遣を明確にする必要がある。

② 派遣の種類

　イベント関係の派遣には、大きく次の 2 種類がある。

> **常用型派遣**：派遣先の需要の有無にかかわらず、常に派遣業者と派遣スタッフの雇用契約が結ばれている状態。定常型派遣ともいう。
>
> **登録型派遣**：派遣先の需要が存在するときのみに、派遣業者と雇用契約の関係が生じる。

6）建築基準法と建設業法

① 建築基準法

　イベント会場では、パビリオン（仮設展示館）や展示ブース（展示スタンド）も建築物であり、法的規制の対象となる。**建築基準法**に定められた建築物のうち、一時的に設置されるものを**仮設建築物**という。博覧会のパビリオンなどの場合は仮設建築物となり、建築基準法の規制緩和の適用を受けることができる。

　短期使用を目的とする建築物は「安全上、防火上および衛生上支障がない」と認められる場合においては、原則として 1 年以内の期間を定めて、その建築が許可されており、この法律の適用を受けるための申請を**仮設建築物の許可申請**という。許可申請は地方行政機関の担当部局に申請する。

② 建設業法

　建設業法の目的は「建設業を営む者の資質の向上と建設工事の請負契約の適正化等を図ることによって、建設工事の適正な施工を確保し、発注者を保護する」ことなどとされている。

　内装・展示工事、イベント会場設営のためのテント工事や、仮設スタンド工事、看板設置工事なども建設業法の対象である。不特定多数の来場者が集まるイベント会場における仮設テント工事や看板設置工事などは、施工上の安全はもとより、設置後の保守管理を含め、安全を期すことが必要となるため、**建設業の許可要件**を厳しく定めている。

　建設業の許可は国土交通大臣または都道府県知事から受ける必要があり、建設業の営業範囲や工事内容および金額などが定められている。また工事現場には原則、**主任技術者**（一定規模以上の工事は**監理技術者**）を置くことが義務づけられている。

7）下請法（下請代金支払遅延等防止法）

下請法は、取引の公正化と下請事業者の利益保護を目的としている。発注側の親事業者に対し、「書面の交付」「支払い期日を定めること」などを義務づけるとともに、「受領拒否」「減額」「買いたたき」などを禁止している。違反した親事業者には、罰則がある。

なお、下請法の適用対象となる範囲は、当事者の「資本金」と「取引内容」の関係から規定される。

8）バリアフリー法（高齢者、障害者等の移動等の円滑化の促進に関する法律）

バリアフリー法は、旅客施設や車両、道路、建築物などに対してバリアフリー化基準への適合を求めるとともに、高齢者や障がい者が利用する施設が集まった地区の一体的なバリアフリー化を促進する法律である。

イベントで活用されることも多い、一定規模以上のホテル、展示場、スタジアム・アリーナ、劇場、博物館、美術館などは**「特別特定建築物」**として、新築などを行う場合、「建築物移動等円滑化基準[*3]」に適合させることが義務づけられている（既存の建築物は努力義務）。

同法が定める建築物移動等円滑化基準には、次のようなものがある。

> ・車いす使用者と人がすれ違える廊下の幅がある（120 cm 以上）
> ・車いす使用者用のトイレが一つはある
> ・エレベーターには、視覚障がい者が利用しやすい制御装置がある
> ・建物の出入口に通じる通路（アプローチ）に高低差がある場合、スロープを設置する
> ・案内設備に至る経路に点字ブロックや音声案内を設置する
>
> 　　　　　　　　　　　　　　　　　　　　　　　　　　　　　　など

また、2021 年の改正法施行により運用面の取り組みが強化され、スロープ板の適切な操作、明るさの確保等、ソフト基準の遵守義務が創設されている。

＊3　建築物移動等円滑化基準：バリアフリー法が定める、バリアフリーの最低限のレベル。なお、同法が定める「建築物移動等円滑化誘導基準」は、バリアフリーの望ましいレベルを示し、適合すると様々な支援が受けられる。

9）暴力団対策法・暴力団排除条例

　暴力団の影響から市民の安全や平穏を守るための法規としては、**暴力団対策法**と**暴力団排除条例**がある。前者は、暴力団の不当な行為を規制する法律であり、後者は、暴力団を社会から締め出すための**市民側の責務**を明らかにする各地方公共団体の条例である。

　イベント関係者が特に注意しなければならないのは、暴力団とその関連会社・組織には「**下請けとして仕事を発注してはならない**」「**みかじめ料や用心棒料を払ってはならない**」ということである。つまり、暴力団やその関連会社・組織に仕事を発注することや、その活動を助長するような行為をすると、仕事の発注者側も罰せられることとなる。

10）その他の関連法規

① 文化財保護法

　文化財とは、人間の文化活動によって生み出されたものの中で、特に文化価値を有するもののことをいう。**文化財保護法**は、それらの文化財の保存および活用を図って国民の文化的向上に役立てる目的でつくられた法律である。

　その対象としては、**有形文化財**、**無形文化財**、**民俗文化財**、**記念物**、**文化的景観**、**伝統的建造物群**の 6 種類がある。観光庁や文化庁もイベント・MICE の誘致に際し、都市の差別化を図るユニークベニューとして文化財の活用を推進しているように、イベントではこれらの文化財を取り扱う機会も多い。法律に加え、活用する文化財の背景をよく理解し、十分な注意を払う必要がある。

② 屋外のイベント会場の場合の関連法規

　屋外にイベント会場を敷設することは多くあるが、その場合には次のような法規に抵触しないか検討し、抵触する場合には法規に基づいた対処を行う必要がある。

> ・環境基本法（自然環境保全法）　　・河川法
> ・自然公園法　　　　　　　　　　　・港湾法
> ・都市公園法　　　　　　　　　　　・森林法
> ・湖沼水質保全特別措置法　　　　　・砂防法
>
> 　　　　　　　　　　　　　　　　　　　　　　　　　　　　　　　　　など

■ 監　修

一般社団法人日本イベント産業振興協会（JACE）
新版イベント業務管理士公式テキスト制作委員会

■ 編著者

間藤芳樹　　一般社団法人日本イベント産業振興協会　人材育成委員
　　　　　　日本イベント業務管理士協会　副会長
　　　　　　羽衣国際大学　客員教授
　　　　　　朝日放送グループホールディングス株式会社　常務執行役員
　　　　　　朝日放送テレビ株式会社　取締役
　　　　　　株式会社マッシュ　代表取締役
　　　　　　【第0節】、【第12節】12-1〜4

■ 著　者

内山早苗　　株式会社UDジャパン　代表取締役会長
　　　　　　【第1節】1-1、【第12節】12-5〜6

越川延明　　株式会社セレスポ　執行役員　人事総務部長兼広報室長
　　　　　　【第1節】1-2、【第15節】

酒井基喜　　株式会社マッシュ　執行役員　業務管理東京支店担当
　　　　　　日本イベント業務管理士協会　理事
　　　　　　【第1節】1-3〜4、【第3節】、【第5節】、【第11節】、【第13節】

川崎年登　　株式会社博報堂　大阪・万博推進室　プロジェクトマネジメントプロデューサー
　　　　　　【第2節】

岡星竜美　　目白大学　メディア学部　特任教授
　　　　　　【第4節】、【第6節】

近藤大輔　　株式会社ティー・ツー・クリエイティブ
　　　　　　執行役員　クリエイティブユニットリーダー
　　　　　　【第7節】

一般社団法人日本イベント産業振興協会
　　　　　　新版イベント業務管理士公式テキスト制作委員会
　　　　　　【第8節】

中島康博　　株式会社博報堂プロダクツ
　　　　　　エグゼクティブ・エクスペリエンスプロデューサー
　　　　　　【第9節】

舘山翔悟　株式会社レイ　コミュニケーションデザインユニット
シニアチームリーダー / プロデューサー
【第 10 節】

吉村政人　朝日放送グループホールディングス株式会社　法務コンプライアンス局長
朝日放送テレビ株式会社　コンプライアンス局長
【第 14 節】

■ 執筆協力
吉井和人　株式会社 JTB コミュニケーションデザイン
総合企画部　DX 推進局　スペシャリスト
【第 4 節】4-3
竹沢周平　株式会社ディスクガレージ　エンタテインメント事業マネージャー
【第 6 節】6-3
関口弘道　株式会社フルハウス　チームプロデューサー
【第 8 節】
株式会社オズマピーアール
【第 8 節】

■ 資料協力
株式会社電通ライブ

■ 編集協力
児山祥　株式会社 UD ジャパン

新版　イベント業務管理士公式テキスト　1級・2級 共通

2025 年 4 月　　第 1 版　第 1 刷

監　修　一般社団法人日本イベント産業振興協会（JACE）
　　　　新版イベント業務管理士公式テキスト制作委員会
発行者　石井　直
発行所　一般社団法人日本イベント産業振興協会
　　　　東京都千代田区一番町 13-7 一番町 K G ビル 3 階
　　　　https://www.jace.or.jp
発売元　株式会社 U D ジャパン
　　　　東京都港区港南 2-12-27
　　　　TEL 03-5769-0212　　FAX 03-5460-0240
　　　　https://www.ud-japan.com
印刷所　株式会社シナノ

落丁・乱丁、その他不良な品がございましたら、お取り替えいたします。
お買い求めの書店か小社へお申し付けください。